GÜTERSLOHER
VERLAGSHAUS

Gütersloher Verlagshaus. Dem Leben vertrauen

Wilhelm Gräb

Sinnfragen

Transformationen des Religiösen in der modernen Kultur

Gütersloher Verlagshaus

Bibliografische Information der Deutschen Nationalbibliothek

Die Deutsche Nationalibliothek verzeichnet diese Publikation in der Deutschen Nationalbibliografie; detaillierte bibliografische Daten sind im Internet über http://dnb.d-nb.de abrufbar.

1. Auflage

Umschlaggestaltung: Init GmbH, Bielefeld
Satz: SatzWeise, Föhren
Druck und Einband: Těšinská AG, Český Těšin
Printed in Czech Republik
ISBN-13: 978-3-579-05238-0
ISBN-10: 3-579-05238-1

www.gtvh.de

Für
Christiane
Johannes
Anne Carolin

Vorwort

Die Religion ist aus unserer Gesellschaft nicht verschwunden. Zwar befinden sich die Kirchen in einer tiefen Krise. Weitgreifende Traditionsumbrüche und -abbrüche sind unverkennbar. Die Mitgliederzahlen gehen auch im Westen Deutschlands weiter zurück. Die Schar der nominell Religions- und Konfessionslosen ist vor allem im Osten beträchtlich groß. Zugleich aber tritt das Interesse an religiösen Fragen und spiritueller Erfahrung immer wieder deutlich hervor. Als Orte religiöser Deutungskultur bleiben die Kirchen im Blick. Sie halten die ethisch-religiösen und kulturellen Traditionen des Christentums in der Gesellschaft lebendig. Sie vermitteln Zugehörigkeiten und Orientierungen in individuellen Biographien. Sie bergen einen großen Reichtum ästhetischer und intellektueller Kultur, in der Musik, in der bildenden Kunst, in der theologischen Reflexion. Spirituelle Erfahrungsdimensionen werden freilich auch in Symbolen und Ritualen anderer Religionen gesucht. Vielen erschließt sich religiös Bedeutsames in den Erlebnisdimensionen der ästhetischen Kultur. Sodann treten inhaltlich unbestimmte Transzendenzerfahrungen an die Stelle dessen, was in theologischer oder christologischer Bestimmtheit als Glaubenserfahrung beschrieben wurde. Aber die Kirchen und Gemeinden stellen sich auf diese Transformationen des Religiösen in der modernen Kultur zunehmend konstruktiv ein, freilich auf wiederum höchst ambivalente, gegensätzliche und damit auch konfliktträchtige Weise.

In ökumenischen Öffentlichkeiten formulieren die Kirchen neue Lehrkonsense, die sich nicht mehr im Kontext der traditionellen Dogmatik bewegen, sondern für eine Ethik des Friedens, der Solidarität mit den Schwachen und der ›Bewahrung der Schöpfung‹ eintreten. Zu beobachten ist dabei aber auch, wie religiöse Gewissheitspotentiale Kreuzzugsmentalitäten befördern können. In die neuen Kulturkämpfe gehen immer wieder religiöse Potentiale ein. Die Fragen nach dem Verhältnis von Religion und Politik, nach der Präsenz religiöser Symbole in der Öffentlichkeit, auch nach einer gesellschaftlich geforderten Religionspolitik lösen heftige Debatten aus. Wem die Religion in der modernen Kultur an ihr Ende geraten schien, musste sich vor allem angesichts eines gewaltbereiten Islamismus verwundert die Augen reiben. Wie aber verhalten sich Religion, Kultur und Politik in modernen, aufgeklärten, funktional differenzierten Gesellschaften zueinander? In die medialen Öffentlichkeiten drängen Fragen, die auch die Deutungskompetenz der Theologie auf ganz neue Weise herausfordern. Denn religiöse Symbolsprachen sind hochgradig deutungsoffen. Sie umfassen seit jeher das Ganze, Himmel und Hölle, Engel und Dämonen, das Glück und die Not.

Die Religion reduziert einerseits Komplexität. Sie bremst die Reflexion aus und konstituiert fundamentale Überzeugungen Sie kennt andererseits aber auch die Sehnsucht nach dem Vollkommenen, ist mehr Frage als Antwort, eher eine Bewegung der Suche und des unaufhaltsamen Problematisierens als die Gewissheit des Gefundenhabens und der fertigen Antworten. Diese Suche ist letztendlich eine Suche nach Sinn. Wenn die Moderne je riskant gewesen ist, dann eben deshalb, weil sie den Menschen den Sinn entzog, der doch erst ihr Dasein zur bewussten Existenz aufwertet. Nicht konkrete Risiken wie Arbeitslosigkeit oder Partnerverlust, sondern das absolute Risiko eines sinnlosen Lebens ist der eigentlich Bezugspunkt des verbreiteten Pessimismus und Verfallsdenkens. Nichts kennzeichnet die Moderne tiefenschärfer als die Suche nach dem (verlorenen) Sinn. Sinnfragen aber sind die Fragen der Religion. Sie gehen aufs Ganze und brechen in den verschiedensten Bereichen des Lebens auf, sind aber ohne Ausgriff ins Metaphysische nicht zu ertragen, geschweige denn zu beantworten. Wo Sinnfragen sich stellen und Menschen nach tragfähigen Antworten suchen, erwachsen deshalb gerade auch in der modernen Kultur den Kirchen wieder große Herausforderungen.

Die Beobachtungen zu Transformationen des Religiösen in der modernen Kultur ziehen jedenfalls viele praktisch-theologische, aufs kirchliche Handeln zielende Fragen nach sich, denen in diesem Buch nachgegangen werden soll. Wo Sinnfragen aufs Ganze gehen, zeigt sich in der modernen Kultur das Verlangen der Menschen nach Symbolen und Ritualen, wie sie die Religionen und in unseren Breiten insbesondere das Christentum seit jeher entwickelt haben. Auf vorzügliche Weise können auch heute die Kirchen und Gemeinden attraktive religionskulturelle Erfahrungsorte sein – sofern sie sich nur auf die Transformationen des Religiösen in der modernen Kultur konstruktiv einstellen.

Einige der in diesem Buch zusammengeführten Kapitel sind bereits in Zeitschriften und Sammelbänden veröffentlicht worden. Sie sind hier noch einmal erheblich überarbeitet und auf die Intention des Ganzen hin ausgerichtet. Lars Kulbarsch, der Korrektur gelesen und das Register erstellt hat, sei ganz herzlich für seine umsichtige Mitarbeit gedankt.

Gewidmet ist dieses Buch unseren Kindern Christiane, Johannes und Anne Carolin, die mir alle drei zu lebendigen Zeugnissen der Transformationen des Religiösen in der modernen Kultur geworden sind. Durch sie ist mir deutlich, dass solche Umformungskrisen keineswegs nur eine Last bedeuten, sondern dass es möglich ist, an und mit ihnen seine helle und fortwährende Freude zu haben.

Berlin, an Ostern 2006 Wilhelm Gräb

Inhalt

IV: Anhang

Einleitung

Gesellschaftliche Modernisierung führt nicht zum Ende der Religion. Religiöse Deutungskulturen bleiben vielmehr auch in die moderne Gesellschaft tief eingebunden. Im engen Zusammenhang mit dem gesellschaftlichen Wandel transformiert sich freilich die Religion – und vielfach transformieren sich die Kirchen inzwischen mit. Kulturwissenschaftler und Historiker, Philosophen und Theologen beobachten die religionskulturellen Transformationen schon seit langem, freilich nicht ohne immer wieder durch kühne Hochrechungen auf ebenso globale wie undifferenzierte Thesen über *den* Verfall *der* Religion oder *die* Säkularisierung *der* Gesellschaft zu verfallen. Zuletzt jedoch haben sich die Theorieperspektiven erheblich differenziert. Es wird nun sehr viel stärker wahrgenommen, dass sich die religiösen Erlebniswelten und Deutungskulturen aus der modernen Gesellschaft nicht verlieren, sondern sie lediglich ihr Gesicht verändern. Neben die starken Religionsinstitutionen und Großkirchen treten zahlreiche religionskulturelle Phänomene, die die enorme Individualisierung, Privatisierung, Ästhetisierung, Politisierung und damit insgesamt Pluralisierung der Religion zeigen.[1] Es verändern sich aber auch die religiösen Institutionen, die Kirchen und religiösen Gemeinschaften, indem sie vielfältige Anpassungsprozesse an die moderne, funktional differenzierte, demokratische Gesellschaft und den modernen kulturellen Pluralismus durchlaufen. Die Auswertung der jüngsten, vierten EKD-Erhebung über Kirchenmitgliedschaft, die den bezeichnenden Titel erhalten hat »Kirche in der Vielfalt der Lebensbezüge«, konnte eindrücklich zeigen, in wie hohem Maß es der Evangelischen Kirche doch gelingt, die große Vielfalt von Lebensstilen und vor allem religiösen Lebensdeutungen und Weltsichten zu integrieren.[2] Es tritt vor allem auch hervor, wie sehr dies im Wesentlichen eben dadurch möglich wird, dass die kirchliche Praxis die religiösen Deutungsgehalte, für die

1. Vgl. Friedrich Wilhelm Graf, Die Wiederkehr der Götter. Religion in der modernen Kultur, München 2004.
2. Vgl. Wolfgang Huber/Johannes Friedrich/Peter Steinacker (Hg.), Kirche in der Vielfalt der Lebensbezüge. Die vierte EKD-Erhebung über Kirchenmitgliedschaft, Gütersloh 2006. Darin vor allem die einleitenden und abschließenden Kapitel von Jan Hermelink, 13-48 und 415-436, sowie den Abschnitt zu »Typologien der Mitgliedschaft« von Peter Höhmann und Volkhard Krech, 141-196.

das Christentum steht und die es überliefert, den Menschen zur freien Anverwandlung in den Sinnbedürftigkeiten ihres Lebens, vor allem an den Krisen- und Wendepunkten ihrer Lebensgeschichte anbietet. Als offene Volkskirchen haben es die Evangelischen Landeskirchen weithin gelernt, nicht dogmatische Eindeutigkeitspostulate aufrecht zu erhalten und missionarische Vereinnahmungsstrategien zu verfolgen, sondern den Pluralismus der modernen Kultur konstruktiv aufzunehmen, indem sie Wege religiöser Sinnvergewisserung und ethischer Daseinsorientierung auf einem insgesamt unübersichtlichen Lebensgelände aufzeigen.

Es sind freilich auch neue, teilweise ziemlich synkretistische, stark individualisierte Phänomene religiöser Praxis, teilweise wiederum autoritär auftretende religiöse Agenten zu beobachten: Sie sorgen auf dem »religiösen Feld« (Bourdieu) für eine recht große Unübersichtlichkeit, etablieren ansatzweise auch hierzulande religiöse Marktverhältnisse und einen entsprechenden Wettbewerb – selbstverständlich ohne dass wir deshalb auch nur annähernd eine Situation haben, die etwa mit der in Nordamerika vergleichbar wäre.

Nicht zuletzt aufgrund ihres Strukturwandels bleibt die Religion in der modernen Gesellschaft ein mächtiger Kulturfaktor. Religiöse Symbole provozieren zwar Konflikte, indem sie gerade in der modernen, globalisierten Welt ethnischen Identitäten und kulturellen Zugehörigkeiten Ausdruck geben, immer wieder sogar als Instrumente der Herrschaftslegitimation und Politikbegründung gebraucht werden. Sie sind aber auch in die normativen Orientierungen demokratischer Gesellschaften eingelassen. Sie bieten vor allem eine Anschauung vom Sinn des Ganzen, den ein individuelles Leben in einer komplizierten Welt haben kann. Sie verfügen über Sinnressourcen, die in gesellschaftlichen Erfahrungen des Desaströsen wie in den Leidenserfahrungen des gefährdeten, zerbrechlichen Individuums den Umgang mit letzten Sinnfragen ermöglichen. Auch in der modernen Kultur stehen die religiösen Symbolwelten und damit die sie offen haltenden religiösen Institutionen, die Kirche, die Gemeinden und religiösen Gemeinschaften für die Bearbeitung jener existentiellen Sinnfragen, ohne die ein seiner selbst bewusstes menschliches Leben nicht möglich ist.

Die Praktische Theologie kann durch die Beobachtung der Transformationen des Religiösen in der modernen Kultur denn auch höchst relevante Anregungen für eine modernitätsoffene Religionspraxis in den Kirchen und Gemeinden gewinnen. Immer weniger will eben die Rede von der »Säkularisierung« plausibel erscheinen. Die moderne Gesellschaft zeigt vielmehr selbst vielfältige religionsproduktive Tendenzen. Deshalb finden die Stimmen jener Intellektuellen verstärkt Gehör, die vor dem kulturellen Verlust warnen, den das öffentliche Verstummen religiöser Symbolsprachen in der von Wissenschaft und Technik, der Ökonomie und den Medien dominierten modernen Weltgesellschaft zur Folge haben könnte.[3] Religion, so wird nun zunehmend bescheinigt, bleibt mit den Kirchen und vielen neuen Akteuren auf immer bunter werdenden Religionsmärkten ein wichtiger Sinngarant. Gewiss, sie ändert enorm ihr Gesicht. Die Individualisierung und Pluralisierung der Religion darf aber nicht mit ihrer Privatisierung verwechselt werden. Gerade die hochgradig individualisierte und pluralisierte moderne Religionskultur führt zu neuen Verhältnissen der Partizipation religiös motivierter Individuen, religiöser Gemeinschaften und Bewegungen, nicht zuletzt der Kirchen, auch an Entwicklungen in Politik und Wirtschaft, Erziehung und Bildung, Kunst und Ästhetik. Die sich auf die moderne Kultur einstellende Religion kehrt neu in den öffentlichen Raum der Gesellschaft zurück. Sofern die Kirchen und christlichen Gemeinden an diesem kulturellen Transformationsprozess teilnehmen und entsprechende Umformungskrisen konstruktiv bewältigen, gewinnen somit auch sie neue Präsenz in den zivilgesellschaftlichen und politischen Herausforderungen der Gegenwart.

Ebenso erkennt die Theologie, sofern sie die modernen Transformationen der Religion wahrzunehmen beginnt, dass sie sich zur Religionstheologie entwickeln muss.[4] Angesicht der Erweiterungen des religiösen Feldes kommen ihr zudem die vielen Konkurrenzverhältnisse in den Blick, in denen sich die Kirchen mit ihren Angeboten profilieren und bewähren müssen. Dann setzt auch die Theologie ganz neue Kräfte frei, die Attraktivität der traditionellen, kirchlichen und gemeindlichen Religionskulturen zu steigern. So versucht insbesondere die Praktische Theologie seit längerem die kirchliche Praxis zu ästhetischen und liturgischen Reinszenierungen sowie zu energischen Reformulierungen der Sinndeutungsgehalte des Christentums anzuregen. Zahlreiche Umstellungen werden den Kirchen und Gemeinden in der modernen Umformungskrise des Christentums abverlangt. In dem allem liegt jedoch die große Chan-

3. Vgl. Jürgen Habermas, Glauben und Wissen. Friedenspreis des Deutschen Buchhandels, Laudatio: Jan Philipp Reemtsma, Frankfurt a. M. 2001.
4. Vgl. Ulrich Barth, Religion in der Moderne, Tübingen 2003; Dietrich Korsch, Religionsbegriff und Gottesglaube. Dialektische Theologie als Hermeneutik der Religion, Tübingen 2005; Jörg Dierken, Selbstbewußtsein individueller Freiheit. Religionstheoretische Erkundungen in protestantischer Perspektive, Tübingen 2005.

ce, dass die Kirchen und Gemeinden auch in der modernen Kultur das Potential des christlichen Glaubens zur Deutung und Gestaltung des Lebens, zur Bearbeitung der existentiellen Sinnfragen und zur Erneuerung der Wertgrundlagen in Politik und Gesellschaft energisch zum Zuge bringen.

Im *Teil I* dieses Buches werden die religionskulturellen Transformationsprozesse sowie die Konsequenzen, zu denen sie die Theologie nötigen, diskutiert: Von der Religion zur Religionstheologie. Im *Teil II* stehen die Herausforderungen im Vordergrund, die sich aus den Transformationen des Religiösen für die religiösen Institutionen, insbesondere die Kirchen und Gemeinden, ergeben: Von der Ästhetik zur gottesdienstlichen Inszenierung. Der *Teil III* beschreibt einige der zentralen Umformungen in der Struktur religiöser Kommunikation, die heute notwendig erscheinen, somit den Kirchen und Gemeinden abzuverlangen sind: Von der Verkündigung zur religiösen Lebensdeutung.

I: Von der Religion zur Religionstheologie

1. Religion als symbolisierendes Handeln: Gott in den Erfahrungen des Lebens

1.1 Religion und ihre Theorie

Niklas Luhmann hat sein Buch über die »Funktion der Religion«[1] mit der Widmung versehen: »In Erinnerung an meine Frau, der Religion mehr bedeutete, als Theorie zu sagen vermag.« Diese Widmung spricht an, dass für den frommen Menschen die Theorie der Religion nicht wichtig ist. Glaubende haben das alles, was die Theorie über die Religion zu sagen vermag. Theorie objektiviert. Theorie distanziert. Theorie geht ins Allgemeine. Die Religion jedoch, die als persönliche Glaubensüberzeugung die individuell eigene ist, liegt jeder Theorie über sie immer schon voraus.

Das zu wissen und darüber Auskunft geben zu können, ist dann allerdings die Leistung der Theorie der Religion. Von der Theorie der Religion ist darzulegen, dass die Religion ins Innenverhältnis des bewussten Lebens gehört und sie dort eine Bedeutung für dieses Leben gewinnt, die allein von außen und in allgemeinen Begriffen bzw. theoretisch nicht hinreichend zu erfassen ist. Die gelebte Religion hat vorprädikativen Charakter. Sie prägt sich ins emotionale Selbstverhältnis ein. Sie erschließt sich in ihrer existentiellen Bedeutung dem, der ihrer inne ist, auf unmittelbare Weise.

Luhmann hat mit der Widmung des Buches über die »Funktion der Religion« an seine Frau viel gesagt über das, was Religion ist. Sie ist eine Angelegenheit des Individuums, des einzelnen Menschen. Sie gehört ins unvordenkliche Innenverhältnis des bewussten Lebens. Dort markiert sie ein konstitutives Moment im subjektiv unmittelbaren, aller Reflexion des Individuums auf sich vorausgehenden Selbstverhältnis. Religion ist dasjenige Moment im Selbstverhältnis des Individuums, vermöge dessen ihm aufgeht, dass es von jenseits seiner selbst her sich in dieses Selbstverhältnis eingesetzt findet. Religiös wird der Mensch sich auf seine Gründung im Unbedingten hin durchsichtig. Explizit religiös zu sein heißt demnach, im Bewusstsein solcher Gründung im Unbedingten zu leben, sich im Verhältnis zu Gott zu wissen und im Lichte des Gottesverhältnisses seine Lebenserfahrungen zu deuten. Wer religiös ist, betrachtet

1. Niklas Luhmann, Funktion der Religion, Frankfurt a.M. 1977.

die Immanenz unter dem Gesichtspunkt der Transzendenz, so wiederum Luhmann. Wer subjektiv religiös ist bzw. sich so versteht, der muss sich aber nicht an der theoretischen Arbeit zur Bestimmung der Religion in ihrer gesellschaftlichen Funktion bzw. Kulturbedeutung beteiligen.

In der modernen Kultur hat sich die Selbstverständlichkeit religiösen Lebens jedoch verloren. Es ist vielen nicht mehr klar, was Religion ist, dass sie die Unmittelbarkeit individuellen Selbstbewusstseins konstituiert und mit ihren Symbolen und Ritualen eine enorme Kulturbedeutung behält. Die Theorie der Religion hat daher für jede Art von Verständigung über die Religion in der modernen Kultur elementare Relevanz gewonnen. Und diese Theorie muss sowohl in der Binnenperspektive des religiösen Verhältnisses, also im Nachvollzug des Selbstverständnisses der Frommen, wie von außen, in der Beobachterperspektive, entfaltet werden können.

In einem seiner letzten, postum erschienenen Bücher über »Die Religion der Gesellschaft«[2] steigt Luhmann mit der Frage nach dem Begriff der Religion, des näheren danach, woran denn gesellschaftliche oder kulturelle Phänomene als religiöse erkennbar sind, in die Erörterung der Religionsthematik ein:

»Woran erkennen wir, diese Frage muss zuerst gestellt und beantwortet werden, dass es sich bei bestimmten sozialen Erscheinungen um Religion handelt?«[3]

Wenn es darum geht, nicht allein subjektiv religiös zu sein, seinen persönlichen Glauben zu haben, sondern über Religion zu kommunizieren, vor allem auch mit solchen zu kommunizieren, die einen anderen Glauben oder eben auch gar keinen haben, stellt sich die Aufgabe der Bildung einer Theorie der Religion. Es ist ihr Begriff zu bestimmen. Es ist der Umfang des Begriffs zu klären. Es sind begriffliche Abgrenzungen vorzunehmen, so dass in eine Kommunikation darüber eingetreten werden kann, was in der sozialen Welt Religion ist und was nicht. Es ist auszumachen, wofür die Religion im individuellen Dasein und in der Gesellschaft steht, was ihre Funktion ist, welche Probleme sie lösen hilft, was ihre Kulturbedeutung ausmacht und in welchen Glaubenssätzen sie sich ausspricht.

Die Theorie der Religion betritt eine Ebene über der gelebten Religion und ihrem Vorkommen in der modernen Kultur. Sie bezieht einen Standpunkt »über dem Christentum« im logischen Sinn, wie Schleier-

2. Niklas Luhmann, Die Religion der Gesellschaft, hg. v. André Kieserling, Frankfurt a. M. 2002.
3. A. a. O., 7.

macher das von der Philosophischen Theologie gefordert hat.[4] Sie objektiviert das Phänomen der Religion und arbeitet allgemeine Gesichtspunkte ihrer Unterscheidung von anderen kulturellen Sinnformen aus. Denn die Aufgabe der Theorie der Religion ist es, die Religion als konstitutives Element auch der modernen Kultur zu beschreiben und die Funktion verständlich zu machen, die spezifisch die »Sinnform Religion« (Luhmann) für die Individuen und in der Gesellschaft erfüllt.

Man kann insofern auch sagen, dass es die theoretische Außenperspektive auf die Religion ist, die mit Luhmann als die eigentlich theoriebedürftige hervorzuheben ist – ohne nun allerdings die theoretische Explikation der Binnenperspektive, somit die Deutung des Selbstverständnisses der Frommen, denen Religion mehr bedeutet, als Theorie zu sagen vermag, zu disqualifizieren. Die Notwendigkeit, auch die Außenperspektive auf die Religion einzunehmen, scheint jedoch angesichts der Lage der Religion in der modernen Kultur unabdingbar geworden zu sein. Luhmann nimmt deshalb diese Feststellung zum Ausgangspunkt seines letzten Buches über die »Religion der Gesellschaft«. Er hat dort gerade nicht die Zeitgenossen vor Augen, denen Religion mehr bedeutet, als Theorie zu sagen vermag, sondern diejenigen, die sie aus ihrem eigenen Leben verloren haben. Aber zumindest die Gebildeten unter den Verächtern der Religion lassen sich möglicherweise von ihrer Kulturbedeutung überzeugen und können so dann vielleicht auch ein Verständnis für ihre Inhalte gewinnen.

Viele scheinen in der modernen Kultur von den Möglichkeiten religionsfreier Lebensführung reichlich Gebrauch zu machen. Die Kirchen befinden sich nicht nur finanziell in der Krise. Sie beziehen die Menschen weithin nicht mehr so in sich ein, dass die Vermittlung einer gründlicheren Kenntnis der kirchlichen Symbolsprache gelingen würde. Die kirchliche Symbol- und Ritualkultur hat insgesamt keine allgemeine kulturelle Plausibilität mehr. Wer die kirchliche Symbolsprache nach außen hin verständlich machen will, sieht sich zu erheblichen Übersetzungsleistungen herausgefordert. Die Außenperspektive ist deshalb auch in die Binnenverhältnisse des kirchlichen Christentums und seiner Theologie selbst eingewandert. Es wird zunehmend klar, dass ohne den Begriff und die Hermeneutik der Religion sich die Bedeutung des christlichen Glaubens nicht mehr erschließt, selbst denen nicht, die ihn als persönliche Glaubensüber-

4. Vgl. Friedrich D. E. Schleiermacher, Kurze Darstellung des theologischen Studiums zum Behuf einleitender Vorlesungen, Kritische Ausgabe (hg. von Heinrich Scholz), 4. Aufl. Hildesheim 1961, § 33, 14.

zeugung leben, somit der Entfaltung des Selbstverständnisses christlichen Glaubens in der Binnenperspektive aufgeschlossen sind.[5]

Aber wer eigentlich lebt den Glauben und wer nicht? Wer befindet sich innen und teilt das Verständnis des Glaubens? Wer steht draußen und blickt bloß von außen auf religiöse Phänomene? Auch dies ist angesichts des gesellschaftlichen Resonanz- und Relevanzverlustes der kirchlichen Religionskultur, angesichts der enormen Tradierungs- und Vermittlungsprobleme, die die Kirchen mit den überlieferten Glaubensinhalten haben, zunehmend unklar geworden. An die Stelle institutionalisierter Zuständigkeiten in den Angelegenheiten der Religion, die über Jahrhunderte bei Theologie und Kirche lagen, ist eine Vielzahl von Religionsdeutern getreten. Religion hat sich in der modernen Kultur pluralisiert, individualisiert und auch privatisiert. Sie geht in den verfassten Religionen, den Kirchen und Religionsgemeinschaften, längst nicht mehr auf. Die Kirchen und Religionsgemeinschaften finden sich vielmehr selbst auf einem Markt von Religionsanbietern wieder, auf dem sie sich mit ganz neuen, zuvor oft auf anderem Terrain tätigen Konkurrenten auseinandersetzen müssen. Man spricht zu Recht von unübersichtlichen Erweiterungen des »religiösen Feldes« (Bourdieu), auf dem ganz neue und ständig wechselnde Akteure aktiv sind. Ebenso muss die Theologie die Zuständigkeit für die Theorie der Religion zunehmend mit der Philosophie, den Religions-, Sozial- und Kulturwissenschaften teilen. Auch deshalb kann sie sich nicht darauf zurückziehen, allein für die Binnenperspektive, gewissermaßen für das authentische Selbstverständnis des christlichen Glaubens zuständig zu sein.

Angesichts der Deinstitutionalisierung der Religion und der Interdisziplinarität ihrer Theorie wird es in der modernen Kultur zunehmend schwieriger zu sagen, was Religion ist, weshalb sie zum menschlichen Leben gehört, in welchen besonderen kulturellen Phänomenen man ihr begegnet, worin ihre allgemeine Kulturbedeutung besteht und welcher Wissenschaft die Deutungshoheit über ihre kulturellen Bestände zukommt. Die Unübersichtlichkeit der religiösen Lage notiert auch Niklas Luhmann. Er beobachtet:

»Sektenförmige Neubildungen der verschiedensten Art, aber auch Intensivierung von Hochreligionen, etwa des Islam, breites Interesse von Intellektuellen an Esoterik und Spiritualität, internationale Diffusion von ehemals regional begrenzten Religionsformen, etwa des Zen-Buddhismus oder der Meditati-

5. Vgl. dazu Dietrich Korsch, Religionsbegriff und Gottesglaube. Dialektische Theologie als Hermeneutik der Religion, Tübingen 2005.

onstechnik; Schamanen-Kongress in Europa, religiöse Gesänge am Strand des verfallenen Coney Island; und in vielen dieser Formen eine stärkere Einbeziehung des Körpers, der Gestik, der besinnungslosen Monotonie, des Wegsuggerierens von Bewusstseinsschranken – so als ob es gälte, auf dieser Ebene Einseitigkeiten der modernen Kulturentwicklung zu korrigieren.

Keinesfalls« so fährt Luhmann fort, »kann man die Intensivierung von Religion unter diesen Bedingungen als Steigerung der Durchsetzungsfähigkeit eines bestimmten Programms auffassen. Die Fakten sprechen eindeutig dagegen. Offenbar entfällt mit dem Rückzug aus anderen Funktionsbereichen die Disziplinierung, die von dort ausging. Mehr Gestaltungsfreiheiten werden möglich. Das führt dazu, dass dogmatisch vorgeprägte Erkennungsverfahren, etwa Gottesglauben als Kriterium, nicht mehr ausreichen und dass die klassisch-soziologische Unterscheidung zwischen sakral und religiös (Durkheim, auch Simmel) sich auflöst.«[6]

Aufgrund der funktionalen Differenzierung der modernen Gesellschaft wird zwar die Religion nicht mehr direkt und nicht mehr so offensichtlich für Letztbegründungsnotwendigkeiten in anderen gesellschaftlichen Funktionssystemen wie der Politik, dem Recht, der Moral gebraucht. Sie hat insofern auch nicht mehr an deren Disziplinierungskräften teil. Sie ist vielmehr auf ihre spezifische gesellschaftliche Funktion, die Chiffrierung von Kontingenz und die Symbolisierung von Transzendenz zurückgenommen. Es bleibt den Individuen überlassen, ob überhaupt und wie sie sich ins Religionssystem einbeziehen lassen, wie sie sich auf dem Markt der religiösen Symbol- und Ritualanbieter verhalten. Lebensführungspraktisch notwendig ist es für die Individuen nicht, wiewohl der religiöse Transzendenzbezug implizit in die Unmittelbarkeit ihres Selbstverhältnisses gehört, sich explizit religiös zu verhalten bzw. an expliziter Religion zu partizipieren. So nimmt beides zu, eine Praxis religiös gesteigerter wie religiös indifferenter Lebensführung. Das eine wie das andere ist freigestellt, und beides kann noch einmal mit vielen Graden der Abstufung und Differenzierung realisiert werden. Diese Deinstitutionalisierung und Individualisierung der Religion in der modernen Kultur eröffnet der empirischen Religionskulturforschung ein weites Feld, das noch viel zu wenig bearbeitet ist.

Auch bei der empirischen Religionskulturforschung läuft freilich immer die Frage mit, was eine explizit religiöse von einer religiös indifferenten Lebensführung unterscheidbar macht. Spannend wäre es außerdem zu klären, ob nicht auf dem Wege der Ausarbeitung des Begriffs der Re-

6. Luhmann, a.a.O., 145 f.

ligion eine solche Hermeneutik der Religion möglich ist, die auch der angeblich religiös indifferenten Lebensführung den Weg ihrer Inklusion ins Religionssystem ebnet. Statt von einer religiös indifferenten wäre dann eher von einer implizit-religiösen Lebensführung zu sprechen.

Luhmann war wichtig zu betonen, dass die Gesellschaft als Ganze auf die Erfüllung der Funktion der Religion nicht verzichten kann. Individuen können mehr oder weniger explizit religiös sein. Sie können sich selbst als religiös oder areligiös bezeichnen. Aber die spezifische gesellschaftliche Funktion der Religion kann von anderen Funktionssystemen nicht ersetzt bzw. übernommen werden. Nur Religion macht uns Menschen ein Verhalten dazu möglich, dass jeder gehaltvolle Weltbezug, durch den etwas als dieses und nicht als etwas anderes bestimmt wird, der also verstanden, kommuniziert und an anderes sinnvoll anschlussfähig gemacht werden kann, Sinn immer schon voraussetzt, wie dann auch dessen Negation. Religion hält die Einheit von Identität und Differenz bewusst und konfirmiert individuelle Sinngewissheit mit Bezug auf eine Wirklichkeit, die so ist, wie sie ist, obwohl eine Unendlichkeit anderer Möglichkeiten denkbar wäre und denkbar bleibt. Es ist die Funktion der Religion, diese Einheit des Unterschieds von Wirklichem und Möglichem, Bestimmtem und Unbestimmtem, Vertrautem und Unvertrautem, Verfügbarem und Unverfügbarem, Endlichem und Unendlichem, Immanenz und Transzendenz, im gesellschaftlichen Bewusstsein präsent zu halten. Und sie leistet dies durch Deutung, durch Codierung und Symbolisierung dieser Unterscheidungen. Mit ihrem spezifischen Kommunikationscode, der Unterscheidung von Immanenz und Transzendenz, Endlichem und Unendlichem, Zeitlichem und Ewigem werden bestimmte, endliche Erfahrungen immer noch einmal anders beschreibbar, in Deutungen überführt, die sie im Horizont des Unbestimmbaren und Unendlichen dennoch auf bestimmte Weise verständlich machen und bewältigen lassen. Die Religion arbeitet dabei zwangsläufig mit Paradoxien. So spricht sie von der Begreifbarkeit des Unbegreiflichen in seiner Unbegreiflichkeit, dem offenbaren Geheimnis, dem unerforschlichen, göttlichen Ratschluss, dem Ewigsein mitten in der Zeit. Es leuchtet unmittelbar ein, dass solche auf ein Unbedingtes rekurrierenden Beschreibungen bzw. Deutungen bestimmter, endlicher Erfahrungen lebensweltlich vor allem dort gefordert sind, wo es zu Einbrüchen des Absurden und Ungeheuren in die Alltagsnormalität kommt, wir mit Fremdem und Sinnverwirrendem uns konfrontiert finden, die Frage bedrängt, was man machen kann, wenn man nichts mehr machen kann.

Mit der Teilhabe am kirchlichen Leben und der Vertrautheit mit der kirchlichen Sprach- und Vorstellungswelt ist die in der modernen Kultur gelebte Religion nicht mehr gleichzusetzen. Selbst die mit der Kirche Verbundenen und die Binnensicht christlichen Glaubens Teilenden sind nun an einer Verständigung darüber interessiert, wozu es die Religion in der modernen Welt – nach der Aufklärung – noch braucht, bzw. was dem Menschen fehlen würde, wenn er die Erfahrung unbedingter Sinnvergewisserung, wie sie die Religion gewährt, in Erfahrungen der Sinnverstörung nicht mehr machen könnte.[7] Die theoretische Außenperspektive auf die Religion ist gewissermaßen – zusammen mit ihren (religions-) kritischen Fragen – in die theologische Binnenperspektive der Religion selbst eingewandert. Deshalb funktioniert auch die Kommunikation von Religion, also bestimmter Glaubensinhalte, heute nicht mehr ohne die Kommunikation über Religion, ohne die Arbeit an ihrem Begriff und die Bildung ihrer Theorie.[8]

Die traditionelle kirchliche Religionskultur löst sich nicht auf. Sie büßt aber stark an alltagskultureller Plausibilität und Prägekraft ein. Sie formt sich freilich auch um, indem sie ihre Symbolsprache in nichtreligiöse Kontexte übersetzt, ihren religiösen Vorstellungskosmos überhaupt immer wieder neu interpretiert und in seinen Sinnbedeutungen aufzuschließen versucht. Auch in der kirchlichen Kommunikation stellt man sich zunehmend darauf ein, dass etwa der alte Heils- und Erlösungsglaube nicht mehr funktioniert, weil er einem dominanten modernen Kulturideal, dem der individuellen Selbstbestimmung und Selbstentfaltung, zumindest dem ersten Anschein nach, zuwiderläuft. Der vermeinte Inhalt des christlichen Glaubens will dann in eine andere, mit dem modernen Autonomiebewusstsein kompatible Sprache übersetzt sein. Damit wird die Religion möglicherweise auch wieder in ihrer modernen Kulturbedeutung sichtbar. Es kann zur Sprache kommen, dass sie zu einer unbedingten Sinnvergewisserung von endlichen Individuen beiträgt, zur Fundierung der unmittelbaren Selbsthabe individuellen Lebens, zur Affirmation des unendlichen Wertes der Einzelseele (Harnack). All das, so kann erläutert werden, ist nur aus dem Bewusstsein der unvordenklichen Selbstgegebenheit der endlichen Freiheit, aus der dem Subjekt in seinem unmittelbaren Selbstbewusstsein sich abschattenden Gründung im Absoluten, somit im Gottesverhältnis, möglich. Es kann mögli-

7. Vgl. z. B. das Programmheft des Ökumenischen Kirchentages in Berlin 2003, www.oekt.de, vor allem den Vortrag des katholischen Soziologen Hans Joas, »Braucht der Mensch Religion?«, ausgearbeitet in Hans Joas, Braucht der Mensch Religion? Über Erfahrungen der Selbsttranszendenz, Freiburg 2004.
8. Vgl. Ulrich Barth, Religion in der Moderne, Tübingen 2003.

cherweise auch zur Sprache kommen, dass die kirchliche Religionskultur selbst immer weniger vom alten, gegenständlich verfassten Heilsglauben geprägt ist. Auch in der Kirche spricht man vom Glauben inzwischen so, dass mit ihm das Interesse an persönlicher Identitätsvergewisserung, an ganzheitlichen Sinnbezügen, an spiritueller Erfahrung zur Sprache kommt. Die auch in kirchlichen Kreisen beliebte Rede von Spiritualität und religiöser Erfahrung ist dafür ebenso ein Beleg wie die Inanspruchnahme kirchlicher Ritualangebote auch durch die kirchlich distanzierten Zeitgenossen, eben dann, wenn etwas der Fall ist, das das Leben der Menschen als Ganzes betrifft, an den Wende- und Krisenpunkten im gesellschaftlichen und individuellen Leben.

Die Präsenz der Religion in der modernen Kultur ist aber eben nicht an die Kirche gebunden. Mit der Individualisierung und Privatisierung des religiösen Erlebens und Entscheidens geht einher, dass religiöse Sinnerfahrung in kulturellen Formen gesucht wird, die herkömmlich nichts mit der verfassten Kirche zu tun haben, aber auch nicht unbedingt in neue religiöse Bewegungen eingehen. In erster Linie ist vielmehr an die Massenmedien zu denken, an die Unterhaltung, die Bücher und Filme ermöglichen. Die religiös sinnbildenden Erzählungen sowie die religiösen Symbole und Rituale haben sich kulturell verflüssigt und manchmal fast bis zur Unkenntlichkeit (wie z. B. in der Werbung) in die Alltagskultur eingezeichnet. Dennoch bildet die verfasste Religion – zumindest hintergründig – auch in der modernen Kultur dem Alltag eine Struktur ein, setzt sie im Lebensvollzug der Individuen Ein- und Abgrenzungen, nötigt Übergänge auf und macht sie begehbar.

Religion bleibt als eigene kulturelle Sinnform erhalten. Zwar verschwimmen die traditionellen Grenzen der institutionalisierten Religion, aber weil die Funktion, die die Religion in der Gesellschaft erfüllt, nicht von anderen kulturellen Sinnformen ersetzt werden kann, deshalb bilden sich auch die Symbolisierungen immer wieder neu aus, mit denen religiöser Sinn als solcher kommuniziert und in andere gesellschaftliche Sphären, die Kunst und die Wissenschaft, die Politik und die Bildung eingetragen wird.

Die Bestimmung der Funktion der Religion und ihres spezifischen Kommunikationscodes ist für Luhmann die wesentliche Leistung, die die Theorie der Religion erbringen muss. Ich schließe mich ihm darin an. Die Religion kommuniziert die Unterscheidung zwischen dem Immanenten und dem Transzendenten, dem Vertrauten und dem Unvertrauten, dem Bestimmten und dem Unbestimmten, dem Endlichen und dem Unendlichen. Ihre Funktion besteht darin, dass sie den in aller Sinnbildung, d.h. in allem anschlussfähigen Verstehen und Handeln immer mitlaufenden Horizonten des Unvertrauten und Unbestimmbaren Deutungen zuführt, die sie auf symbolische Weise doch bestimmbar machen und einen vertrauten Umgang mit dem Unvertrauten in der Begehung von Ritualen ermöglichen.

Religiöser Glaube ist, so gesehen, unbedingt sich gegründet findende Daseinsgewissheit. Er macht ein deutendes Verhalten auch zu den Erfahrungen möglich, in denen aller Sinn sich entzieht. Die Individuen müssen im Alltag ihres Lebens ein solch sinndeutendes Verhalten nicht explizit für sich realisieren. Die Gesellschaft braucht die explizite Religion, ihre Symbole und Rituale, aber nicht jedes Individuum im Alltag seines Lebens. Von Fall zu Fall ist der Bedarf freilich auch bei den Individuen da. Dann ist es gut, wenn sie auf religiöse Sinnangebote und damit auf symbolische Formen der institutionalisierten Religionskultur zurückgreifen können. Da die explizite Religion sich als Deutung von Erfahrung vollzieht, ist sie immer auch auf Deutungstraditionen, auf die überlieferten Symbolsprachen angewiesen. Das wird noch klarer erkennbar, wenn wir uns den spezifischen Charakter und die Eigenart religiöser Erfahrung vor Augen führen.

1.2 Religion als symbolisch konstituierte Erfahrung

»Anschauen des Universums … so alles Einzelne als einen Theil des Ganzen, alles Beschränkte als eine Darstellung des Unendlichen hinnehmen, das ist Religion.«[9] Schleiermacher definierte in seiner religionstheoretischen Programmschrift Religion als Erfahrung des Unendlichen und Unbedingten. Erfahrung ist mehr als sinnliche Wahrnehmung. Erfahrung braucht die symbolische Form, die kategoriale Fassung, die Deutung, in die die Wahrnehmung und das Erleben eintreten. So erst kommt Erfahrung zu Stande. Zur Erfahrung gehört ihre Deutung konstitutiv hinzu. Anders ist auch Schleiermachers Religionsdefinition gar nicht zu verstehen. Religion ist religiöse Erfahrung. Diese ist gebunden an den Menschen, der sie macht. Religiöse Erfahrung wiederum ist Erfahrung des Unendlichen und Unbedingten im Medium des Bedingten, also die Deutung einer endlichen, bedingten Wahrnehmung im Horizont von Vorstellun-

9. Friedrich D. E. Schleiermacher, Über die Religion. Reden an die Gebildeten unter ihren Verächtern, in: KGA, I., 2, Berlin/New York, 1984, 55f. (Seitenangabe nach der Originalpaginierung).

gen, Gedanken und Ideen, die auf ein Unendliches und Unbedingtes gehen. Das Unendliche und Unbedingte kann ja selbst nicht der direkte Gegenstand der Erfahrung sein, kein Inhalt der Wahrnehmung. Könnte die Unendlichkeit wahrgenommen werden, würde das Unendliche selbst ein Endliches sein, ein endlicher, bedingter Gegenstand der Wahrnehmung. Das Unendliche und Unbedingte geht jedoch in diejenige Deutung von Erfahrung ein bzw. aus solcher Deutung hervor, vermöge deren einem Menschen die Wirklichkeit nicht im Vorhandenen aufgeht, nicht im Unbegreiflichen seines Schicksals, nicht in einem am Gang individuellen Lebens desinteressierten Universum. Religion ist religiöse Erfahrung und religiöse Erfahrung ist religiös gedeutete Erfahrung. Religion ist Deutung und Symbolisierung von Erfahrung im Lichte der Unterscheidung von Unendlichem und Endlichem, Unbedingtem und Bedingtem.

In religiöser Erfahrung bedrängt die Frage nach einem letzten ›Warum‹. In ihr artikuliert sich der Dank für die wunderbare Geborgenheit durch ›gute Mächte‹. Die symbolische Formung ist sowohl die Artikulation wie die Prägung der religiösen Erfahrung. Mit ihr spricht ein Mensch sich über seine Erfahrung aus, gewinnt diese zugleich ihre Bestimmtheit und Artikulationsfähigkeit, wird sie zur Erfahrung eines blinden, unbegreiflichen Schicksals oder göttlicher Bewahrung oder glücklicher Fügung.

Das Wort ›Gott‹ kann zu diesen Artikulationen religiöser Erfahrung gehören. Dann ist es Gott, dem der Mensch dankt für das Geschenk des Lebens oder den er bedrängt mit der Frage nach dem ›Warum‹. Es kann aber auch von den ›guten Mächten‹ die Rede sein wie in Bonhoeffers Neujahrslied. Mit den ›guten Mächten‹ wiederum kann sich die Vorstellung von Engeln verbinden, und mit den Engeln ist vermutlich wiederum nichts anderes gemeint als die Vorstellung vom ›persönlichen Gott‹. Gott ist nicht das Ursprüngliche in der Religion, wie Schleiermacher sagt, sehr wohl aber kann von ihm auf vielfältige Weise die Rede sein, wo die Religion sich auf bestimmte Weise über ihre Transzendenz- und Unbedingtheitserfahrungen ausspricht.

In den ›Reden über die Religion‹ hebt Schleiermacher genau diese Relativität des Gottesgedankens hervor:

> Welche »Anschauungen des Universums ein Mensch sich zueignet, das hängt ab von seinem Sinn fürs Universum, das ist der eigentliche Maßstab seiner Religiosität, ob er zu seiner Anschauung einen Gott hat, das hängt ab von der Richtung seiner Fantasie.«[10]

10. A. a. O., 128 f.

Das Ursprüngliche in der Religion ist nicht der Gottesglaube, sondern eine sinnliche Erfahrung, zu der aber, wie zu aller Erfahrung, auch die Deutung und die symbolische Artikulation gehören. Schleiermacher kann deshalb die religiöse Erfahrung in seiner Kulturtheorie als den Vollzug individuellen Symbolisierens beschreiben. Und in der Einleitung in die Glaubenslehre ist der

»Ausdruck Gott eine Vorstellung … welche nichts anderes ist als nur das Aussprechen des schlechthinnigen Abhängigkeitsgefühls, die unmittelbare Reflexion über dasselbe«[11].

Das Wort ›Gott‹ gehört in den Zusammenhang einer ursprünglichen Artikulation der religiösen Erfahrung. Vermöge dieses Ausdrucks, im Gebrauch des Wortes ›Gott‹, wird die religiöse Erfahrung selbst erst eine bestimmte, in sich reflektierte Erfahrung. Sie kann sich aussprechen über ihren Inhalt.

Zur religiösen Erfahrung gehört also das Ineinander von Unmittelbarkeit und Reflexion. Was in dem Wort ›Gott‹ zur Bestimmung kommt, ist das Woher des unmittelbaren, leibhaft gespürten Gefühls der schlechthinnigen Abhängigkeit. Die Reflexion bleibt an dieses unmittelbare Gefühl und damit das individuelle Subjekt, in dem es aufkommt, gebunden. Was das Wort ›Gott‹ meint, ist von der individuellen Erfahrungsperspektive nie gänzlich ablösbar.

Auch Aussagen über den Glauben an Gott sind daher streng genommen immer in der 1. Person Sing. zu formulieren, wie das Luther in den Erklärungen zum Glaubensbekenntnis auf vorbildliche Weise gemacht hat: »Ich gläube, daß mich Gott geschaffen hat sampt allen Kreaturen … Ich gläube, daß Jesus Christus … sei mein Herr …«[12] Die individuelle Perspektive schränkt die Aussagen des Glaubens aber keineswegs auf bloß subjektive Geltung ein. Da religiöse Aussagen, auch und gerade solche, die von Gott und seinem Handeln sprechen, symbolische Artikulationen religiöser Erfahrung sind, haben sie immer schon Anteil an transsubjektiven Symboltraditionen. Man kann dann auch sagen: Religiöse Erfahrung kommt nur durch religiöse Kommunikation zustande, oder mit

11. Friedrich D. E. Schleiermacher, Der christliche Glaube. Nach den Grundsätzen der Evangelischen Kirche im Zusammenhange dargestellt, 2. Aufl. (hg. v. Martin Redeker), Berlin 1960, § 4, 29 f.
12. Vgl. Martin Luther, Kleiner Katechismus, in: Die Bekenntnisschriften der evangelisch-lutherischen Kirche, hg. im Gedenkjahr der Augsburgischen Konfession 1930, 6. Aufl. Göttingen 1967, 501-544, hier 510 f.

dem Apostel Paulus: »So kommt der Glaube aus der Predigt, das Predigen aber durch das Wort Christi.« (Röm 10,17)

Schleiermacher hat seine Theorie religiöser Erfahrung denn auch in den Kontext einer Theorie der Kultur gestellt, die den Aufbau der Kulturwelt auf das symbolisierende und organisierende Handeln der Menschen zurückführt.[13] Die Beziehung aufs Unendliche kann nicht gegenständlich gewusst, sondern nur leibhaft präsent werden, im ›Gefühl‹ – führt Schleiermacher in der Theorie des individuellen Symbolisierens aus. Die leibhafte Präsenz des »Gefühls« bzw. des »unmittelbaren Selbstbewußtsein« hat vorprädikativen, vorsprachlichen, nicht-symbolischen Charakter. Im Gefühl kommt die jeweilige Zuständlichkeit des bewussten Lebens zur Präsenz des individuellen Selbstbewusstseins. Das Gefühl für das die Wirklichkeit des bewussten Lebens unbedingt Bestimmende wird unmittelbar nicht schon als das Uneinholbare, Unendliche bewusst. Es gewinnt nicht die Bestimmtheit eines Gedankens, keine Vorstellung. Da ist nur eine Erfahrung bzw. ein Widerfahrnis, das sich als unbedingt angehendes im je eigenen Gefühlsbewusstsein, dieser leibgebundenen Weise unmittelbarer Selbstpräsenz, kundgibt. Dieses Gefühl, eine Gestimmtheit, findet dann jedoch im ursprünglichen Symbol des bewussten Lebens, im Leib und seinen Gebärden eine erste Form des Ausdrucks und der Mitteilung – im Weinen und Lachen. Die Erschlossenheit bewussten Lebens in unmittelbarer Sich-Zugänglichkeit, die im Gefühl statthat, sucht nach Zeichen, durch die sie sich zum Ausdruck und zur Darstellung bringen kann. Die sich manifestierende, kulturell sichtbar werdende Religion entspringt so für Schleiermacher dem ›individuellen Symbolisieren‹. Die kulturell manifeste Religion lebt in Symbolen, die uns unbedingt Angehendes bedeuten.

Da ist, eingelassen in die conditio humana, der Sinn fürs Unendliche, dafür, dass die Wirklichkeit im Vorhandenen und Begreiflichen nicht aufgeht. Aber erst auf dem Wege der Darstellung in sichtbaren Zeichen findet dieser religiöse Sinn einen bestimmten Inhalt. Die existentielle Offenheit fürs Religiöse braucht die Interpretation der Erfahrungen unseres bewussten Lebens, deren Deutung, die Arbeit an der symbolischen Form. Eines der ursprünglichsten Symbole der Religion ist in der jüdisch-christlichen, durch die Bibel geformten Tradition, Gott, die Vorstellung von einem Wesen, in dem alles, was ist, auf einheitliche Weise gründet,

13. Vgl. hierzu meinen Rekurs auf Schleiermachers »Philosophische Ethik« in: Wilhelm Gräb, Sinn fürs Unendliche. Religion in der Mediengesellschaft, Gütersloh 2002, 53-69.

und in das alles in der Realisierung seiner je eigenen Bestimmung auch wieder als in das All-Eine eingeht.

Darstellbar und mitteilbar ist die religiöse Erfahrung nur symbolisch. Um artikulationsfähig zu sein, sich über ihre Inhalte aussprechen zu können, bildet die religiöse Erfahrung symbolische Formen aus – endliche, sinnliche Medien der Darstellung des Unendlichen und Unsinnlichen. Um darstellbar und mitteilbar zu sein, hat die religiöse Erfahrung, so kann man dann auch sagen, einen Gott nötig. Was das Wort ›Gott‹ meint, ist, wenn es nicht in symbolischen Zeichen zur Darstellung kommt, nur in der vorprädikativen, nicht mitteilbaren, ebenso ganzheitlichen wie fragmentarischen Präsenz des Gefühlsbewusstseins, in emotiven Affekten, leibhaften Regungen und Gebärden der Seele da. Das Wort ›Gott‹ allererst verweist auf den unbedingten, im Gefühlsbewusstsein auf unmittelbare Weise vorprädikativ präsenten Sinngrund. ›Gott‹ erst ermöglicht die Benennung des Grundes im Bewusstsein. Er steht dafür, dass für uns eine Welt da ist, die uns in der Bewandtnis, die sie für uns hat, auch dort noch erschlossen ist, wo wir ins Ungeheure und menschlich Unbegreifliche geraten. Als dieser Grund im Bewusstsein, der uns ermöglicht, auch dort noch einen Sinn unterstellen zu können, wo er sich uns auf begreifliche Weise entzieht, ist Gott immer schon vorauszusetzen, ohne dass er gegenständlich gewusst werden kann. Indem er gegenständlich gewusst, vorgestellt, sprachlich symbolisiert wird, ist er hingegen im Medium des Endlichen und Bedingten vorgestellt und ausgedrückt.

Alle Kultur bewegt sich in symbolischen Formen. Für die religiöse Sphäre gilt jedoch in besonderer Weise, dass ihre Symbole rein in der symbolischen Funktion der endlichen Veranschaulichung des Unanschaulichen, des Unendlichen, des Unbegreiflichen aufgehen.

1.3 Symbolische Rede von Gott

Um zu Gott zu finden, kann die Theologie nicht mit Gott anfangen. Als Religionstheologie trägt sie diesem Sachverhalt Rechnung und nimmt vom religiösen Bewusstsein des Menschen ihren Ausgang, folgt ihm auf dem Weg, auf dem es zum Gottesbewusstsein wird. Die Theologie muss als Lehre von Gott anthropologisch, mit unserem selbstbewussten Leben beginnen, mit dem Selbstverhältnis, das wir Menschen auf bewusste und je individuelle Weise sind. Dann kann sie sehen, dass es die uns im Selbstverhältnis gewärtigen Erfahrungen der Kontingenz unseres Lebens sind, die uns zu religiösen Deutungen veranlassen. Auch so freilich wird die

Rede von Gott nicht zwingend, eben weil sie sekundär ist, durch Interpretation vermittelt, in wiederum historischen, kontingenten Interpretationstraditionen sich bewegend. Es tritt jedoch hervor, dass die Rede von Gott, dass vor allem die Erzählungen und Bilder von ihm in die christliche Symbolkultur des Verhaltens zur Unbedingtheitsdimension des je eigenen Lebens gehören.

Zur Rede von Gott finden wir jedenfalls auf dem Weg über die gelebte Religion. Die gelebte Religion ist diejenige Dimension unseres bewussten Lebens, in der wir uns deutend und d. h. immer symbolisierend, dann also auch sprachlich, mit dem Wort ›Gott‹ zur kontingenten Gegebenheit unseres Lebens verhalten.

›Gott‹ ist ein Wort, ein Zeichen unserer Sprache. ›Gott‹ ist dasjenige Sprachsymbol, das zugleich als abschließendes, den unbedingten Grund unseres Daseins bezeichnendes Sinnzeichen fungiert. ›Gott‹ ist das Wort unserer Sprache, mit dem wir zur Symbolisierung desjenigen ausgreifen, das uns im Grundverhältnis unseres Lebens, in der Einheit einer auf das Ganze der Wirklichkeit umschließenden Daseinsperspektive versammelt. Was das Wort ›Gott‹ meint, will dann aber immer in dieser Perspektive je meiner Daseinserfahrung und ihrer -deutung verstanden sein.

Wir bewegen uns auf dem ebenso einheitlichen wie transzendenten Grunde unseres Bewusstseins. Ihm verdanken wir, so hat es Schleiermacher in seiner Religionstheorie ausgeführt, die Einheit unseres uns im Weltverhältnis bestimmenden Selbstbewusstseins. Der transzendente Grund ist uns präsent in der Unmittelbarkeit unseres Selbstgefühls. Und dieses Selbstgefühl wiederum macht, dass wir uns Erinnerungen und Erwartungen als die eigenen überhaupt zuschreiben können. Unser unmittelbares Selbstgefühl lässt uns die Geschichten erzählen, die unser Leben sind. Es gibt uns die Kraft, im Glück wie in der Not, den uns tragenden Grund festzuhalten. Dieses Selbstgefühl ist unsere ›seelische Kraft‹, unser Grundvertrauen ins Dasein.

An der Verfassung unseres menschlichen Lebens kann uns also aufgehen, dass wir unser Leben aus der Gründung in einem Unbedingten führen. Was es mit diesem unbedingten, unserem Wissen transzendenten Grund auf sich hat, wie wir ihn uns sollen vorstellen können, das ist und bleibt jedoch eine Frage der Deutung, eine Sache der Interpretation.

Die traditionellen Religionskulturen, die biblische Tradition im Christentum, auch die Rede von Gott, der wir dort begegnen, stellen in dieser Sicht Symbole, Bilder und Erzählungen bereit, die uns in eine Kultur des Verhaltens zu dem bringen können, was uns – wir fühlen es – unbedingt angeht, was wir aber nicht gegenständlich, nicht wissend vor uns bringen können. Wir sehen uns auf die religiöse Tradition verwiesen. Wir werden aufmerksam auf die geprägte Sprache des Glaubens. Wir entdecken in der Symbolwelt der Bibel gangbare, erprobte Wege in das eigene Innere wie zum Sinn des Ganzen der Wirklichkeit.

Die Symboltradition der Religion spricht in Bildern und weiß viel zu erzählen. Damit ermöglicht sie denen, die sie gelernt haben, sich zur Transzendenz zu verhalten. In symbolischen Formen setzt uns auch die Bibel ins Verhältnis zum transzendenten Grund unseres bewussten Lebens. Die Bibel erzählt von Menschen, die außerordentliche Gotteserfahrungen gemacht haben. Die Mystiker können die Begegnung mit der transzendenten Einheit unseres bewussten Lebens als Widerfahrnis auf dem Grunde der eigenen Seele beschreiben.

Was in der Sprache der Symbole zur Deutung kommt, sind Erfahrungen, die zu unserem Leben gehören. Die traditionelle Symbolsprache der Religion ist für die meisten Zeitgenossen dennoch nicht mehr verständlich. Und wo sie nicht mehr verständlich ist, da funktioniert sie nicht mehr als Deutung unbedingt angehender Lebenserfahrung. Es braucht dann Übersetzungen. Das gilt auch für das Grundwort der religiösen Sprache im Christentum – also für das Wort ›Gott‹. Die Verborgenheit Gottes in der Religion ist, wo sie eintritt, eigentlich eine Verdunkelung der Deutungskraft dieses Wortes. Es erschließt dann nicht mehr den transzendenten Sinn der Erfahrungen des Kontingenten, bzw. dessen, was in Kontingenzerfahrungen unbedingten, verlässlichen Halt und Orientierung gibt. Die Kontingenzerfahrungen, Erfahrungen des Glücks wie der Not, sind selbstverständlich immer noch da, aber sie werden nicht mehr in einem bestimmten, auf Gottes gute Absichten rekurrierenden Sinn gedeutet.

1.4 Die Deutungsbedürftigkeit der symbolischen Rede von Gott

Wie kann die Rede von Gott verständlich werden? Indem das Wort Gott als Deutewort für Erfahrungen gebraucht wird, die anders nicht in einen Sinnzusammenhang integriert werden können. Eine wichtige Aufgabe der Religionstheologie ist es, das Wort Gott als ein auch noch im Fragmentarischen ein Sinnganzes aufrufendes Deutewort bekannt oder wieder bekannt zu machen.

Tätig ist unsere Imaginationskraft, besonders solange wir noch Kinder sind. Wir symbolisieren. Wir setzen Zeichen, die dadurch Symbole sind bzw. zu Symbolen werden, dass das Bezeichnete anders als durch sie unseren Vorstellungen auf gegenständliche Weise nicht ›gegeben‹ ist.

›Gott‹ ist kein Gegenstand, keine gegenständliche Realität, wie wir uns endliche Dinge vorstellen. Gott ist ein Symbol bzw. ein Deutewort, in Vorstellungen existierend, die wir Menschen uns machen. Weil es ein Symbol ist, verlangt das mit dem Wort ›Gott‹ gemeinte aber auch danach, als Interpretament kommuniziert zu werden. Dabei kommt es auf den Interpretationsrahmen an. Dieser kann unter den kulturellen Bedingungen unserer Gegenwart, in denen die biblischen und religiösen Überlieferungen ihre Selbstverständlichkeit und gesamtkulturelle Prägekraft verloren haben, nicht allein die Sprache dieser Überlieferungen selbst sein. Wer die Sprache der Bibel und der kirchlichen Dogmatik gebraucht – und sie wird ja zu Recht in der liturgischen Praxis der kirchlichen Gottesdienste auch weiterhin gebraucht –, sieht sich heute zugleich zu enormen Übersetzungsleistungen in säkulare Sprachen, die von keinem lebendigen religiösen Verhältnis getragen sind, herausgefordert.

Die größten Hindernisse im Verständnis und in der Aneignung gerade auch der biblischen und traditionell kirchlichen Rede von Gott entstehen dem zeitgenössischen Bewusstsein aus der anhaltenden Verdunkelung ihres symbolischen Charakters. Es mangelt an der Erschließung ihres Deutungssinns.

Es scheint in der binnenreligiösen Kommunikation oft nicht klar, dass es sich in der Rede von Gott und seinem Handeln um symbolische Rede und insofern um die Eröffnung eines nicht irrealen, aber eben in unserer mentalen Innenwelt realen Sinnbezuges handelt. Die Rede von Gott hat Realität, unter Umständen eine ungeheuer machtvolle Realität – aber in unseren Gedanken, Vorstellungen und Gestimmtheiten, in der Wirklichkeit unseres inneren Lebens. Wir haben es auch sonst mit solchen Formen geistiger Realität zu tun, in der Liebe, in der Moral, in den Rechtsverhältnissen der Gesellschaft. Sie können in sichtbare soziale Ordnungen eingebracht, in Gesetzen festgeschrieben werden. Aber ihre Kraft schöpfen sie aus einer geistigen Wirklichkeit, mit der sie in den Köpfen und Herzen der Menschen lebendig sind. Das gilt so gesteigert für Gott.

Leider verläuft jedoch die Fortführung der biblischen Rede von Gott in der binnenkirchlichen Kommunikation immer wieder in den Bahnen der theistischen Personalisierung und Vergegenständlichung Gottes. Gott wird zu einem höchsten Seienden, zu einem übernatürlichen und übergeschichtlichen Wesen hypostasiert. Dieses hat dann den Charakter eines von oben herab ins Weltgeschehen eingreifenden Subjekts. Es ist mit Handlungsintentionen ausgestattet, die uns freilich doch nie ganz verständlich sind.

Die religiösen Fragen, die für uns im Leben aufkommen, sind dabei solche, die keineswegs immer zugleich die Fragen an ein vollkommenes, höchstes Wesen berühren. Es wird in der von Wissenschaft und Technik dominierten modernen Kultur nicht mehr nach religiösen Erklärungen und Ableitungen für sonst Unerklärliches in kausalen Zusammenhängen gesucht, nicht nach Ursache und Wirkung. Fragen der Religion gehen auch nicht auf den Anfang des Universums vor aller Zeit, das Ende aller Dinge, die Weltschöpfung, die Weltgeschichte und das Weltgericht. Es ist längst der überwiegenden Zahl der Zeitgenossen klar, dass die Ursprungsmythen und apokalyptischen Szenarien, dann auch die Gedankensysteme der sie rationalisierenden Theologien, keine Tatsachenfeststellungen beinhalten. Sie erklären nicht den faktischen Gang der Dinge, im Großen und im Kleinen.

Es ist durchaus ins allgemeine Bewusstsein eingedrungen, dass die Religion es überhaupt nicht mit Fragen der Welterklärung, auch nicht mehr mit denen der Geschichtsdeutung zu tun hat, nicht mit der Entstehung und der Ausdehnung des Universums im interstellaren Raum, nicht mit der Hand Gottes in den großen Geschichtsbewegungen der Menschheit. Die Religion hat es zu tun mit den Fragen nach der Stellung des Menschen in der Natur und damit nach dem Sinn, dem Grund und dem Zweck unseres endlichen, kontingenten Daseins, mit der Frage nach dem Sinn meines individuellen Lebens, in einem physikalisch, biologisch und historisch letztlich unergründlichen Universum. Die Religion interessiert sich nicht für das, was der Fall war, ist und sein wird. Sie arbeitet an der Deutung des Sinns unseres kontingenten, individuellen menschlichen Lebens.

Erst im Zusammenhang dieser Sinn- bzw. Deutungsfragen hat dann auch die Frage nach Gott als Frage nach einem einheitlichen und das Ganze meines Leben unendlich in sich aufhebenden Grund alles Seins ihren Ort. Die Erweiterung des Weltwissens führt uns die Randständigkeit der Stellung von uns Menschen in der Unermesslichkeit des Universums zusätzlich vor Augen. Wir sind Zeugen rasant fortschreitender wissenschaftlicher Entdeckungen im Makrokosmos wie im Mikrokosmos, in der Weite des Universums wie an den kleinsten Bauelementen der Materie, bis hin zum genetischen Code des Lebens. Gleichermaßen ersichtlich ist jedoch, dass damit die Stellung des Menschen in der Natur und der Sinn meines individuellen Daseins sowie meine besondere Weltstellung in dieser Zeit und an diesem Ort, dass vor allem die Bewandtnis, die es mit meinem eigenen, individuellen Leben auf sich hat, noch nicht besser verstanden sind. Es schwindet in allem Forschritt der Wissenschaften die

Dunkelheit nicht, vor die die Frage nach der Bestimmung des Menschen inmitten der Natur und angesichts der Unermesslichkeit des Universums, die Frage dann auch nach dem ›Von woher‹ und ›Worauf hin‹ des eigenen Lebens einen jeden und eine jede stellt.

1.5 Die Vielfalt symbolischer Welten

Diese religiösen Sinnfragen sind dann allerdings auf indirekte Weise immer auch Fragen nach Gott. Die Fragen, die als religiöse im Leben aufbrechen, sind solche, die auf den Grund des Vertrauens gehen und ob ein Zweck ist in allem. Es sind die Fragen nach einem ›Warum‹ in den Leidenserfahrungen, angesichts des Fragmentarischen, Widersprüchlichen, Chaotischen, Unstimmigen. Eines uns unbedingt Gründenden sind wir uns ja unmittelbar bewusst. Daraus erwächst uns das Grundvertrauen ins Dasein. Aber der Grund im Bewusstsein erschließt sich uns nicht. Wir verstehen uns nicht in ihm. Wir bleiben auf der Suche nach der Deutung des sich ebenso erschließenden wie entziehenden, aufbauenden und abbrechenden Sinns im eigenen Leben. Es liegt ein Korrespondenzverhältnis vor, zwischen der Sich-Entzogenheit im Selbstverhältnis und der Gottverborgenheit, zwischen der offenen Frage nach Gott und der nach der eigenen Identität.

In religiöse Sinnfragen führen besonders Erfahrungen der Grenze, der Grenzen unserer analytischen Fähigkeiten, wo wir nicht weiter wissen, der Grenzen unserer ethischen Sicherheit, wo wir uns nicht zu entscheiden wissen, der Grenzen unserer Leidensfähigkeit, wo wir den Schmerz nicht aushalten und die Frage bedrängt: ›Warum gerade ich?‹ Die in den Grenzerfahrungen aufbrechenden Sinnfragen greifen immer auch zurück in die Mitte und scheinbare Selbstverständlichkeit unseres alltäglichen Lebensgangs. Dort verlangen wir immer wieder nach der Erkenntnis des Grundes einer Daseinsgewissheit, in der wir ursprünglich, im Aufgang unseres bewussten Lebens, schon zu stehen glaubten. Religiöse Fragen, wo sie aus den Erfahrungen des Lebens kommen, sind solche, die an den unerträglichen Widersprüchen des Lebens aufbrechen. Sie bedrängen angesichts unerfüllter Erwartungen, vergeblicher Bemühungen, zerbrochener Beziehungen, in den Ausweglosigkeiten des Lebensgeschicks. Da quälen die Fragen, ob denn wirklich ein Sinn ist im Ganzen und ich vielleicht selbst wieder dahin zurückfinden kann, dass er sich auch mir erschließt.

Die Religion ist einerseits zu einer Angelegenheit der Individuen, ihrer

Sinnfragen geworden. Andererseits hat sie weiterhin ihren Außenhalt in jenen religionskulturellen, symbolischen Beständen, die immer auch die Gemeinschaft von Menschen und ihre kollektiven Identitäten stabilisieren. Gleichwohl hat vor allem die traditionelle kirchliche Symbolkultur harte Konkurrenz bekommen. Die religionskulturellen Symbolbestände sind zu einer ziemlich frei flottierenden Ware geworden. Zahlreiche neue Anbieter sind hinzugekommen. Außerdem steht es den Individuen frei, sich für die Arbeit an ihren Sinnfragen auch jenseits explizit religiöser Sinnangebote, auf dem weiten Feld der ästhetischen Kultur und in den verschiedenen Formen von Unterhaltung zu bedienen.

Selbstverständlich aber liegen in der traditionellen kirchlichen Religionskultur, ihrem deutungsstarken Umgang mit den biblischen Überlieferungen, ihren Inszenierungen großer Liturgien immer noch besondere Chancen, Wege zur Erkundung der religiösen Gründung unseres bewussten Lebens zu eröffnen und mitzugehen. Dann wird ›Gott‹ zum Wort unserer Sprache, mit dem wir unsere letzten Gedanken und tiefsten Empfindungen symbolisieren. Dann führt der Weg zu Gott durch die innere Welt unserer tiefsten Sehnsucht. Dann ist dies der Weg, auf dem uns ausdrücklich wird, dass die Wirklichkeit im Vorhandenen nicht aufgeht. Der eigene Zugang zu dieser Erfahrung lässt sich finden. Die eigene Einsicht kann sich bilden, in das, wozu ich mich in letzter Hinsicht bestimme, was meinem Leben einen unauslöschlichen Sinn und die Gewissheit geben kann, auf keinen Fall vergeblich zu leben.

2. Protestantische Religionskultur: Die Heiligung der Individualität

2.1 Traditionslinien protestantischer Kultur

Seit dem 19. Jahrhundert wird dem Protestantismus immer wieder die Krise traditioneller kirchlicher Religionskultur angelastet. Der an der Entstehung der modernen Welt mitbeteiligte, traditions- und kirchenkritische Protestantismus, so heißt es, habe zur säkularen, sich überanstrengenden, religionslosen Welt erheblich beigetragen. Gerade das protestantische Berlin sei die unkirchlichste Stadt der Welt, so ging die Rede schon in der 2. Hälfte des 19. Jahrhunderts. Andere hingegen – insbesondere im Lager des im 19. Jahrhundert sich ebenfalls formierenden Kultur- und Neuprotestantismus – sahen darin gerade die Leistung des Protestantismus, dass es ihm gelungen ist, das Christentum den Herausforderungen der modernen Kultur entsprechend umzuformen. Der Kulturprotestantismus, so wurde gesagt, habe das humane Ethos der neuzeitlichen Ideenwelt positiv aufgenommen, sei für individuelle Freiheit und soziale Gerechtigkeit eingetreten und habe sich für die Unterscheidung von Politik und Religion stark gemacht. Man konnte sich dabei zu Recht vor allem auf Friedrich Schleiermacher, seine Kulturphilosophie und Theologie, berufen.

Auch Schleiermacher freilich stand bereits um 1800 die Krise der kirchlichen Symbol- und Ritualkultur klar vor Augen. Er konnte ihren Verfall geradezu dramatisch beschreiben:

»Dass unser Kirchenwesen in einem tiefen Verfall ist, kann niemand leugnen. Der lebendige Antheil an den öffentlichen Gottesverehrungen und den heiligen Gebräuchen ist fast ganz verschwunden, der Einfluss religiöser Gesinnungen auf die Sitten und auf deren Beurtheilung kaum wahrzunehmen, das lebendige Verhältniss zwischen den Predigern und ihren Gemeinden so gut als aufgelöst, die Kirchenzucht und Disciplin völlig untergegangen, der gesammte geistliche Stand in Absicht auf seine Würde in einem fortwährenden Sinken begriffen, in Absicht auf seinen eigentlichen Zweck von einer gefährlichen Lethargie befallen.«[1]

1. Friedrich D. E. Schleiermacher, Vorschlag zu einer neuen Verfassung der protestantischen Kirche im preußischen Staate (1808), in: Schriften zur Kirchen- und Bekenntnisfrage, bearbeitet v. Hayo Gerdes, Berlin 1969, 118-136, 119.

So Schleiermacher zur kirchlichen Lage um 1808. Eben war er aus Halle, wo Napoleon die Universität geschlossen hatte, nach Berlin zurückgekehrt. Im Zuge der Stein-Hardenberg'schen Reformen wollte er am Wiederaufbau Preußens, zu dem die Erneuerung der Kirche sowie die Neuorganisation von Wissenschaft und Bildung, schließlich die Gründung der Berliner Universität gehören sollten, mitarbeiten.

Schleiermacher ist jedoch gerade dadurch zum Begründer eines liberalen Kulturprotestantismus geworden, dass er die Krise der traditionellen kirchlichen Religionskultur im konstruktiven Anschluss an die treibenden Kräfte der modernen Welt zu bewältigen versuchte. Nicht ein sich gegen die böse Zeit wendender Missionseifer schien ihm angesichts des Verfalls kirchlichen Lebens geboten. Vielmehr empfahl Schleiermacher nach der Devise zu handeln, die er schon 1801 zur Erläuterung seiner Predigtweise an seinen Onkel, Prediger Stubenrauch, anlässlich der Übergabe des ersten Bandes seiner Predigtveröffentlichungen, ausgegeben hatte:

»Vielleicht kommt auch die Sache (des Glaubens, W. G.) dadurch wieder zu Stande, daß man sie voraussetzt.«[2]

Er meinte damit, dass man den Glauben am Ort des Individuums und seiner inneren Welt voraussetzen sollte. Das war ein dezidierter Versuch, die protestantischen Prinzipien ins konstruktive Verhältnis zur modernen Kultur zu bringen. Denn im protestantischen Verständnis ist der religiöse Glaube nicht Glaube an Heilstatsachen oder Dogmen, sondern die gefühlsbezogene Selbstdeutung sinnbewusster Individualität, die Anerkennung des transzendenten Grundes humaner Freiheit. Seine religiöse Selbstdeutung soll der Prediger in der gottesdienstlichen Versammlung zur Darstellung bringen, nicht überlieferte Glaubensinhalte wie vorgegeben verpflichtend machen. Dann wird aus dem Gefühl der Zusammengehörigkeit heraus sich auch wieder kirchliche Gemeinschaft bilden. Die Kunst des Predigens – und es ist eine Kunst – ist die rednerische Darstellung der ganzheitlichen Anschauung der Welt, wie sie sich im Individuum auf jeweils einzigartige Weise bildet. »Jeder wirke«, fügte Schleiermacher im Vorwort zur 2. Auflage der Erstveröffentlichung seiner Predigten hinzu,

»so weit er kann, um fromme Gesinnungen zu beleben und die Menschen über ihr eigenes Gefühl zu verständigen.«[3]

2. Friedrich D. E. Schleiermacher, Predigten, Erster Band. Neue Ausgabe, Berlin 1843, 7.
3. A. a. O., 10.

Theologisch war für Schleiermacher diese moderne Umformung des christlichen Glaubens zur Religion gefühlsbezogener Selbstdeutung des Individuums in der Christologie begründet. Das Leben Jesu, über das Schleiermacher als erster an der Berliner Fakultät Vorlesungen gehalten hat, erzählt vom exemplarischen Gewinn eines in allen Daseinsbezügen für Gott offenen, in Gott sich gegründet findenden Lebens. Mit der Neubeschreibung des christlichen Glaubens als einer Sache sinnbewusster Weltanschauung und freiheitsbewusster Weltdistanz hatte Schleiermacher allerdings schon in seiner ersten Berliner Zeit, als junger Krankenhauspfarrer an der Berliner Charité, begonnen, mit seinen »Reden über die Religion – an die Gebildeten unter ihren Verächtern« (1799).

Zehn Jahre später, wieder in Berlin, an den Plänen zur Errichtung der Berliner Universität beteiligt[4], sollte es konkreter um die Reform der Kirche gehen. Für Schleiermacher resultierte die von ihm drastisch beschriebene Krise der traditionellen kirchlichen Religionskultur aus einer gewissen Blindheit den gesellschaftlichen Entwicklungen gegenüber, die auf die Realisierung einer freiheitsbewussten, funktional differenzierten Bürgergesellschaft drängten. Auf diese Entwicklungen sah er auch die evangelische Kirche nicht konstruktiv genug eingestellt. Sie war ihm viel zu sehr in der Defensive alter Glaubensvorstellungen und Lebensformen befangen. Zu wenig Rücksicht nahm sie ihm auf das Autonomiebewusstsein der Individuen in politischen, gesellschaftlichen und religiösen Belangen. Zu zaghaft nur fielen ihm die Bemühungen um neue kirchliche Sozialformen aus, um Chancen der Mitbeteiligung der sog. Laien am kirchlichen Leben, um den kulturellen Austausch in kleinen, überschaubaren Gemeinschaften. Schleiermacher wollte die Kirche dahin führen, dass sie angesichts der Säkularisierung, manifester Entkirchlichung weiter Bevölkerungsteile, sich nicht in ein unfruchtbares Gegensatzdenken hineinsteigert, auf Abgrenzung pocht, der sog. Welt, dem Unglauben gegenüber. Die gottesdienstliche Versammlung der Gemeinde, die religiöse Rede, die Predigt, die Lieder und Choräle wollte Schleiermacher weiterhin als selbstverständlichen Teil der kulturellen Selbstverständigung angesehen wissen, wo Geben und Nehmen allen gleichermaßen eigen ist.

4. Vgl. Friedrich D. E. Schleiermacher, Gelegentliche Gedanken über Universitäten im deutschen Sinn, sowie weitere Grundschriften zur Berliner Universitätsgründung von Schelling, Fichte, Steffens und Humboldt, in: Die Idee der deutschen Universität. Die fünf Grundschriften aus der Zeit ihrer Neubegründung durch klassischen Idealismus und romantischen Realismus, Darmstadt 1956.

Die Predigt wollte er als einen Akt religiöser Selbstdarstellung verstanden wissen, zu dem prinzipiell jeder in der Gemeinde fähig und berechtigt ist, bei dem das Gelingen aber gleichwohl von der Kunst des Redens, der theologisch gebildeten Fähigkeit im Umgang mit religiöser Sprache und ihren Deutungskategorien abhängt: Selbstdarstellung eines Individuums und seiner religiösen Lebensansicht, Ansprache auf tragende Sinngründe und erfahrene Sinnabgründe. Das Problem, so Schleiermacher, sind auch in der neuzeitlichen Welt nicht eigentlich die Inhalte der Religion. Die sind unendlich wie das Leben selbst, in all den Möglichkeiten, in denen es zur sinnbewussten Anschauung kommt. Woran es mit der modernen Umformung der kirchlichen Symbol- und Ritualkultur zu arbeiten gilt, das ist die Kunst der die eigene Gegenwart treffenden Auslegung des Glaubens, dann die Wahrnehmung der religiösen Sinndimension in den ethischen Orientierungen des praktischen Lebens, schließlich die Rhetorik, die Darstellung der christlichen Anschauung der Welt und ihre Mitteilung. In vielen Bereichen droht die Kirche den Anschluss an die moderne Kultur, vor allem an die Entwicklung in den Künsten, zu verlieren.

Insbesondere die Praktische Theologie sollte sich deshalb vor allem mit der Ästhetik der religiösen Rede und der Gestaltung der liturgischen Vollzüge befassen, mit den religiösen Darstellungsformen, mit Stil- und Methodenfragen. Sie sollte nicht in erster Linie normative Vorgaben für Predigt, Unterricht und Seelsorge machen, sondern zeigen, wie die religiöse Lebensansicht und Sinneinstellung auch noch unter weitgehend entkirchlichten, säkularen Verhältnissen zur Mitteilung gebracht werden kann. Zu diskutieren ist, wie die Einstimmung verschiedener Individualitäten aufeinander möglich wird, Verständigung in der Gemeinde und darüber hinaus in der allgemeinen menschlichen Kommunikationsgemeinschaft. Von dieser ist die religiöse Gemeinschaft, die Kirche, nur ein Teil, aber ein unverzichtbarer – auch in protestantischer Sicht. In der Kirche wird von Gott geredet, als dem allgemeinen Grund individueller Daseinsgewissheit und kommunikativen Freiheitsbewusstseins. Zur Sprache kommt, was Halt gewährt auf unwegsamem Lebensgelände, auch die vergebliche Suche danach. Kirche und Gemeinde, so Schleiermacher, sind in der modernen Kultur die vorzüglichen Orte der symbolischen Kommunikation der Erfahrung christlichen Glaubens und der Sehnsucht danach, sie machen zu können. Unter den modernen Kulturverhältnissen kommt es freilich entscheidend darauf an, dass die Kirche sich als selbstverständlicher Ort kulturellen Austauschs, lebendiger Gemeinschaft und symbolischer Kommunikation über Sinneinstellungen und Lebensformen begreift und diese im Kontakt mit den übrigen Bereichen der Gegenwartskultur stilvoll und ansprechend gestaltet.[5]

Die moderne Umformung des Christentums war Schleiermachers kulturprotestantisches Programm, dann auch das der Praktischen Theologen Philipp Marheineke und Carl Immanuel Nitzsch. Es ging ihnen in der ersten Hälfte des 19. Jahrhunderts allesamt um die Klärung der Kulturbedeutung der Religion, um das gedankliche Recht des religiösen Glaubens in der modernen Kultur, um die bürgergesellschaftliche Realisierung von Freiheit und Solidarität. Mit dem zivilgesellschaftlichen Freiheitsinteresse hing für sie die protestantische Auffassung von der Religion als einer Sache nicht primär der Kirche, sondern der Individuen eng zusammen. Die Religion der Individuen war für sie aber keine bloße Privatsache. Gerade die moderne Individuenreligion braucht nach Meinung der Kulturprotestanten den kulturellen Austausch, die Erfahrung von Gemeinschaft, die Institutionen symbolischer Kommunikation, die Kirche.

Die Sorge der Kulturprotestanten schon in der 1. Hälfte des 19. Jahrhunderts war es allerdings, dass die Kirche die Menschen nicht mehr erreicht. Sie sahen, dass es der Kirche zunehmend weniger gelingt, die kirchlich unabhängige, ungeheuer vielfältige, moderne Individualitätskultur zu integrieren. Sie versuchten deshalb, freilich nur mit geringem Erfolg, darauf aufmerksam zu machen, dass die Individualisierung und Pluralisierung der religionskulturellen Verhältnisse in der Gesellschaft die religiöse Kommunikation in der Kirche nicht überflüssig machen, sondern sie unter ganz neue Anforderungen stellen.

Schleiermacher, dann auch Marheineke und Nitzsch haben versucht, auch weiterhin die »kirchliche Ausübung des Christentums« (Nitzsch) zu stärken. Sie haben sich darum bemüht, die traditionelle Sprache des christlichen Glaubens in die modernen, freiheitsbewussten, zunehmend pluralen und säkularen Kulturverhältnisse zu übersetzen. Sie wollten die christlich-religiöse Symbolisierung unserer letzten Daseinszwecke im Kontakt halten mit der sich differenzierenden modernen Kultur, mit den symbolischen Formen der Kunst und des Wissens. Deshalb hielten sie an der Dogmenkritik der Aufklärung fest, wollten sie die Plausibilität des Christentums im Kontext von Vernunft, Humanität und Moral er-

5. Zu Schleiermachers praktisch-theologischen Kirchenreformprogramm vgl. meinen Aufsatz: Praktische Theologie als Theorie der Kirchenleitung: Friedrich Schleiermacher, in: Christian Grethlein/Michael Meyer-Blanck (Hg.), Geschichte der Praktischen Theologie. Dargestellt anhand ihrer Klassiker, Leipzig 1999, 67-110.

weisen. Deshalb opponierten sie gegen den Traditionalismus dogmatischer Lehrgesetzlichkeit ebenso wie gegen einen flachschichtigen Utilitarismus und Positivismus. Sie hielten am religiös sinnstiftenden Gehalt des Christentums fest und suchten nach neuen Wegen, dessen Vermittlung ins Zentrum der kirchlichen Ausübung des Christentums zu stellen.

Die Kulturprotestanten entfalteten ein freiheitsbewusstes Verständnis vom religiösen Glauben. Das Christentum sollte nicht auf Moral reduziert, die religiöse Fundierung der humanen Vernunft und der moralischen Freiheit vielmehr aufgedeckt und festgehalten werden. Christsein ist mehr als vernünftiges Wissen und tugendhaftes Wollen. Anders aber auch als die orthodoxe Schuldogmatik vorschreibt, nicht das Fürwahrhalten unwahrscheinlicher Sachverhalte, sondern die Verwandlung der ganzen Existenz in einem neuen Selbstverständnis. Es sollte dieses Christentum in den Augen der Kulturprotestanten seine Verwirklichung gerade auch in der Kirche finden, ohne jedoch in der Kirche aufzugehen. In der Perspektive auf das Reich Gottes wollten sie, dass das Ganze von Kultur und Gesellschaft mit christlichem Geist durchdrungen wird.

In der 2. Hälfte des 19. Jahrhunderts war es denn auch insbesondere der Dichter und Schriftsteller Theodor Fontane, der – auf dem Hintergrund der Wahrnehmung der protestantischen Verhältnisse insbesondere in Berlin – die Anforderungen an ein kulturprotestantisches Christentum treffend charakterisiert hat. Fontane war kein Theologe, auch kein regelmäßiger Kirchgänger, aber er hat die kirchlichen Zustände, die religiöse Atmosphäre seiner Zeit, die Herausforderung zur Umformung des überkommenen Christentums wie kaum ein anderer wahrgenommen und zu beschreiben vermocht. Im Christentum der Bergpredigt lag für ihn »das einzig Wahre und die ganze Größe des Christentums«[6]. Womit es für ihn hingegen vorbei war, das war der alte Heils- und Erlösungsglaube, wie er ihn allerdings aus den kirchlichen Predigten und gottesdienstlichen Liturgien immer noch heraushörte. In einem Brief schrieb er 1853:

»Ich kann mir nicht helfen, die ganze Geschichte ist antiquiert, und das Leiden ist, daß das Neue fehlt … Das Volk hat nun mal den Christusglauben nicht mehr und Taufe, Confirmation, wie jede andere äußerliche Bethätigung des Glaubens (in die Kirche gehen, Kopf in den Hut stecken oder gar Abends 9 Uhr das militärische ›Helm ab‹) ist nichts anderes als Gewohnheit oder Polizeigehorsam.«[7]

6. Brief an Martha Fontane vom 24.8.1893, Hanser-Ausgabe Bd. IV, 4, München 1976, 283.
7. Brief an Bernhard von Lepel vom 19.9.1853, Hanser-Ausgabe Bd. IV, 1, München 1976, 360.

Das kirchliche Christentum erschien Fontane in Konventionen erstarrt, ohne Inhalt. Mit seinen supranaturalistischen, dogmatisch verhärteten Vorstellungen schien es ihm dem Leben fern gerückt. Das lebendige Christentum ist aus den Kirchen ausgewandert, und es hat sich dabei gewandelt. In solchem Wandel lag für Fontane allerdings seine Zukunft. Im Roman über die Berliner Kolonialwarenhändlertocher Jenny Treibel, die durch Heirat zur Kommerzienrätin aufgestiegen ist, diskutiert eine Runde von Gymnasialprofessoren über die Zukunft des Glaubens und der Wissenschaft:

»Schon Attinghausen«, so Gymnasialprofessor Schmidt, »der doch selber alt war, sagte: ›Das Alte fällt, es ändert sich die Zeit.‹ Und wir stehen stark vor solchem Umwandlungsprozeß, oder richtiger, wir sind schon drin. Muß ich dich daran erinnern, es gab eine Zeit, wo das Kirchliche Sache der Kirchenleute war. Ist es so? Nein. Hat die Welt verloren? Nein. Es ist vorbei mit den alten Formen, und auch unsere Wissenschaftlichkeit wird davon keine Ausnahme machen.«[8]

Existentiell relevant am Christentum blieb für Fontane der Vorsehungsglaube, die Sinndeutung der Lebenserfahrungen – gerade der negativen, von Endlichkeit, Krankheit, Tod – in der Perspektive des Begleitetseins von Gott. Dieser Glaube ist eine bestimmte Kultur des Verhältnisses zu den transzendenten Sinnbedingungen des Lebens. Er ist die Liebe zu Gott, die die Liebe zum Nächsten einschließt und fördert. Als Ort der Vermittlung dieses Glaubens wollte Fontane die protestantische Kirche verstanden wissen.

Fontane erzählt in seinen Romanen von Pastoren, die diesen Protestantismus glaubwürdig und der modernen Zeit aufgeschlossen zu vertreten wussten.[9] Es sind aber nicht nur die Pastoren, die von Gott so reden, dass er eins wird mit dem existentiellen Grundgefühl der Dankbarkeit. Erfahrungsbezogen, in der Deutung der »Irrungen und Wirrungen« ihres Lebens, reden viele Protagonisten in Fontanes Romanen von gnädiger Fürsorge und Bewahrung, von Glück und Dankbarkeit. Der protestantische Grundton, auf den diese Lebensauffassung gestimmt ist, wird an

8. Theodor Fontane, Frau Jenny Treibel, München 1997, 63.
9. Vgl. Volker Drehsen, Pfarrersfiguren als Gesinnungsfigurationen. Zur Bedeutung des Pfarrers in Theodor Fontanes Romanen, in: Ders./Dieter Henke/Reinhard Schmidt-Rost/Wolfgang Steck (Hg.), Der ›ganze Mensch‹. Perspektiven lebensgeschichtlicher Individualität, (Festschrift für Dietrich Rössler zum siebzigsten Geburtstag), Berlin/New York 1997, 37-56; Eckart Beutel, Fontane und die Religion. Neuzeitliches Christentum im Beziehungsfeld von Tradition und Individuation, Gütersloh 2003.

vielen Stellen im Werk Fontanes deutlich, nicht nur in seiner Zeichnung lutherischer Pastoren, sondern etwa auch in dem Bekenntnis der Armgard von Barby im späten Roman »Der Stechlin«: »... man erringt sich nichts. Alles ist Gnade«.[10] Das sollte kein Ausdruck von Quietismus sein, sondern das Bekenntnis zum reformatorischen Rechtfertigungsglauben, Ausdruck des Vertrauens auf den transzendenten Grund einer sich in der Liebe zum Nächsten bewährenden Freiheit.

»Andern leben und der Armut das Brot geben – darin allein ruht das Glück.« So die junge Armgard von Barby, die Verlobte des von Pastor Lorenzen erzogenen Woldemar von Stechlin. »Ich möchte, daß ich mir das erringen könnte. Aber man erringt sich nichts. Alles ist Gnade.«[11]

An der Wende zum 20. Jahrhundert bis hinein dann in die Anfänge der Weimarer Republik waren es insbesondere Adolf von Harnack, Ernst Troeltsch und Karl Holl, bei denen wiederum Paul Tillich, Emanuel Hirsch und Dietrich Bonhoeffer während ihrer Berliner Zeit in die Schule gegangen sind, die sich an der neuprotestantischen Umformungskrise des Christentums abgearbeitet haben. Sie haben die Pointen der kulturprotestantischen Neubeschreibung des Christentums noch einmal zugeschärft. Im Unterschied zu den Begründern des Kulturprotestantismus in der ersten Hälfte des 19. Jahrhunderts, sahen sich die Kulturprotestanten in den ersten beiden Jahrzehnten des 20. Jahrhunderts der fortschreitenden Technisierung, Industrialisierung und Ökonomisierung der Lebensverhältnisse, der ›sozialen Frage‹, der materialistischen Religionskritik, einem noch einmal ungleich gesteigerten religiösen Pluralismus gegenüber. Schließlich war es die Katastrophe des 1. Weltkriegs und die durch ihn heraufgeführte Krise der bürgerlichen Kulturwelt insgesamt, die auch die Kulturprotestanten vor ganz neue Herausforderungen stellten.

Adolf von Harnack trieb als der Patristiker der Berliner Universität und Wissenschaftsorganisator des Kaiserreichs die Entdogmatisierung des Christentums weiter voran. Er hat die Dogmen historisiert und damit in ihrer Gegenwartsgeltung relativiert, sie aus ihrer Zeit, vor allem im Kontext der hellenistischen Umformung des Christentums, zu verstehen versucht. Er interpretierte die ursprüngliche Verkündigung Jesu so, dass zugleich die gegenwärtige Kulturbedeutung des christlichen Glaubens

10. Wilhelm Hüffmeier, »Alles ist Gnade«, Beobachtungen zu Kirche und Theologie bei Fontane, in: ZThK, 95, 1998, 250-276. Vgl. Theodor Fontane, Der Stechlin, Berlin 1993, 269.
11. Fontane, ebd.

aufleuchtete. Was für unser »heutiges Vorstellen und Empfinden« an der Verkündigung Jesu nachvollziehbar ist, hat er in seinen berühmten Vorlesungen über das »Wesen des Christentums« zur vorletzten Jahrhundertwende an der Berliner Universität in drei Gedankenkreise zusammengefasst: »Das Reich Gottes und sein Kommen«, »Gott der Vater und der unendliche Wert der Menschenseele«, schließlich »die bessere Gerechtigkeit und das Gebot der Liebe«.[12]

Harnack versuchte damit den christlichen Glauben an dem Punkt zu fassen, an dem er in der modernen Kultur Bedeutung für die Sinnorientierung der Menschen behalten und in seiner Lebensdienlichkeit erfahren werden kann. Das war für ihn einmal eben der Gedanke der Gotteskindschaft, »das Bewußtsein in Gott geborgen zu sein«[13]. Modern am christlichen Glauben war für Harnack zum anderen eben die Einsicht in den »unendlichen Wert« jedes einzelnen Menschen. Denn daraus folgen die Anerkennung individueller Freiheitsrechte und die Unantastbarkeit der Menschenwürde. Von bleibender Bedeutung war das Christentum für Harnack schließlich durch seinen Einsatz für mehr Gerechtigkeit und das Gebot der Nächstenliebe. Deshalb auch Harnacks Engagement in der sozialen Frage als Mitglied und langjähriger Präsident des jährlich an Pfingsten in Berlin tagenden Evangelisch-Sozialen Kongresses. Zu den unaufgebbaren Merkmalen des Kulturprotestantismus gehörte für Harnack einerseits die Freiheit des Individuums, andererseits aber auch ein konkreter Beitrag zur Verbesserung der Lebensverhältnisse der Armen und sozial Benachteiligten. Das Evangelium, so Harnacks kulturprotestantisches Credo, eröffnet einen ideellen Kosmos. Es begründet die Freiheit des Individuums jenseits seiner gesellschaftlichen Rollen und Funktionen. Es sagt dem Einzelnen im Licht des christlichen Schöpfungs- und Rechtfertigungsglaubens auch dann Wert und Daseinssinn zu, wenn ihm diese von der Gesellschaft oder einem unbarmherzigen Schicksal verweigert werden. Dieser Zusage des Evangeliums muss dann aber auch ein Christentum der sozialen Praxis und der Nächstenliebe entsprechen. Es leistet somit einen Beitrag auch zur »sozialen Frage« im Industriezeitalter, zur Humanisierung der Gesellschaft durch die Diakonie und den Einfluss der Kirchen auf die Sozialpolitik.[14]

12. Adolf von Harnack, Das Wesen des Christentums, hg. u. kommentiert von Trutz Rendtorff, Gütersloh 1999.
13. A. a. O., 98.
14. Vgl. Christian Nottmeier, Adolf von Harnack und die deutsche Politik 1890-1930. Eine biographische Studie zum Verhältnis von Protestantismus, Wissenschaft und Politik, Tübingen 2004.

Ernst Troeltsch schließlich war der hellsichtigste Diagnostiker der Anforderungen, die an die neuprotestantische Umformung des Christentums angesichts der durch den 1. Weltkrieg ausgelösten Kulturkrise gestellt waren. Er analysierte die manifeste Krise des Christentums wie die Bedrohung humaner Lebenskultur insgesamt angesichts einer von kapitalistischer Ökonomie, zweckrationaler Wissenschaft und seelenloser Technik dominierten Moderne. Nichts lag Troeltsch ferner, als die gelungene Synthese auszurufen zwischen dem christlichen Glauben und einer von ihm gerade in ihren dehumanisierenden Kräften kritisch analysierten modernen Kultur.

Auch hat Troeltsch unmissverständlich betont, dass dem Christentum schon von seinen Anfängen her ein kulturkritischer Impuls eingestiftet ist. Es zielte und zielt nicht auf satte, selbstzufriedene Weltbestätigung, sondern auf eschatologische, von Heils- und Reich-Gottes-Hoffnung getragene Weltverbesserung, ja Weltüberwindung. In jeder ordentlichen Religion und ganz besonders in der christlichen, so meinte Troeltsch, liegt der Ausgriff aufs Unbedingte, auf dasjenige, was die Immanenz der Weltverhältnisse, somit auch die Sphären menschlicher Welt- und Kulturgestaltung überschreitet. Jede Religion, die ausgreift aufs Unbedingte, ist immer auch Angriff gegen das Bedingte, die bestehende Kultur und Gesellschaft. Sie ist immer auch deren Kritik nach dem Maßstab des ethisch-religiösen Ideals.[15]

Troeltsch sah angesichts der modernen Gesellschaftsentwicklung keine Möglichkeit mehr, Kultur und Gesellschaft religiös, durch einen im Christentum fundierten Kosmos von Kulturwerten zu integrieren. Gegen einen solchen christlich-religiösen Integrationalismus und Kulturimperialismus stand ihm die funktionale Differenzierung der modernen Gesellschaft, die immer stärker sich ausbildende Eigengesetzlichkeit in den Funktionssystemen des Politischen und Ökonomischen, von Wissenschaft und Technik. Religion integriert die Gesellschaft nicht mehr. Deshalb hat sie sich aber nicht erledigt. Sie bleibt kulturell unverzichtbar. Nur ist ihr kultureller Eigenwert unter den Bedingungen der säkularen Moderne neu zu bestimmen. Er liegt nun gerade in dem, was das spezifisch Protestantische am Christentum ausmacht. Das protestantische Christentum hat die Kraft, dem Individuum das Bewusstsein der Freiheit und damit auch der möglichen Differenz zu den gegebenen Verhältnissen

15. Vgl. Friedemann Voigt, Ernst Troeltsch: Die Bedeutung der Religion für die Kultur, in: Volker Drehsen/Wilhelm Gräb/Birgit Weyel (Hg.) Kompendium Religionstheorie, Göttingen 2005, 74-83.

zu bewahren. Das Zukunftsfähige am Christentum zu erkennen, hieß für Troeltsch, es in seinem kulturprotestantischen Verständnis als die Religion der Individualität neu zu formulieren.

Protestantisches Christentum bedeutete ihm letztendlich die Behauptung und Förderung einer Kultur der Individualität, der persönlichen Freiheit. Diese geht aus Anerkennungsverhältnissen hervor. Freiheit realisiert sich im Geist wechselseitiger Anerkennung von Individuen. Die Keimgestalt dieser Anerkennungsverhältnisse liegt im reformatorisch verstandenen Rechtfertigungsglauben. Denn dieser formuliert den göttlichen Grund der vorbehaltlosen Anerkennung des einzelnen Menschen, der Unverletzlichkeit seiner Würde als Person. Er kann sich vor Gott und d. h. im Horizont des Unbedingten anerkannt finden, vorbehaltlos anerkannt, unabhängig von seinem natürlichen Geschick und seinem gesellschaftlichen und kulturellen Status. Er kann somit auch andere anerkennen, unabhängig von ihrem natürlichen und kulturell bedingten Anderssein.

2.2 Heutige Perspektiven protestantischer Religionskultur

Mit der Reformation war zugleich der konfessionelle Pluralismus und Individualismus ins Christentum eingeführt. Die katholische Kirche war – gegen ihr eigenes, bis heute behauptetes Selbstverständnis – zur Konfessionskirche neben anderen Konfessionskirchen geworden. Sie hat sich zwar keine Bekenntnisschriften, wie die reformatorischen Kirchen, zur Definition ihres Selbstverständnisses und um ihrer reichsrechtlichen Anerkennung willen zugrunde gelegt. Aber die katholische Kirche teilt seit der Reformation des 16. Jahrhunderts de facto die Situation, einer Vielfalt religiöser Traditionen und Institutionen bzw. Denominationen anzugehören. Sie steht nicht mehr wie in vorreformatorischer Zeit für die eine religiöse Mehrheitstradition und unbedingte Autorität, der gegenüber ideologische Abweichungen sich problemlos unter verwerflichen Häresieverdacht stellen lassen. Die Häresie, im Sinn der möglichen Wahl zwischen religiösen Überzeugungen und Gruppenzugehörigkeiten, ist vielmehr zu einer allgemeinen Möglichkeit, ja vielfach sogar zu einer Notwendigkeit geworden.

Peter L. Berger spricht vom »Zwang zur Häresie«[16], von der Nötigung

16. Vgl. Peter L. Berger, Der Zwang zur Häresie. Religion in der pluralistischen Gesellschaft, Frankfurt a. M. 1980; zur Religionstheorie Bergers vgl.: Thomas

zur Wahl der jeweils eigenen Glaubensüberzeugungen und Lebensanschauungen, weil sich – auch aufgrund der konfessionellen Spaltungen und der Glaubenskriege, schließlich der gesellschaftlichen Differenzierungsprozesse – der klare Hintergrund einer autoritativen Glaubenstradition mehr und mehr verdunkelt oder ganz und gar verloren hat. Die konfessionellen Milieus haben ihre Prägekraft in der Erziehung und der Formierung sozialer Zugehörigkeitsverhältnisse in den Modernisierungsschüben nach 1945 weiter eingebüßt. Die Lehrunterschiede zwischen den Kirchen sind nicht mehr bekannt oder werden nicht mehr verstanden. Und dort, wo traditionell geprägte, katholische oder protestantische Lebensstile sich erhalten haben, werden sie nicht immer auch selbstverständlich übernommen. Die verschiedenen Kirchen und Konfessionskulturen sind vielmehr einem gesellschaftlichen Wettbewerb um Marktanteile auf dem »religiösen Feld« (Bourdieu) ausgesetzt. Und die Menschen machen zunehmend von der Möglichkeit Gebrauch, über ihre religiösen Zugehörigkeiten selbst zu bestimmen.

Die konfessionellen Unterschiede und Präferenzen sind zu religiösen Optionen geworden. Ob einer zur Kirche gehört oder nicht, welche Glaubensinhalte er für sich übernimmt, welche moralischen Pflichten er als verbindlich erachtet, ist nur zu einem geringen Teil noch Schicksal, Zwang oder selbstverständliche Tradition. Die nominelle Kirchen- bzw. Konfessionszugehörigkeit hat für viele überhaupt ihre Bedeutung verloren. So lassen denn auch Lebenseinstellungen und Lebensstil oft keine Rückschlüsse mehr auf die Kirchenzugehörigkeit zu. Die konfessionellen Milieus sind zwar durchaus noch erkennbar. Aber sie sind keine geschlossenen Größen mehr.

Dogma, Kirchenlehre und Theologie waren nie deckungsgleich mit der Frömmigkeit, der gelebten Religion, mit individueller Spiritualität und persönlichem Lebensstil. Zunehmend geändert hat sich in der modernen Kultur jedoch, dass sich Menschen das Recht nehmen, selber zu bestimmen, wie ihr Verhältnis zur Kirche aussehen soll, ob sie es überhaupt aufrecht erhalten wollen und welche Lehrinhalte und Lebensregeln sie übernehmen und als verbindlich für die eigene Lebenspraxis erachten.

Rückschlüsse von der Kirchenzugehörigkeit auf Orientierungen in der persönlichen Lebensführung sind kaum noch möglich. Das ist in der katholischen Kirche so. Und das ist – ausgeprägter – in der evangelischen

Schmidt-Lux, Peter L. Berger: Religion als heiliger Kosmos, in: Volker Drehsen/Wilhelm Gräb/Birgit Weyel (Hg.), Kompendium Religionstheorie, Göttingen 2005, 260-271.

Kirche so. In beiden Kirchen ist dies nicht immer so gewesen und bis heute im Grunde auch nicht akzeptiert. Erst der moderne Kulturprotestantismus hat – weithin gegen das kirchliches Selbstverständnis – den religiös-weltanschaulichen Individualismus und Pluralismus sowie die funktionale Differenzierung in der Gesellschaft anerkannt und sich konstruktiv auf die Trennung von Kirche und Staat, auf die Abkoppelung der bürgerlichen Rechte und Pflichten vom kirchlichen Bekenntnis, auf eine sich zunehmend säkularisierende und pluralisierende, moderne Kultur eingestellt.

Der Kulturprotestantismus des 19. und frühen 20. Jahrhunderts war sogar an den die individuellen Freiheitsrechte stärkenden Transformationen der modernen Kultur erheblich mitbeteiligt. Die Reformation hat noch gegen ihren eigenen Willen den konfessionellen Pluralismus ins Christentum eingeführt. Dem Kulturprotestantismus ist es dann jedoch gelungen, den zunächst noch ganz kirchenförmigen bzw. kirchennahen konfessionellen Pluralismus angesichts fortschreitender gesellschaftlicher Differenzierungs- und Individualisierungsprozesse mit einem sehr viel weiter reichenden religiös-weltanschaulichen Pluralismus und Synkretismus zu verbinden.

Dieser religiös-weltanschauliche Pluralismus und Synkretismus ist zur kulturellen Signatur unserer Gegenwart geworden, auch die Behauptung gänzlich religionsfreier Lebensführung. Erkennbar wird eine moderne Kultur, die auf persönlicher Gewissensfreiheit, individuellem religiösen Entscheiden, der Autonomieanmutung in Fragen der Lebensführung, auf subjektiver Evidenz und eigener Gewissheit in Fragen des religiösen Glaubens, des ästhetischen Urteils, der moralischen Orientierungen, der politischen Einstellungen aufgebaut ist.

Wie aber ordnet sich der heutige Protestantismus dieser modernen Kultur zu? Ein neuer Kulturprotestantismus würde die christliche Religion energisch als Garanten und Träger der sich weiter entwickelnden Individualitätskultur, einer autonomen ästhetischen Kultur, der religiösen und politischen Freiheit, der freien ethischen Einsicht, der im Gewissen des Einzelnen gründenden sozialen Verantwortung empfehlen.

Im Selbstverständnis vieler Protestanten finden wir diesen Kulturprotestantismus durchaus vor, aber nur zaghaft in den evangelischen Kirchen. Das Konfessorische, das dem alten wie dem neuen, real existierenden Kulturprotestantismus durchaus eigen ist, ist jedoch dieses Bekenntnis zu einer Kultur der Individualität, zum Recht freier ästhetischer, ethischer und religiöser Einsicht und Bildung. Diese seine Essentials findet er in der Sprache der Tradition, im kirchlichen Bekenntnis nicht ausgedrückt. Es entzieht sich das zeitgenössische, kulturprotestantische Credo in seinem kulturellen Selbstausdruck erst Recht der Formung durch altkirchliche Bekenntnisse, die lutherischen Bekenntnisschriften oder die Barmer Theologische Erklärung. Daher braucht es heute die Übersetzung der kirchlichen Tradition in die kulturelle Selbstverständigung, wie sie die Theologen des alten Kulturprotestantismus zu leisten versucht haben. Es braucht die Umformung der christlichen Glaubenslehre, so dass die christliche Sinneinstellung und Lebensform sich in der Sprache der eigenen Zeit artikuliert findet. Es braucht auch heute eine Praktische Theologie, die sich offensiv nicht nur als Theorie kirchlichen Handelns, sondern als Praxistheorie protestantischer Kultur begreifen und entfalten kann.

Ein neuer Kulturprotestantismus würde in der Kirche und ihren Bildungseinrichtungen die Stärkung und Pflege der ethisch-religiösen Individualitätskultur sowie die Arbeit an ihrem ästhetischen Selbstausdruck in ihren gottesdienstlichen Liturgien zu seiner Sache machen. Er würde die kirchlichen Bildungsanstrengungen energisch auf die Vermittlung der Einsicht richten, dass die moderne Individualitätskultur sich entscheidend dem Christentum gerade in seiner protestantischen Form verdankt, der Einsicht in die Unmittelbarkeit des Verhältnisses zu Gott, dem Recht auf authentische Selbstprüfung des eigenen Glaubens in der Bibel. Das setzt freilich die entsprechende Auslegung der Glaubenslehre, insbesondere der Rechtfertigungslehre, voraus. Es wäre darzulegen, dass die Theologie der Rechtfertigung allein aus Glauben ihre vorzügliche Auslegung in der Verteidigung der unverletzlichen Würde der Person, des »unendlichen Wertes der Menschenseele« (Harnack) findet. Die Theologie der Rechtfertigung wäre aus ihren juridischen und eschatologischen Vorstellungszusammenhängen herauszunehmen und mit einem Menschenrechtsdenken zu vermitteln, das sich Impulsen der Renaissance und der Aufklärung verdankt.

Kulturprotestantisch ist es zudem, ›Konfessorisch‹ und ›Konfessionell‹ zu unterscheiden. Dann finden wir den transkonfessionellen, aber durchaus konfessorischen Protestantismus in der katholischen Kirche genauso, manchmal sogar energischer vor als in den evangelischen Kirchen. Deutlich werden kann, dass das Verbindende zwischen den Konfessionen nicht in der Formulierung gemeinsam anerkannter Dogmen und Bekenntnisse, auch nicht in versöhnlichen Erklärungen zu den Lehrverurteilungen des 16. Jahrhunderts liegt. Das Verbindende liegt im religiösen Erleben und im Aufbau einer kirchlichen Deutungskultur, die Menschen die religiöse Sinndimension ihres Lebens erschließt und die

Lebensorientierung, die im Christentum zu gewinnen ist, auch kommunikativ zur Darstellung zu bringen in der Lage ist. Das Verbindende liegt in einer dem Christentum eigentümlichen, mit der biblischen Tradition vermittelten Sinndeutung, der Lebensform der Freiheit.

Protestantisches Selbstbewusstsein vermittelt diese christliche Sinndeutung. Ein neuer Kulturprotestantismus pocht darauf, dass der christliche Glaube als Vertrauen auf die in Gott begründete Freiheit für die Bildung und Erhaltung einer humanen Lebenskultur, somit auch für Politik und Ökonomie, Wissenschaft und Wirtschaft unverzichtbar ist. In allen diesen Bereichen der säkularen Gesellschaft realisiert sich protestantische Kultur, sofern die unverletzliche Würde des einzelnen Menschen als Geschöpf Gottes sowie die Anerkennung seiner Freiheitsrechte als des gerechtfertigten Sünders zu den ausschlaggebenden Kriterien des Handelns gehört.

3. Kirche in der modernen Lebenswelt: Eine Existenz in der Diaspora?

3.1 Die Kirchen als gesellschaftliche Minderheit?

Die Entkirchlichung weiter Bevölkerungskreise im Osten Deutschlands belegt die Statistik.[1] Geht man nach der Zahl der Mitglieder, repräsentieren die Kirchen auf dem Gebiet der ehemaligen DDR in der Tat nur noch ein Minderheitenphänomen, eine Existenz in der Diaspora. Festzustellen bleibt aber auch, dass die Kirchen als religiöse Institutionen erhalten geblieben sind und im wiedervereinigten Deutschland den gleichen rechtlichen Status mit den entsprechenden gesellschaftlichen Einflussmöglichkeiten innehaben wie dies im Westen der Fall war.[2] Obwohl ihnen im Osten nur ca. 25 Prozent der Bevölkerung angehören, stehen die Kirchen auch im Osten des wiedervereinigten Deutschland für die gesellschaftliche Präsenz des Christentums. Gewiss, es wurde diese gesellschaftliche Präsenz nach der Wiedervereinigung im Osten nicht ebenso selbstverständlich auch allgemein akzeptiert, wie dies im Westen der Fall war und immer noch ist. Das haben die Auseinandersetzungen in den neuen Bundesländern nach 1989 um den Kirchensteuereinzug durch die Finanzämter, die Einführung des Religionsunterrichts an staatlichen Schulen und die Übernahme des Militärseelsorgevertrages mit besonderer Deutlichkeit belegt.[3] Allerdings, auch hier ist wieder zu sehen, um es nur am Beispiel der Diskussion um die Einführung des Religionsunterrichts deutlich zu machen: Nicht das angeblich atheistische gesellschaftliche Terrain war der Grund dafür, einen allein in staatlicher Verantwortung liegenden Unterricht in LER (Lebenskunde – Ethik – Religionskunde) statt des kirchlich mitgetragenen Religionsunterrichts in Brandenburg

1. Vgl. Karl-Fritz Daiber, Religion unter den Bedingungen der Moderne. Die Situation in der Bundesrepublik Deutschland, Marburg 1995, bes. 108-123.
2. Die Landesverfassungen der neuen Bundesländer (1992/93) haben die ins Grundgesetz (1949) übernommenen Artikel der Weimarer Reichverfassung, die den Religionsgesellschaften den Status von Körperschaften des öffentlichen Rechts zuerkennen, übernommen und zum Teil durch eigene Bestimmungen ergänzt, die tendenziell die öffentliche Stellung der Kirchen bzw. Religionsgemeinschaften eher stärken. Vgl. a. a. O., 64-69.
3. Vgl. Detlef Pollack/Gert Pickel, Religiöser und kirchlicher Wandel in Ostdeutschland 1898-1999, Würzburg 2000; zum Militärseelsorgevertrag vgl. Karl-Fritz Daiber, a. a. O., 90-94.

einzuführen. Hinter der Einführung von LER standen ehemals kirchliche Mitarbeiter. Es sollte in der Sache darum gehen, dass die Unterweisung im Evangelium in der Zuständigkeit der Kirchengemeinden und ihrer Katecheten bleibt.[4] Im Hintergrund stand eben diejenige kirchliche Introvertiertheit, die schon in den Jahren vor 1989 im damaligen West-Berlin die Einführung des Religionsunterrichts als Wahl-Pflichtfach an staatlichen Schulen – in Entsprechung zu Art. 7.3 des Grundgesetzes – verhinderte. Heute, da die Evangelische Kirche in Berlin-Brandenburg-schlesische Oberlausitz und das katholische Erzbistum Berlin den Religionsunterricht in Berlin als Wahl-Pflichtfach in einer Fächergruppe (Religion-Ethik-Philosophie) durchsetzen wollen, was nur zu unterstützen ist, sind die politischen Voraussetzungen, nicht zuletzt durch die Entwicklungen in Brandenburg, denkbar ungünstig geworden.[5]

Dennoch, auch im Osten haben die Kirchen eine institutionell-organisatorische Verfassung behalten bzw. neu gewonnen, die einer gesellschaftlichen Minderheit, wenn man nur nach den Zahlen gehen wollte, gänzlich unangemessen wäre. Auch im Osten Deutschlands stehen sie für die gesellschaftliche Präsenz des Christentums, sind sie Institutionen, die dem Ganzen der Gesellschaft zugewandt sind. Die Kirchen sind mit vielen Angeboten, wobei nicht zuletzt an ihre Räume zu denken ist, auch für die da, die ihr nicht als Mitglieder zugehören.

Wenn Kirchen in der Diaspora solche Kirchen sind, zu denen nicht die Mehrheit der Bevölkerung eines Landes, sondern nur eine Minderheit gehört, dann sind die Kirchen im Osten, die katholische besonders, aber eben auch die protestantische, Kirchen in der Diaspora. Sie sind es noch nicht in ganz Deutschland, aber im Osten und in den Städten auch des Nordens. Sie können es, wenn der Trend zum Mitgliederschwund anhält, in ganz Deutschland werden. Das muss aber noch keineswegs heißen, dass solche Kirchen, die zahlenmäßig in der Minderheit, somit Kirchen in der Diaspora sind, sich von ihrem Standpunkt aus nicht für das Ganze der Gesellschaft zuständig wissen können. Sie können dies auf eine sehr zivile Weise tun, also nicht in dem Sinne, dass sie auf volksmissionarische Agitation setzen, sondern so, dass sie ihr Angebot, ihre Verkündigung

4. Zur Chronologie von LER vgl: www.Brandenburg.de/land/mbjs/schule/32.er3.htm; vgl. auch die Heidelberger Habilitationschrift von Dieter Fauth, Religion als Bildungsgut – Sichtweisen in Staat und evangelischer Kirche. Religionspädagogik im bildungspolitischen Diskurs um das Schulfach LER und den Religionsunterricht im Bundesland Brandenburg, Würzburg 2000.
5. Vgl. die Stellungsnahme des Rates der EKD vom 14.10.1999, in: www.ekd.de/presse/397_707.html.

und Lehre, ihre Räume und Liturgien, ihre Einrichtungen und Veranstaltungen für alle, die daran Interesse zeigen – und sei es nur bei Gelegenheit – öffentlich präsent halten.

3.2 Das Missverständnis der Säkularisierungsthese

Kirche in der Diaspora ist Kirche in der Minderheit. Das heißt aber überhaupt nicht, dass sie sich nicht für das Ganze der Gesellschaft zuständig wissen könnte, in den Dingen, die die Religion betreffen. Oft wird freilich gesagt, die Gesellschaft sei eine säkulare Gesellschaft, und die brauche keine Religion und damit auch keine Kirche. Deshalb muss zunächst etwas gegen die Missverständnisse der Säkularisierungsthese eingewandt werden.

Säkularisierung wird oft mit Religionsverfall gleichgesetzt. Dabei meint Säkularisierung in dem Gebrauch, den die neuere Religionssoziologie zur Durchsetzung gebracht hat, eine derjenigen Selbstbeschreibungen moderner westlicher Gesellschaften, mit der diese den für sie kennzeichnenden, auf Differenzierung gehenden Wandel im Verhältnis von Religion und Kultur, Kirche und Staat zu erfassen versuchen.[6] Die säkularisierte Gesellschaft ist eine solche, in der die Kirchen ihre höheren, unmittelbar in Gott begründeten Ansprüche hinsichtlich ihres Einflusses auf die Politik und die staatliche Macht, die Wissenschaft, das Recht und die Bildung eingebüßt haben. Kirche und Staat sind in einer säkularen Gesellschaft getrennte Größen, institutionell und organisatorisch selbständig. Die Kirchen sind nicht mehr für alles zuständig und nicht mehr mit allem vermischt. Das genau schließt aber nicht aus, dass die Kirchen auch in säkularisierten Gesellschaften fürs Ganze relevante gesellschaftliche Größen, öffentliche Kirchen bleiben.

In modernen westlichen Gesellschaften haben die Kirchen zweifellos einen Bedeutungsverlust erlitten. Darauf weist der Begriff der Säkularisierung zu Recht hin. Säkularisierung beschreibt Entkirchlichung, aber nicht Religionsverfall, ja nicht einmal die bloße Privatisierung der Reli-

6. Vgl. Ulrich Barth, Art.: Säkularisierung, in: TRE 29, Berlin/New York 1998, 603-634; vgl. die detaillierte begriffsgeschichtliche Untersuchung von Hermann Lübbe, Säkularisierung. Geschichte eines ideenpolitischen Begriffs, Freiburg/München 1965; vgl. Alois Hahn, Religion, Säkularisierung und Kultur, in: Hartmut Lehmann (Hg.), Säkularisierung, Dechristianisierung, Rechristianisierung im neuzeitlichen Europa. Bilanz und Perspektiven der Forschung, Göttingen 1997, 17-31.

gion.[7] Säkularisierung ist die Entlassung der großen gesellschaftlichen Funktionsbereiche wie Politik, Wissenschaft, Recht oder Erziehung aus dem unmittelbaren, direkten Einflussbereich und der legitimatorischen Zuständigkeit der Kirchen. Auch sind Kirchenzugehörigkeit und Teilhabe am kirchlichen Leben nicht mehr mit sozialem Zwang verbunden. Mitgliederschwund ist festzustellen. Aber dies alles muss nicht mit der Privatisierung der Religion und einem Abdriften der Kirchen in eine gesellschaftliche Randstellung in eins gesetzt werden. Man kann diesen Vorgang der Säkularisierung vielmehr so interpretieren, dass die Religion von der Wahrnehmung ihrer politischen Legitimations- und Integrationsfunktion entlastet, somit mit den modernen, funktional differenzierten Kulturverhältnissen kompatibel gemacht wird. Sie hört auf, ein Instrument sozialer Kontrolle und der Durchsetzung politischer Programme zu sein. Sie spezifiziert ihre eigene Funktion, die sie unter den Bedingungen der modernen Kultur wahrzunehmen hat, nämlich für die dem Sinn des Ganzen geltenden Symbolisierungsleistungen zuständig zu sein. Somit gewinnt auch die Kirche die Chance zur deutlicheren Wahrnehmung ihres Auftrags, der Kommunikation des Evangeliums, dazu, wesentlich Religion zu sein. Sie kann sich von einer Fülle anderer Funktionen, die jetzt von anderen gesellschaftlichen Institutionen übernommen werden, entlastet finden.

Schon im Augsburger Religionsfrieden von 1555 wurde mit dem Prinzip des »cuius regio eius religio« eine gewisse Unabhängigkeit der religiösen Zugehörigkeit von den jeweiligen politischen Verhältnissen und Programmen eingeläutet, die dann mit dem Ende des Dreißigjährigen Krieges (1648) für das gesamte Reichsgebiet festgeschrieben wurde. In den Folgen der Konfessions- und Religionskriege endete die Rolle der Religion als Faktor der normativen Integration der Gesellschaft auf der Basis gemeinsamer Werte und einer christlichen Weltanschauung. Neue Kräfte für die Formierung der gesellschaftlichen Ordnung mussten aufgebaut werden. Es entwickelte sich die moderne Kultur, gekennzeichnet durch die Aufklärung, die Entstehung nationalstaatlicher Ordnungen, ein sich entfesselndes Wirtschaftssystem, dessen Geldmedium sich kultureller Imprägnierung mehr und mehr entzog. Es setzen sich das wissenschaftliche Wahrheitsmonopol und die Realität der Massenmedien durch.[8]

7. Vgl. José Casanova, Public Religions in the Modern World, Chicago/London 1994.
8. Zur Säkularisierung der Moderne aus historischer und soziologischer Sicht vgl. zusammenfassend Ulrich Barth, a.a.O., 620-629.

Der Begriff der Säkularisierung beschreibt diese Autonomisierung der Kultursphären und gesellschaftlichen Funktionsbereiche und die damit verbundene Immunisierung der Gesellschaft gegenüber den Legitimations- und Verpflichtungsansprüchen der Religion. »Säkularisierung« ist heute insofern wesentlich eine deskriptive Kategorie zur Charakterisierung der Struktureigentümlichkeiten moderner Kultur. Vieles spricht sogar dafür, dass eben das, was seit der 2. Hälfte des 18. Jahrhunderts mit dem Allgemeinbegriff der Religion beschrieben sein will, im Unterschied dann auch zur Kirche, ebenfalls Resultat des als Säkularisierung gefassten, gesellschaftlichen und kulturellen Ausdifferenzierungsprozesses ist. Erst mit der europäischen Aufklärung entsteht jene Spezialfunktion des Religiösen, die zunehmend entlastet wird von politischen, ökonomischen oder erzieherischen Funktionen. Noch genauer gesagt: Die Ausbildung der vom Politischen, Rechtlichen, Pädagogischen usw. getrennten Spezialfunktion der Religion ist ein spezifisches Resultat der modernen Religions- und Kulturgeschichte des Christentums.

3.3 Der Bedarf an Religion in der modernen Gesellschaft

Der gesellschaftliche Einfluss und die kulturelle Präsenz der Kirchen sind seither rückläufig. Dennoch kann nicht die Rede davon sein, dass die moderne Gesellschaft sich zu einer religionslosen Gesellschaft entwickelt hätte. In der Unübersichtlichkeit der modernen Kultur nimmt der Bedarf an öffentlicher Religion nicht ab, sondern eher zu, die kulturelle Präsenz der Religion transformiert sich freilich auch. Das gesellschaftliche Bezugsproblem, das zu lösen bzw. zu bearbeiten die Funktion der Religion ist, stellt sich jedoch immer häufiger und dringlicher. Das spezifische Bezugsproblem der Religion liegt in der Bearbeitung der Gleichzeitigkeit, mit der alles Bestimmbare und menschlich Machbare im Horizont eines rational Unbestimmbaren und menschlich Unverfügbaren liegt.

Im Grunde sind damit auch die Herausforderungen, die den Kirchen erwachsen, enorm gestiegen, selbst dort eben, wo sie zahlenmäßig in eine Minderheitenposition geraten sind. Auch in der Diaspora muss die Kirche sich des gesellschaftlich erzeugten Bedarfs an Religion, also an weltanschaulichem, ethisch-moralischem Orientierungswissen annehmen. Und sie muss dies tun, ohne fundamentalistischen Versuchungen zu erliegen. Die Kirche ist, sofern sie sich in der rechten Weise als Religionsanbieter versteht, in der modernen Kultur vielmehr zugleich Kirche auf dem Markt der Meinungen und Positionen, auf dem Markt auch immer vielfältig werdender religiöser Gemeinschaften und Sinnangebote. Sie muss deshalb durch die Solidität ihrer seelsorgerlichen Zuwendung, die Anmutungsqualität ihrer liturgischen Inszenierungen, die Klarheit und tröstliche Kraft ihrer Verkündigung überzeugen. Wo die gegeben sind, wird sie aber auch gehört und findet sie Zulauf.

Die moderne Kultur ist in einer neuen Weise religionsproduktiv geworden. Das kann durchaus den etablierten religiösen Institutionen und Gemeinschaften, nicht zuletzt den Kirchen zugute kommen. Aber die Dinge sind kompliziert geworden. Es ist zu vielen Neuformatierungen auf dem Feld des Religiösen gekommen, nicht zu einem Ende der Religion, sondern zum Wandel, zur Transformation der Religion, bzw. der gesellschaftlichen Dimension des Religiösen in der modernen Kultur. Es wird das religiöse Feld von zahlreichen neuen Akteuren bearbeitet.[9] Die sich organisatorisch verselbständigenden Kirchen verstärken einerseits die Verkirchlichung des Christentums, andererseits beschleunigen sie die Entkirchlichung der Gesellschaft, dann aber auch die Dispersion der Religion ins Religiöse, die Deinstitutionalisierung der Religion, ihre Individualisierung und teilweise natürlich auch ihre Privatisierung.

3.4 Protestantisches Bewusstsein heute

Die Kirchen sehen sich heute auch dem vagabundierend Religiösen gegenüber. Es kommt zur Entwicklung neuer »Formen des Religiösen«.[10] Die Religion lebt nun in den Formen eines expressiven Individualismus, in Gestalt individuell-persönlicher Gewissensüberzeugungen und nicht zuletzt in der Form dezentralisierter religiöser Bewegungen und frei flottierender religiöser Gemeinschaftsbildungen. Die vagabundierende Religion kann darüber hinaus die unterschiedlichsten kulturellen Lebensbereiche – gegenläufig zum Säkularisierungstrend – erneut mit religiösen Energien besetzen und überraschende Kräfte zur Gestaltung auch der Gesellschaft mit wiederum mächtigen moralisch-politischen Einflussnahmen freisetzen. In der zweiten Hälfte des 19. und der ersten Hälfte des 20. Jahrhundert geschah dies vor allem mit der dann allerdings

9. Vgl. Pierre Bourdieu, Das religiöse Feld. Texte zur Ökonomie des Heilsgeschehens, hg. v. Stefan Egger, Andreas Pfeuffer und Franz Schultheis, Konstanz 2000.
10. Vgl. Charles Taylor, Die Formen des Religiösen in der Gegenwart, Frankfurt a. M. 2002.

geradezu ins Antireligiöse umschlagenden Heiligung des Nationalen, durch die Sakralisierung kollektiver Identitäten. Heute zeigt sich die vagabundierende Religion eher in Gestalt der Sakralisierung der Individualität, in einer Kunst, die zum Kult wird, aber auch in der erneuten Legitimation moralischer Verbindlichkeiten und politischer Ideologien. Die vagabundierende Religion zeigt sich in den Bewegungen eines sich religiös legitimierenden politischen Fundamentalismus, aber auch in der Auratisierung der ästhetischen Kultur, in der alles durchdringenden Realität der Massenmedien und ihrer Produktion einer Medienreligion, in vielen Formen der Diesseitsheiligung wie sie in Sportarenen, Wellnessoasen und Fitnesscentern geschieht.[11]

Die Deinstitutionalisierung der Religion prägt sich ebenso bei den Kirchenmitgliedern aus, jedenfalls den Protestanten, aber vermutlich nicht nur bei ihnen. Auch in den Kirchen dominiert der expressive Individualismus, das Verlangen nach dem religiösen Erlebnis, gesteigerter Eventkultur und spiritueller Erfahrung.

Für den Protestantismus hat dies gerade wieder die neueste EKD-Mitgliedschaftsuntersuchung gezeigt.[12] Danach gehört für die protestantischen Kirchenmitglieder zum »Evangelischsein« einmal, dass man getauft und konfirmiert ist, zum anderen, dass man in seiner Lebensführung dem eigenen Gewissen folgt. Die Betonung des eigenen Gewissens hat sich gegenüber den Umfragen von 1982 und 1992 noch einmal deutlich verstärkt. Wer evangelisch ist, will seinem Gewissen folgen, bemüht sich darum, ein anständiger Mensch zu sein, beansprucht, über seinen Glauben selbst zu bestimmen, aber auch die Glaubensfreiheit anderer zu achten. Hingegen, dass man zur Kirche geht, in der Bibel liest, am Abendmahl teilnimmt, wird sehr viel weniger als kennzeichnendes Merkmal des Evangelischseins betrachtet. Sonderlich wichtig ist auch nicht, dass man nach den 10 Geboten lebt und sich an der Botschaft Jesu orientiert. Alle Items, die nach der Beteiligung am kirchlichen Leben fragen oder die Zustimmung einfordern zu normativen inhaltlichen Vorgaben, die die

11. Vgl. Hartmut Böhme, Religion und Moderne, in: Wilhelm Gräb/Birgit Weyel (Hg.), Praktische Theologie und protestantische Kultur, Gütersloh 2002, 35-51.
12. Vgl. die vorläufige Auswertung Kirchenamt der EKD (Hg.), Weltsichten, Kirchenbindung, Lebensstile, Vierte EKD-Erhebung über Kirchenmitgliedschaft, Hannover 2003. Nach Abschluss dieses Buches ist die ausführliche Auswertung der Umfrageergebnisse von 2002 erschienen, vgl. Wolfgang Huber/Johannes Friedrich/Peter Steinacker (Hg.), Kirche in der Vielfalt der Lebensbezüge. Die vierte EKD-Erhebung über Kirchenmitgliedschaft, Gütersloh 2006.

Kirche mit dem Verweis auf Bibel und Bekenntnis an die Lebensführung macht, werden im Beharren auf der individuellen ethisch-religiösen Selbstdeutung und Selbstbestimmung abgewiesen.

Gewiss wird von der Kirche auch Orientierung in religiösen und moralischen Fragen erwartet, aber man behält sich das Recht vor, sich nach eigenem Urteil zu den kirchlichen Äußerungen zu verhalten. So sehr man im Grundsätzlichen mit den Sinngrundierungen und Werthorizonten, für die die Kirche steht, sich in Übereinstimmung wissen möchte, weshalb man ihr auch zugehörig bleibt und seine Kinder taufen und konfirmieren lässt, so sehr will man als evangelischer Christ sein Leben aus eigener Einsicht führen. Von den kirchlichen Vorgaben wird nur dasjenige übernommen, was man als mit den eigenen Überzeugungen in Übereinstimmung stehend empfindet. In der ersten Auswertung der Umfrageergebnisse von 2002 heißt es:

»Evangelischsein wird als eine selbstverantwortete Haltung der Gewissensbindung und Anständigkeit definiert, die den anderen in seinen differenten Überzeugungen achtet, für sich selbst denselben Respekt einfordert und zu vorgegebenen institutionellen Anforderungen auf Distanz geht – und zwar je mehr, desto enger sie formuliert sind. Der evangelische Christ soll zur Kirche gehören, die institutionellen Normen aber werden in einem weiten, die Freiheit des Individuums respektierenden Sinne interpretiert, als solche aber durchaus für verbindlich gehalten. Je enger und kirchennäher sie gefasst sind, desto geringer fällt die Zustimmung aus. Treten sie dagegen in einem allgemeinen, vor allem ethisch bestimmten Gewande auf, nimmt ihre Bejahung zu. Man kann also nicht behaupten, dass die Ansprüche der Institution einfach nur abgewehrt werden. Vielmehr interpretiert man sie auf eigene Weise und gibt ihnen eine verallgemeinerte, auch Abweichungen von den begrenzten institutionellen Normen umgreifende Fassung. Fast hat man den Eindruck, dass nur das als Eigenschaft des Evangelischseins akzeptiert wird, was man auch selbst zu erfüllen bereit ist.«[13]

Die Zugehörigkeit zur Kirche schließt keine normativen Bindungsverhältnisse mehr ein. Die Individuen sehen sich vielmehr in der Position, ihr Verhältnis zur religiösen Institution nach eigenem Gutdünken und in Entsprechung zu ihren Bedürftigkeiten selbst regulieren zu können. Außerdem wissen sie sich in ihrem protestantischen Bewusstsein gar nicht unbedingt an die Kirche und die Teilnahme am kirchlichen Leben gebunden.

Aus der Schwächung der institutionellen Bindungen der individuali-

13. Kirchenamt der EKD, a. a. O., 19.

sierten, aber in immer wieder neuen Bewegungen sich öffentlich bemerkbar machenden Religion darf nicht auf den Verlust ihres kulturellen und gesellschaftlichen Einflusses geschlossen werden. Vor allem in der amerikanischen Diskussion hat man denn auch mit dem Begriff der »Civil Religion« (R. N. Bellah)[14] auszudrücken versucht, dass religiös begründete Sinnfundamente und Wertorientierungen für den Zusammenhalt der Gesellschaft wichtig bleiben und auch wesentlichen Einfluss auf die Politik behalten. Religiöse Zugehörigkeiten beeinflussen enorm die moralischen Grundüberzeugungen der Menschen, obwohl, oder gerade weil sie diese selbst zu wählen das Recht haben. So bleibt auch der politische Einfluss der Religion erhalten, selbst wenn die Kirchen, Konfessionen und Denominationen, die religiösen Gemeinschaften und Institutionen in modernen Demokratien kein direktes politisches Mandat haben. Sie können dennoch moralischen und politischen Einfluss ausüben, auch dort, wo ihr Rückhalt in der Bevölkerung schwächer wird, sie gar in eine gesellschaftliche Minderheitenposition geraten. Die Religion bringt sich dann gewissermaßen am Ort der modernen Kultur selbst zur Geltung. Es verlagern sich die religiös begründeten Sinndimensionen und Wertorientierungen in die politischen, moralischen, ästhetischen und viele andere Diskurse, Symbole und Rituale in der Gesellschaft.

3.5 Die zivilreligiöse Präsenz des Christentums

Die These von der Transformation der unterschiedlichen, getrennten und trennenden Religionen, Konfessionen und Denominationen in eine erneut gesellschaftsintegrativ auftretende »Civil Religion« versucht ein wesentliches Merkmal dieser veränderten Präsenz der Religion in der modernen Kultur zu beschreiben. Die deinstitutionalisierte Religion, die nun alles und jedes mit mächtigen Bindungskräften besetzen kann, kann dennoch einen gesellschaftlichen Grundwertekonsens stabilisieren, moralische Überzeugungen festigen und politische Programme unterstützen. Deshalb ist es wichtig, auf die Präsenz religiöser Symbole in Moral, Recht und Politik zu achten.[15] In Deutschland wird die zivilreligiöse

14. Vgl. Robert N. Bellah, Zivilreligion in Amerika, in: Heinz Kegler/Alois Müller, Religion des Bürgers. Zivilreligion in Amerika und Europa, München 1986, 19-41.
15. Die Debatte um die Zivilreligion ist für den deutschen Sprachraum ausführlich belegt in: Heinz Kegler/Alois Müller (Hg.), Religion des Bürgers, a. a. O.

Funktion der Verpflichtung auf einen Grundwertekonsens allerdings immer noch von den großen Kirchen wahrgenommen. Sie begründen das in der Regel mit der Notwendigkeit der Begrenzung der Politik. Die funktionale Differenziertheit moderner Gesellschaften soll es gerade verhindern, dass eines der gesellschaftlichen Teilsysteme eine zentrale Steuerungsinstanz für das Ganze der Gesellschaft darzustellen beansprucht. Dann versucht der Staat nicht, sich in die Zuständigkeit der Religion einzumischen und etwa selbst die für die Gesellschaft insgesamt verbindlichen Wertgrundlagen aufzustellen. Er versucht nicht, die religiösen und moralischen Grundüberzeugungen der Bürger – etwa durch Einführung eines allein in staatlicher Verantwortung liegenden Ethik- bzw. Werteunterrichts an staatlichen Schulen – bilden zu wollen. Das unterscheidet eine sich selbst begrenzende, aufgeklärte Politik vom politischen Totalitarismus, so lässt sich denn auch zivilreligiös argumentieren, dass sie Sachverhalte anerkennt, über die sie nicht verfügen kann und will.[16] Nicht der Politik, nicht dem Staat, sondern der Religion und ihren Institutionen kommt die Zuständigkeit für die Bildung der grundlegenden Sinn- und Wertorientierungen in der Gesellschaft zu. Dann ist die Gesellschaft aber auch auf die Pflege der religiösen Bildungsinstitutionen, auf die Kirchen und religiösen Gemeinschaften angewiesen. Ebenso muss man umgekehrt von einer zivilreligiösen Funktion der Kirchen und einer öffentlichen Theologie sprechen können, einer ›Public Theology‹, wie man das im angelsächsischen Sprachraum tut.[17]

Es ist ja auch sehr leicht die Beobachtung zu machen, dass die Kirchen mit ihren öffentlichen Stellungnahmen und ihren Gottesdiensten gefragt sind, wenn Grundwerte bzw. Grundrechte in die Diskussion geraten sind oder es zu nationalen Katastrophen bzw. zu Einbrüchen des Abgründigen, Ungeheuren, Absurden in die globalisierte Gesellschaft kommt. Kirchliche Denkschriften werden verfasst, wenn die Grundwerte in schwierigen ethischen Entscheidungslagen zur Debatte stehen, wie etwa in Fragen der Biopolitik.

Die Bischöfe müssen die vom Fernsehen übertragenen Gottesdienste zelebrieren, wenn etwas geschieht, was die Gesellschaft als Ganze auf tief greifende Weise betrifft: Der Absturz der Concorde bei Paris. Das Massaker in einer Schule in Erfurt. Der Tsunami in Südostasien mit ca. 250 000 Flutopfern. Das Leiden und Sterben von Papst Johannes Paul II.

Wie zuletzt beim Fernsehgottesdienst anlässlich der Flutkatastrophe in

16. Vgl. Hermann Lübbe, Religion nach der Aufklärung, Graz/Wien/Köln 1986.
17. Vgl. John R. Atherton, Public Theology for Changing Times, London 2000.

Südostasien, bietet sich inzwischen der Berliner Dom als Ort für die zentralen Trauer- und Gedenkgottesdienste in Deutschland an. Die beiden höchsten Repräsentanten der Evangelischen und Katholischen Kirche treten dabei gemeinsam auf.

Es wird ein ökumenischer Gottesdienst gefeiert, der zugleich eine zivilreligiöse Kulthandlung an der für die bundesrepublikanische Gesellschaft zentralen zivilreligiösen Kultstätte, dem Berliner Dom, darstellt. Zumeist sitzen dann auch die höchsten Repräsentanten des Staates in der ersten Reihe. Die Berliner Republik hat sich gewissermaßen den Berliner Dom, einst Symbol der Allianz von Thron und Altar, erneut angeeignet, um in Zeiten der Krise einen Ort zur rituell-symbolischen Vergewisserung in den Sinn- und Wertgrundlagen der Gesellschaft zu haben. Selbstverständlich dürfen dabei die konfessionellen Differenzen ebenso wenig eine Rolle spielen wie politische Parteiungen. Es will artikuliert sein, was die Gesellschaft im Innersten zusammenhält, was das Gemeinwesen ebenso wie das Leben des Einzelnen im Letzten trägt, was neue Orientierung geben kann, wenn Unfassliches geschehen ist.

Wenn etwas der Fall ist, was das Leben des Einzelnen oder die Gesellschaft auf tief greifende und erschütternde Weise betrifft, dann steht das Ganze in Frage, dann sind auch ganzheitliche Sinndeutungen verlangt. Und die Kirche übernimmt mit ihren höchsten Repräsentanten diese öffentliche, zivilreligiöse Deutungs- und Integrationsaufgabe.

Sie tut dies in eben denjenigen Situationen, in denen es die Menschen auch sonst am ehesten in die Kirche drängt. In den Gemeinden haben in solchen Situationen die kirchlichen Kasualgottesdienste ihren Ort. Auch von der kirchlichen Kasualpredigt wissen wir, dass sie die größten Chancen hat, wirklich gehört zu werden. Die Kirche ist in der modernen Kultur nicht unwesentlich Kasualkirche und die gelebte Religion eine Art Kasualfrömmigkeit.

Die zivilreligiösen Kultfeiern im Berliner Dom oder auch in der Berliner St. Hedwigs-Kathedrale – die konfessionelle Differenz macht wirklich keinen Unterschied – lassen sich als gesellschaftsöffentliche Kasualgottesdienste interpretieren. Die Bischofspredigten sind gesellschaftsöffentliche Kasualpredigten. Sie werden im kirchlichen Raum gehalten, aber behalten immer im Blick, dass gewissermaßen die Gesellschaft als Ganze zusieht und zuhört. Sie werden ja auch durch die Medien in alle Häuser übertragen.

Dabei erfüllen die Bischofpredigten die zivil- und medienreligiöse Vergewisserung in den tragenden Grundverhältnissen des Lebens. Sie rekurrieren auf die transzendenten Sinnbedingungen menschlichen Lebens.

Sie sprechen aus, dass unsere menschlichen Möglichkeiten begrenzt sind. Sie artikulieren existentielle Grunderfahrungen, riskante Grenzerfahrungen, erschütternde Kontingenzerfahrungen. Und sie tun dies so, dass das Gesagte jedem nachvollziehbar werden kann, ob Christ oder Nicht-Christ, ob Protestant oder Katholik, ob Muslim oder Buddhist, ob Konfessionsloser oder Atheist.

Zugleich geht die Erfüllung der zivilreligiösen Funktion in den Bischofspredigten zwanglos damit zusammen, dass die zentralen Inhalte des christlichen Glaubens zur Sprache kommen. Es kann und soll im Fernsehen und vor dem Radio deutlich bleiben, dass im Berliner Dom ein christlicher, ökumenischer Gottesdienst gefeiert wird. Die Bischofspredigten münden normalerweise in einen christologischen, kreuzestheologischen Schluss. Das Symbol des Kreuzes bietet die Möglichkeit, auch einen negativen Sinn mit einem positiven Vorzeichen zu versehen.

Alle Deutungen, die beim Menschen stehen bleiben oder ein dunkles Schicksal beschwören, trösten schließlich dort nicht mehr, wo wir die Erfahrung machen, dass wir unser Leben insgesamt nicht in der eigenen Hand haben, wir endliche Wesen sind. Nur ein Gott kann trösten, wenn der Schmerz der Angehörigen bedrängt, die Angst, die Sorge, die Ungewissheit. Nur ein Gott, der nicht ein dunkles Schicksal ist, sondern sich in Jesus als die – freilich oft ohnmächtige – Macht der Liebe zu erkennen gibt, kann für ein ermutigendes Wort einstehen, eines, das entlastet und den Schritt wieder fest macht.

Die zivilreligiösen Gottesdienste im Berliner Dom feiern die christliche Liturgie. Das tut ihrer zivilreligiösen Funktion aber gerade keinen Abbruch, im Gegenteil. Die biblischen Lesungen, die Psalmen, das Evangelium von Jesus Christus, das gepredigt wird, exponieren die Botschaft von einem Gott, der der Schöpfer allen Lebens ist, der das Gute will, der die Welt und das Leben jedes einzelnen Menschen in seinen Händen hält, dann sogar, wenn nichts zu erfahren ist von seiner Macht. Er ermöglicht dennoch neues Leben, über den Tod hinaus, macht uns seiner Treue gewiss, in der Begegnung mit seinem Sohn, mit Jesus Christus, dem Gekreuzigten und Auferstandenen. Das ist im Grunde eine sehr realistische und attraktive Lebensdeutung. Warum soll sie nicht auch den Konfessionslosen, den Atheisten und solchen, die sich dafür halten, plausibel werden können, als eine Sicht aufs Leben, der man zustimmen, die man sich aneignen kann, in die man sich hin und wieder jedenfalls recht gerne einbeziehen lässt.

Der christliche Glaube, so wird verdeutlicht, ist das Vertrauen darauf, dass unbedingte Sinnbedingungen gegeben sind, eine transzendente

Sinninstanz, die das Ganze der Wirklichkeit – über unser menschliches Wollen und Verstehen hinaus – umgreift, so dass wir uns zu allen Erfahrungen des Glücks im Dank, zu allen Erfahrungen des Abgründigen und Sinnwidrigen in Klage und Schrei auch verhalten können. Nach einer Ausrichtung auf solche transzendenten Sinnbedingungen, die unbedingte Daseinsgewissheit vermitteln, verlangen die Menschen – so wird zu Recht unterstellt – besonders in Krisen- und Grenzerfahrungen, auch dann, wenn sie von sich behaupten, sie seien ungläubig und bräuchten keine Religion, einen Gott schon gar nicht.

Dass man normalerweise nicht in die Kirche geht, liegt in der Regel eben nicht daran, dass man die nach religiöser Deutung verlangenden Kontingenzerfahrungen nicht machen würde, Erfahrungen, in denen bewusst wird, dass alle innerweltlichen Größen einen letzten Halt nicht geben können. Dass man normalerweise nicht in die Kirche geht, liegt daran, dass man die Kirche aus dem Blick verloren hat, sie in der Alltagswelt nicht mehr vorkommt. Der sog. Atheismus ist vor allem ein Resultat des alltagskulturellen Verschwindens der Kirche. Er lässt sich daher auch nicht mit volksmissionarischen Aktionen bekämpfen, sondern nur durch die Stärkung oder den Wiederaufbau der alltagskulturellen Präsenz der Kirche, wobei vor allem dem Religionsunterricht in den Schulen und dem Konfirmandenunterricht in den Gemeinden eine Schlüsselrolle zukommt. In einer Mediengesellschaft wie der unseren tritt hinzu, dass die Kirche ihre Medienpräsenz forcieren muss. Die zivilreligiösen Bischofpredigten leisten, indem sie vom Fernsehen übertragen werden, bereits Entscheidendes dafür, dass die Kirche ihre zivilreligiöse Aufgabe in der und für die Gesellschaft wahrnimmt und erfüllen kann.

In ihrer zivilreligiösen Funktion stehen die Kirchen für die Grundwerte auch in der Politik, für die fundamentalen moralischen Orientierungen, für die Kultur des Verhaltens zum Unfasslichen.[18] Sie können diese zivilreligiöse Funktion freilich nur erfüllen, wenn sie selber als gesellschaftliche Institutionen erhalten bleiben.

Die Frage nach der Zivilreligion wird dennoch oft zu eng im Blick auf das Verhältnis der Religion zur Sphäre der Moral und der Politik diskutiert. Dann gerät die Dispersion, die Zerstreuung der Religion ins Religiöse, ihre Verlagerung vor allem in die ästhetische Kultur, nicht hinreichend in den Blick.

18. Vgl. Niklas Luhmann, »Grundwerte als Zivilreligion«, in: Heinz Kegler/Alois Müller, a. a. O., 175-194.

3.6 Die ästhetisch-religiöse Präsenz des Christentums

Seit der 2. Hälfte des 19. Jahrhunderts haben sich mit der modernen, bürgerlichen Gesellschaft, mit Industrialisierung und Demokratisierung, der Landflucht und der Verstädterung der Gesellschaft, zuvor ungeahnte Chancen für die Verwirklichung individueller Unabhängigkeit und Freiheit eröffnet, bei allen sozialen und politischen Problemen, die mit diesem Prozess verbunden waren. Das Großstadtleben bot dem Individuum die Möglichkeit, sich aus »vergewaltigenden, sinnlos gewordenen Bindungen politischer und agrarischer, zünftiger und religiöser Art zu lösen«[19]. So Georg Simmel um 1900 in seinen soziologischen Analysen zur Entwicklung urbaner Kultur seit dem 18. Jahrhundert. Das große Versprechen der modernen Großstadt und damit der modernen Kultur war für Simmel die Freiheit des einzelnen, seine Lösung aus ständischen Bindungen, seine Befreiung aus überkommenen Hierarchien und religiösen Traditionen. Das Leben in der modernen Kultur sollte den Einzelnen auf seine je eigenen Fähigkeiten stellen und die Entwicklung von Persönlichkeit und individueller Eigenart möglich machen. Zugleich sah Simmel im entwickelten modernen Großstadtleben, wobei er das Berlin um 1900 vor Augen hatte, aber auch eine enorme Überforderung für die Individuen. Simmel sprach vom »Übergewicht dessen, was man den objektiven Geist nennen kann, über den subjektiven«[20]. Eine Fülle von Möglichkeiten zur Entfaltung der Persönlichkeit, zur wissenschaftlichen, ästhetischen, beruflichen Bildung und Fortbildung, eröffnet die moderne Kultur. Aber die Individuen können sich dennoch immer weniger davon anbilden, zumal sie aufgrund fortschreitender Arbeitsteilung beruflich immer stärker unter den Anforderungen zur Spezialisierung stehen. Statt Persönlichkeit zu entwickeln, sich selbst zu entfalten und zu verwirklichen, persönliche Identität zu gewinnen, gehen die Menschen in der urbanen Welt sich zunehmend selbst verloren. Sie lassen deshalb nichts mehr wirklich an sich herankommen. Ihr Benehmen ist von auffallender »Blasiertheit« gekennzeichnet. Neben der Nervosität ist dies eines der auffälligsten Merkmale nach Simmel, die den Großstädter erkennbar machen: »Blasiertheit« (wir würden heute sagen ›Coolness‹). Simmel verstand darunter eine eigentümliche Gleichgültigkeit den Möglichkeiten der Persönlichkeitsentwicklung, der Selbstentfaltung, der Bildung und

19. Vgl. Georg Simmel, Die Großstädte und das Geistesleben, in: ders., Aufsätze und Abhandlungen 1901-1908, GA 7, Frankfurt a. M. 1995, 116-131, 130.
20. A. a. O., 129.

des ästhetischen Erlebens gegenüber. Angesichts der Überfülle des Angebots mag man sich auf nichts mehr, auch auf das Große und Wertvolle nicht, so richtig einlassen.

Dennoch, die individuelle Freiheit, Selbsterkundung, Selbstentfaltung und Selbstbildung ist das große Versprechen der modernen Kultur bis heute geblieben. Verabschiedet hat man sich lediglich von dem Persönlichkeitsideal, das für Simmel an der Wende zum 20. Jahrhundert noch leitend war. Freiheit, Selbstentfaltung in beruflicher, familiärer und religiöser Hinsicht verlangen heute nicht mehr die Leitvorstellung einer runden, in sich gefestigten, an ethischen Normen kontrolliert und zielbewusst sich orientierenden Persönlichkeit. Die Freiheit des Einzelnen war zu Simmels Zeiten vor allem ethisch-politisch gemeint.

Das hat sich in den vergangenen Jahrzehnten erheblich geändert. Individuelle Freiheit ist das große Versprechen der modernen Kultur geblieben. Aber die Formen ihrer Realisierung haben sich ins Ästhetische verlagert. Gesucht wird die Freiheit nun gerade in der unüberschaubaren Fülle der Möglichkeiten, in der Suche nach einem unabschließbar gesteigerten Erleben des Lebens, im Ausprobieren verschiedener Lebensentwürfe je auf Zeit, in der Suche nach dem eigenen Leben, im ästhetischen Spiel mit den Formen des authentischen Selbstausdrucks, etwa vermittels der Mode. Die Wahrnehmung dieser Veränderungen der modernen Kultur, weg vom Ethisch-Normativen, der Dominanz von Moral und Politik, hin zum Ästhetisch-Spielerischen, hat man auch unter dem Begriff der ›Postmoderne‹ zu fassen versucht. In der ›Postmoderne‹ dominiert diese Suche nach dem eigenen Leben, dem für mich jetzt gerade Stimmigen. All das rangiert vor der Einordnung in objektiv Vorgegebenes, durch Institutionen Repräsentiertes, vor der Verpflichtung gegenüber moralischen Normen und dem Interesse am Allgemeinen.[21]

Die ästhetische Kultur ist zu einem Ort der unabgeschlossenen Selbsterkundung und Selbsterprobung der Individuen geworden. Sie bietet in unseren urbanen Räumen und in den elektronischen Massenmedien eine Vielfalt von Möglichkeiten, sein Leben zu deuten und zu gestalten. Sie lässt in den Museen und Theatern, in den Kinos, Fußballstadien und Wellnessthermen Erfahrungen machen, die das Selbstgefühl intensivieren und den Selbstentwurf des eigenen Lebens anregen. Das alles in großer Offenheit und ohne hierarchische Fügung. Die Slogans der Werbung, die Erzählungen im großen Gefühlskino, die Bilder in den Museen, wie

21. Vgl. Hans-Joachim Höhn, Zerstreuungen. Religion zwischen Sinnsuche und Erlebnismarkt, Düsseldorf 1998.

dann auch die Symbole und Rituale in den Kirchen, im Fernsehen oder auf dem Standesamt, nichts gibt einen normativen Lebensinhalt verbindlich vor. Alles ist freigegeben zur individuellen Aneignung, je nach dem, wann es biographisch passt, wie es anspricht und als subjektiv stimmig, hilfreich, lebensdienlich, schön, wohltuend empfunden wird. Das ist nun das große Versprechen der modernen Kultur: Steigerung des Lebens vor allem durch Erlebnisintensivierung, Erweiterung des Möglichkeitssinns, durch Bedeutungsanreicherungen, durch Traumhochzeiten in Fernsehshows oder Hochzeitskirchen, durch symbolische Vergegenwärtigung von neuen und immer wieder anderen Lebenschancen, ohne die Individuen auf vorgefertigte Antworten und strikte Verbindlichkeiten festzulegen.

3.7 Kirche mitten in der Kultur der Gegenwart

Zur symbolischen Realität der Kultur des Lebens gehören nach wie vor aber auch die Kirchengebäude, die Liturgien, die in ihnen gefeiert werden, die Heilsgeschichten, die in ihnen erzählt werden, die Segenszusagen, die in ihnen gemacht werden. Sie führen die christliche Symbolwelt explizit aus. Sie deuten das Leben in der christlichen Sinnperspektive, vergewissern es seiner Gründung in Gott und der Begleitung durch ihn. Es werden die Kirchen darüber hinaus mit ihren Musikaufführungen und Kunstausstellungen zu eigentümlichen Orten ästhetischer und spiritueller Erfahrung. Sie erfüllen schließlich die (zivil)religiöse Funktion der Sinnvergewisserung und Wertorientierung für das Ganze der Gesellschaft.

In der ästhetischen Funktion haben sie jedoch ebenso wenig ein Monopol wie in der zivilreligiösen. Sie sind vielmehr ein zwar immer noch starker, aber keineswegs konkurrenzlos agierender Faktor auf einem immer bunter werdenden Markt religiös-weltanschaulicher Sinnanbieter. Deshalb können sie nicht mehr von höherer Warte aus auf verbindliche Weise feststellen wollen, was die Menschen zu glauben und wie sie zu leben haben. Sie können lediglich Beiträge zur öffentlichen Diskussion leisten und zu ihren Gottesdiensten einladen. Umso mehr haben sie jedoch in der modernen Kultur die Chance, sich mit der Architektur ihrer Räume und der Inszenierung ihrer Liturgien zu spirituellen Erfahrungsräumen auszubauen, die sich mit schönen Geschichten füllen und sich anbieten für die »Gotteserfindung«, wie es am Ende des Josephromans von Thomas Mann heißt. Sie können zu Erschließungsforen der Gottsucher werden, eine die »Richtung aufs Unbedingte« (Tillich) einschlagende Selbstdeutung inspirieren. Dann stellen sie sich mit dem Reichtum ihrer symbolischen Welt den Passanten und Flaneuren zur Verfügung, wie das die Museen, Kinos und Flaniermeilen auf ihre Weise auch tun. Menschen betreten die Kirche in der City, verweilen in ihr, nehmen das eine oder andere von dem, was sie gehört und gesehen haben, in ihren Gefühlen und Gedanken wieder mit nach draußen, den Zuspruch vor allem, dass Gott mit ihnen geht.

In die Kirche zu kommen, tut den Menschen gut, je nach dem, was sie anspricht, ihnen das Empfinden gibt, tief Angehendem begegnet zu sein. Das Resultat eines solch modernen Christentums wird dann freilich kein biblisch-dogmatisch reiner Glaube sein. Es kommt zu vielfältigem Synkretismus, zum Zusammen-Glauben dessen, was lange Zeit miteinander unverträglich schien, vielleicht aber heute in den Zeiten des Pluralen, auch und gerade religiös Pluralen und der Patchwork-Identitäten gerade die angemessene Weise des Religionhabens ist.

Das Religiöse manifestiert sich in der modernen Kultur freilich oft auch nur noch in seinen therapeutischen und ästhetischen Nebenwirkungen. Es bildet dann nicht mehr die Gestalt einer ernsthaften, transzendenzorientierten, auf die Anerkennung des Unbedingten, auf Gott bezogenen Lebensführung. Es gewinnt auch nicht die Form einer religiösen Gemeinschaft. Dann drängt sich hin und wieder schon die Frage auf, ob die Religion als Religion fortbesteht oder ob die religiösen Themen und Symbole lediglich die Garnitur eines im Kern bloß konsumorientierten und ästhetischen Lebensinteresses sind. Aber auch damit ist die theologisch entscheidende Frage aufgeworfen, warum sich dieses ästhetische, am Genuss, am Glück, am guten Leben ausrichtende Interesse so oft in religiöser Sprache und mit religiösen Symbolen darstellt.

Die Kirche sollte sich diesen Transformationen des Religiösen in der modernen Kultur jedenfalls nicht durch Rückzug in die inneren Kreise kirchlichen Lebens, nicht mit einer ideologischen Überhöhung sozialer Randständigkeit, nicht durch theologische Verklärung einer Existenz in der Diaspora entziehen. Die Kirche muss auf die religionsproduktiven Momente achten, die in jenen Prozessen aufkommen, mit denen die moderne Gesellschaft sich ebenso andauernd wie krisenhaft modernisiert.

Es geht schließlich doch um die kulturelle Selbstbehauptung des Christentums aus den Kräften, die ihm von seinem Ursprung her innewohnen und die es gerade in der Moderne auf neue Weise freizusetzen vermag, nämlich die Religion der Individualität, der unhintergehbaren Selbstvergewisserung des Einzelnen in Gott zu sein. Die kulturelle Selbstbehauptung des Christentums als der Religion der Individualität wird am ehesten gelingen, wenn die Kirche ihr Potential zur Lebensdeutung mit den Themen und Problemen verknüpft, die sich in der modernen Kultur selber aufdrängen und die es nahe legen, dass man ihnen gegenüber eine religiöse Einstellung einnimmt. In der Werbung geschieht das, im Kino geschieht das, in Talkshows und Krimiserien. Warum geschieht es nicht stärker auch in der Kirche?

Die Säkularisierungsresistenz der Religion ist zu Recht verteidigt worden.[22] Sie rührt daher, dass die Evolution der modernen Gesellschaft permanent Daseinslagen erzeugt, die religiöse Sinnfragen hervorrufen. Diese Fragen werden freilich vielfach nicht mehr an die Kirchen adressiert, sicher auch deshalb, weil man sie oft als Institution erlebt, die nicht in der Lage ist, auf diese Fragen in einer der modernen Kultur angemessenen Weise einzugehen. Möglicherweise ist das, was immer Tradierungskrise genannt wird, in Wahrheit eine Innovationskrise.

3.8 Die religiösen Sinnfragen und der gesellschaftsöffentliche Auftrag der Kirche

Was hält letztendlich am Leben? Das ist die zentrale religiöse Lebensfrage. Sie bricht radikal auf, wenn zerbricht, was Halt geben konnte und gegeben hat: Familie, Partnerschaft, Gesundheit, Arbeit. Was hält am Leben, wenn das alles oder auch nur einiges davon verloren geht, wenn Sinnzusammenhänge, die Orientierung gaben, sich verdunkeln, alles Denken und Handeln ins Leere zu gehen scheinen? Wer Religion hat, dem ist das Selbstgefühl und damit die Sinngewissheit im Metaphysischen verankert. Wer Religion hat, empfindet die Bergung in einer geistigen Wirklichkeit, die nicht verloren gehen kann, was immer auch geschieht. Wer Religion hat, versteht, was gemeint ist, wenn ihm gesagt wird: Du bist nie allein, dein Leben ist auf keinen Fall vergeblich. In der religiösen Sinneinstellung stoßen solche Zusagen auf Resonanzen. Sie sprechen das im Unbedingten verankerte Grundvertrauen ins Dasein an und bestärken darin, auch in Verlusterfahrungen und im Scheitern. Vielleicht können solche Zusagen, die zugleich unsere Gründung in einer absoluten geistigen Realität ansagen, den Sinn für Religion auch bilden.

Wenn die Kirchen sich leeren, heißt das jedenfalls noch lange nicht, dass damit ein Rückgang der Daseinsprobleme verbunden sein muss, auf die die christliche Religion einst Antwort gab. Weithin ungebrochen

22. Vgl. Hermann Lübbe, Religion nach der Aufklärung, Graz/Wien/Köln 1986.

ist vielmehr immer wieder auch in der modernen Kultur das Verlangen der Menschen danach, eine konsistente Lebensposition zu begründen, Überzeugungen zu gewinnen, die die Daseinsgewissheit stärken und dazu helfen, ein eigenes Leben führen zu können.

Aber die Kirchen befinden sich eben zunehmend auf einem Markt religiöser Sinnanbieter. Und sie müssen es zumeist erst noch lernen, sich auf diese Situation einstellen. Das wiederum würde vor allem bedeuten, dass sie ihre Programme stärker von den Individuen und ihren religiösen Bedürftigkeiten her entwickeln. Sie müssten versuchen, sich effektiver zu religiösen Dienstleistern zu entwickeln, ihrer Symbole und Rituale den Menschen zur Verfügung stellen, damit diese darin ein tieferes Erleben und eine tragfähige Sinndeutung gewinnen. Die Voraussetzung dafür ist natürlich, dass die Kirchen als gesellschaftsöffentliche Institutionen erhalten bleiben, selbst wenn sie sich – allen Reformbemühungen zum Trotz – zu Diasporakirchen entwickelt haben sollten, weil ihnen nur noch eine gesellschaftliche Minderheit angehört.

4. Religionstheologie: Vernünftig – Zeitgemäß – Existentiell

4.1 Theologie als Wissenschaft von der christlichen Religion

Die Religion bleibt ein relevantes Thema in der modernen Kultur. Und sie kann letztendlich, bei allen Transformationen, die zu beobachten sind, auch auf die Kirchen nicht verzichten. Sie braucht ebenso weiterhin ihre Theorie, die Religionswissenschaften und die Theologie.

Die Theologie hat sich in verschiedene Wissenschaften ausdifferenziert. Sie bindet diese nach Schleiermachers enzyklopädischer Formel zu einer Einheit dadurch zusammen, dass sie den gemeinsamen Bezug auf das Interesse an der christlichen Religion und dann des näheren auf die mit der kirchlichen Praxis gegebenen, beruflichen Aufgaben haben. Im Unterschied zu den Religionswissenschaften, wird die Theologie in der Vielfalt ihrer Disziplinen durch das Interesse am Christentum und der Förderung seiner kirchlichen Gestalt konstituiert. Sie setzt sich somit immer auch die Begründung der normativen Gehalte der christlichen Religion in deren jeweiliger positionellen und konfessionellen Bestimmtheit zum Ziel. D. h. sie nimmt die christliche Religion in der Binnenperspektive christlichen Glaubens in den Blick, ohne freilich darauf beschränkt zu bleiben. Seit Schleiermachers enzyklopädischem Entwurf gehört vielmehr die Vermittlung der Binnen- mit der Außenperspektive ebenfalls zu den Faktoren, die die Theologie als ein Verbund wissenschaftlicher Disziplinen zum Zwecke des kirchenleitenden Handelns begründen. Für Schleiermacher war die Außenperspektive, der Standpunkt »über dem Christentum«, im logischen Sinn des Wortes, Sache der Philosophischen Theologie. Diese hat das Wesen des Christentums im Religionsvergleich zu bestimmen und die christliche Position im Kontext einer allgemeinen Theorie humanen Selbstbewusstseins und humaner Weltgestaltung zu begründen. Heute wird die Außenperspektive auf die christliche Religion in charakteristischen Verknüpfungen mit der Binnenperspektive im Grunde von allen theologischen Disziplinen eingenommen.[1] Alle theo-

1. Vgl. dazu Ulrich Barth, Was ist Religion? Sinndeutung zwischen Erfahrung und Letztbegründung, in: ders., Religion in der Moderne, Tübingen 2003, 3-27; ders., Theoriedimensionen des Religionsbegriffs. Die Binnenrelevanz der sogenannten Außenperspektiven, in: a. a. O., 29-87.

logischen Disziplinen haben ein Interesse am Christentum und der Gegenwartsgeltung seiner Ideenwelt und arbeiten das Selbstverständnis des Christentums in seinen religionsgeschichtlichen, historischen und systematischen Zusammenhängen und Herkünften heraus. So kann die Theologie im Verbund ihrer Disziplinen als historische, systematische und praktische Kulturwissenschaft des Christentums bezeichnet werden. Sie bedient sich dabei aller historischen, hermeneutischen und empirischen Methoden.

Der Gegenstand der Theologie ist die christliche Religion in ihren historischen, geistes-, sozial- und mentalitätsgeschichtlichen Transformationen, somit jeweils auch in den Kontexten der vielen verschiedenen Religions- und Kulturgeschichten alter und neuer Welten. In den Zusammenhang der vielen verschiedenen Religions- und Kulturgeschichten des Christentums gehören auch die Wechselbeziehungen zu anderen Religions- und Kulturkreisen, in deren Umkreis das Christentum historisch entstanden ist, mit denen es im Lauf seiner Geschichte im Kontakt, in wechselseitigen Einflussnahmen und Auseinandersetzungen gestanden hat und mit denen es heute in der globalisierten Welt oft auf engstem Raum zusammen besteht. Die Religions- und Kulturgeschichten des Christentums konstituieren das weite Spektrum der höchst unterschiedlichen Auslegungen der christlichen Symbolbestände, mit denen die Theologie sich zu beschäftigen hat. Eine enorme Herausforderung stellt dabei die nicht erst in Neuzeit und Moderne entstandene – da freilich allererst artikulierte und zugleich enorm gesteigerte – Pluralisierung der Religionskulturen dar.

Hinzu kommen die im 20. Jahrhundert virtuos entfalteten, individuell geformten religiösen Bricolage-Techniken. In Religionsangelegenheiten erscheint heute im Zeichen ganz selbstverständlich gelebter Patchwork-Identitäten alles mit allem kombinierbar. Höchst pluralistisch stellt sich die religiöse Lage in christentumskulturell geprägten gesellschaftlichen und kirchlichen Kontexten dar – was es der Theologie natürlich sehr schwer macht, etwa exegetische Interpretationsresultate für die kirchliche Verkündigung verbindlich zu machen. Zunehmend an Überzeugungskraft eingebüßt hat aber auch eine Geschichtssicht, die moderne Gesellschaften seit der Aufklärung, sowie den politischen und industriellen Revolutionen des 18. und 19. Jahrhunderts, unaufhaltsam der Säkularisierung und dem Religionsverfall entgegen treiben sieht.

Eine bislang nicht hinreichend geklärte Frage bleibt allerdings, ob sich angesichts dieser enormen Pluralisierung und Individualisierung der Religionskulturen überhaupt ein unterscheidungsfähiger Begriff des »genuin Religiösen« bilden lässt. Ernst zu nehmen ist auch die These, dass jeder allgemeine, auf Vergleiche hin angelegte Begriff »der Religion« unumgänglich an seine präzis zu verortende Genese in den europäischen Konfessions- und Religionsdiskursen des 17. und 18. Jahrhunderts gebunden bleibt.

Wie auch immer man hier Stellung bezieht, klar ist, dass religiöse Deutungskulturen, also auch die biblischen Überlieferungen, seit jeher konstitutiv in »Kultur« und »Gesellschaft« eingebunden sind und nur in diesen Kontexten zum Gegenstand einer hermeneutisch- und historisch-kritisch verfahrenden theologischen Wissenschaft werden können. Die Theologie erforscht denn auch mit der alttestamentlichen Auslegungswissenschaft die Religions- und Kulturgeschichte Israels, aus der die Religions- und Kulturgeschichten des Christentums ebenso wie die des Judentums hervorgegangen sind. Die neutestamentliche Exegese erforscht zusammen mit der älteren Kirchengeschichte die Anfänge, geschichtliche Durchsetzung und Ausbreitung des Christentums in der antiken Welt. Die Kirchen- und Theologiegeschichte ist insgesamt die historisch-hermeneutische Wissenschaft von den Transformationen und Neuorganisationen in den Symbolbeständen des Christentums, den kirchlichen Institutionen und Organisationen, den dogmatisch-theologischen Lehrbildungen, den religiösen Ritualen, den christlichen Moralen und sittlichen Lebensformen, die es ausgebildet hat. Die exegetischen Wissenschaften des AT und NT nehmen als theologische Disziplinen immer auch die Binnensicht des christlichen Glaubens ein, betreiben die historische Wissenschaft aus dem Interesse an der Geltung der ethisch-religiösen Positionen und Ideen des Christentums, somit in der positionelle Perspektive die einem je bestimmten, konfessionellen Selbstverständnis christlichen Glaubens eigentümlich ist. Auch die Kirchengeschichte erforscht die Religions- und Kulturgeschichten des Christentums immer in einer je bestimmten konfessionell-positionellen Perspektive. Sie tut dies aber, wie die exegetischen Disziplinen, auf eine mit der Außensicht vermittelbaren Weise, indem sie zeigt, wie sich die positionellen Differenzen christlich-religiöser Überzeugungsgewissheiten in der Bildung unterschiedlicher Theologien, dann auch in Kirchenspaltungen, Reformationen und kirchlichen Neubildungen niedergeschlagen haben. Genauso arbeitet sie heraus, wie diese historischen Umbrüche in der Christentumsgeschichte ihre Ursachen nicht allein in religiösen und theologischen Neuerungen, sondern in sozialen, politischen, ökonomischen, wissenschaftlichen und kulturellen Faktoren hatten. Damit nimmt die Kirchengeschichte zugleich immer auch die sozial-, kultur- und mentalitätsgeschichtliche Außenperspektive auf die Religions- und Kulturgeschichte des Christentums ein.

Die systematischen und praktischen, gegenwartsorientierten Disziplinen der Theologie haben schließlich vor allem die Transformationen der christlichen Religion im Kontext der modernen Kultur zu ihrem Gegenstand, die Wandlungen im Selbstverständnis des neuzeitlichen Christentums, die Orientierungen und Konsequenzen, die sich für die kirchliche und christliche Berufs- und Lebenspraxis ergeben können. Die Systematische und die Praktische Theologie nehmen dabei natürlich genauso wie die übrigen Disziplinen die positionell-konfessionelle Perspektive ein, zeigen ein Interesse an einer gegenwartskulturell verständlichen und kirchlich-gesellschaftlich relevanten Formulierung des christlichen Glaubens. Sie explizieren das Selbstverständnis des christlichen Glaubens und die Konditionen seiner Vermittlung in der Praxis der Kirche unter den Bedingungen des neuzeitlich-modernen Wirklichkeitsverständnisses, den kulturellen, ethischen und politisch-gesellschaftlichen Herausforderungen der Gegenwart.

Im Unterschied zu den Religionswissenschaften gibt die Theologie in allen ihren Disziplinen immer über ihren jeweiligen konfessionellen, positionellen und damit auch kirchlichen Standort, von dem aus sie das Selbstverständnis des christlichen Glaubens in seinen historischen Wandlungen und seiner aktuellen positionellen Vielfalt zur Darstellung bringt, Auskunft. Die Theologie besteht dabei freilich auf der allgemein gültigen Einsicht, dass in jede Wissenschaft präreflexive, positionelle Überzeugungsgewissheiten und damit auch existentiell-religiöse Interessen Eingang finden und es sich insbesondere in den Religionsdiskursen überhaupt nicht vermeiden lässt, dass die normativen Axiome einer bestimmten Religionszugehörigkeit in die wissenschaftliche Hermeneutik der religiösen Phänomene Eingang finden.

In der Kombination mit der je positionell-konfessionellen Binnensicht auf das Selbstverständnis des christlichen Glaubens in seinen historischen Transformationen, muss die Theologie insgesamt, in der heutigen Situation eines religionskulturellen Pluralismus und Individualismus, auf forcierte Weise zugleich die religionstheoretische Außenperspektive auf die christliche Religion einnehmen. D.h. sie muss sich die Aufgabe einer vernünftigen Begründung eines religiösen Glaubens überhaupt, also die religionsphilosophische Fragestellung, wie dann auch die religionskomparative Explikation der christentumskulturellen Formatierung des Religiösen ins Zentrum rücken. Schließlich muss sie sich die Untersuchung der vielfältigen Wechselwirkungen zwischen den kulturellen und sozialen Kräften der christlichen Ideenwelt einerseits und den Transformationen in der Kultur- und Gesellschaftsgeschichte bis hinein in die Gegenwart andererseits zu einer vorrangigen Aufgabe machen.

Das alles ist freilich überhaupt nicht neu, muss m. E. aber dennoch immer wieder in Erinnerung gerufen werden. Seit der 2. Hälfte des 18. Jahrhunderts arbeitet die Theologie in allen ihren Disziplinen – von zeitbedingten Ausfällen im 20. Jahrhundert abgesehen – mit einem allgemeinen Begriff der Religion, den sie zugleich so expliziert, dass seine positionelle Verankerung in der christlichen Theologie und damit letztendlich im konfessionell geprägten Selbstverständnis des christlichen Glaubens erkennbar wird. Diese Verankerung in positionellen Überzeugungen muss – wie gesagt – der Wissenschaftlichkeit der Theologie jedoch keinen Abbruch tun. Denn alle angeblich vorurteilfrei verfahrende Wissenschaft steht in Wahrheit doch zugleich immer auch unter der Voraussetzung einer positionell bestimmten Gesamtsicht auf die Wirklichkeit und rational nicht weiter begründbaren Wertideen.

Zur Kulturpraxis der christlichen Religion, die in historischer, systematischer und praktischer Hinsicht der Gegenstand der wissenschaftlichen Theologie ist, gehören selbstverständlich auch die Kirchen als historische Formen christlicher Gemeinschaftsbildung. Die Theologie hat deshalb auch die unterschiedlichen, explizit kirchlichen Selbstverständnisse christlichen Glaubens zu entfalten, wobei natürlich wieder ihre eigene positionelle Bestimmtheit hervortritt, dann auch in der Ausarbeitung einer kirchlichen Dogmatik explizite Gestalt gewinnen kann – wobei freilich das Unternehmen einer ›Kirchlichen Dogmatik‹ in den evangelischen Kirchen kaum noch mit transindividueller Zustimmungsbereitschaft rechnen darf. Die Theologie kann im Grunde nicht einmal in der Binnenperspektive des kirchlichen Bewusstseins ihre Aufgabe heute wesentlich darin erkennen, die normativen Bekenntnisgrundlagen einer Kirche noch einmal zu begründen bzw. die kanonischen Schriften des Christentums lediglich im Blick auf bestimmte kirchliche Verkündigungs- und Belehrungsabsichten hin auszulegen. Wichtiger als dogmatische Affirmationen traditionell kirchlicher Lehrbestände ist die Fähigkeit der Theologie geworden, die pluralen und individuellen Religionskulturen, die Erweiterungen und Verschiebungen im »religiösen Feld« (Bourdieu) sowie die immer dynamischeren Entwicklungen auf den Religionsmärkten moderner Gesellschaften wahrzunehmen und zu deuten, sowie handlungsrelevante Konsequenzen für die kirchliche und professionelle theologische Berufspraxis zu entwerfen.

Im Zuge der Transformationen des Christentums in den Religions-

und Kulturgeschichten der Moderne wurde deutlich, das die Praxis der christlichen Religion keineswegs in ihrer kirchlichen Gestalt aufgeht. Wer aber ist das Subjekt religiöser Praxis, wenn dieses nicht allein die kirchlichen Institutionen sind? Die Antwort kann nur lauten, dass dem dem glaubenden Menschen, dem frommen Individuum, seinem religiösen Bewusstsein, der Subjektstatus in den Angelegenheiten religiöser Praxis zukommt. So müssen heute, neben den kirchlichen Formen religiöser Gemeinschaft, das religiöse Individuum, seine vielfältigen Assoziationen und Gemeinschaftsformen, seine von den Medien permanent neu belieferten symbolischen Sinnwelten auch zum Gegenstand der Theologie werden. Vor allem die Systematische und Praktische Theologie fragen denn auch nach dem religiösen Bewusstsein und seinen anthropologischen sowie kulturell-gesellschaftlichen Funktionen und Beeinflussungsfaktoren. Untersucht werden das religiöse Verhalten der Menschen, die kulturell-gesellschaftlichen Motive, der Einfluss des christlichen Glaubens bzw. bestimmter christlicher Glaubensinhalte und ihrer normativen Implikationen auf die mentalen Einstellungen und das moralische Verhalten. Große Kooperationsbereitschaft muss die Theologie dabei im Verhältnis zur Soziologie, Psychologie, Philosophie und den Kulturwissenschaften entwickeln. Die religiöse Kulturpraxis ist seit dem 19. Jahrhundert schließlich ebenso zum Gegenstand der Religionsphilosophie und der Religions- und Kulturwissenschaften geworden. Theologie ist angesichts der enormen Plurifizierung ihres Gegenstandes und der überhaupt nicht mehr dogmatisch-kirchlich einzuzäunenden christlichen Religionskulturen nur noch im interdisziplinären Kontakt mit allen anderen, sich ebenfalls für die Religion interessierenden Wissenschaften möglich. Dabei bleibt es allerdings ein Vorzug der Theologie, dass sie ebenso die Innen- wie die Außenperspektive einzunehmen versucht und beide Perspektiven aufeinander bezieht.

Auch der Ort der Theologie an der Universität dürfte mit ihrer Bindung an die Kirche allein kaum zu stabilisieren sein, selbst wenn damit staatskirchenrechtliche Absicherungen verbunden sind. Es sind wissenschaftliche Argumente verlangt, die begründen, weshalb die Theologie an die Universität gehört. Und diese lassen sich auch wiederum nur aus der historischen Kulturbedeutung der christlichen Religion und der vernünftigen Begründung des vom christlich-religiösen Bewusstsein ausgebildeten Gottesgedankens bzw. der christlichen Ideenwelt gewinnen. Sofern die Theologie als historische, systematische und praktische Kulturwissenschaft des Christentums betrieben wird, stellt sie jedenfalls alles andere als einen Fremdkörper an der Universität dar. Die theologische

Fakultät vereinigt viele Wissenschaften in sich. Sie alle werden zum Zwecke der Begründung der Vernünftigkeit der christlichen Religion und der fortgesetzten Realisierung ihrer historischen und gegenwartspraktischen Kulturbedeutung gebraucht.

Das Christentum hat schließlich mit seiner Gotteserkenntnis dasjenige Verständnis vom Ganzen der Wirklichkeit heraufgeführt, innerhalb dessen sich das Selbstverständnis des Menschen als ein zur Selbstbestimmung fähiges Individuum, bis hinein in die Autonomieanmutungen der Moderne und ihr durch Wissenschaft und Technik geprägtes Weltbild, ausformulieren konnte. Die christliche Religion – damit die Theologie als ihre Reflexions- und Artikulationsgestalt nach innen wie nach außen – ist kulturell bis heute zumindest implizit in Kultur und Gesellschaft überall dort präsent, wo es in freier Einsicht und persönlicher Glaubwürdigkeit um weltanschaulich letzte Sinnfragen und lebensführungspraktisch relevante Zielbestimmungen gesellschaftlicher Praxis geht.

4.2 Zwischen Religionskritik und Religionsbegründung

Die Theologie findet allerdings, wenn sie ihre Rede von Gott unter den erkenntniskritischen Bedingungen neuzeitlichen Denkens zur Klärung bringt, zu Gott nur noch auf dem Weg über die Religion bzw. das religiöse Bewusstsein. Denn die Religion ist diejenige Dimension unseres bewussten Lebens, in der wir uns in letzten Gedanken und auf absolute Zwecke versammeln. Die Theologie, die sich im Kontext moderner Kultur selbst recht versteht, macht nicht verschämt einen Bogen um die Religion. Sie bewegt sich vielmehr in der Spannung von Religionsbegründung und Religionskritik. Diese Spannung auszuhalten, erkennt sie als ihre eigentliche Aufgabe. Auf dem Weg der Religionsbegründung versteht sie zu zeigen, dass die Religion in der modernen Kultur eine eigene, vom ästhetischen und auch vom ethischen Lebensverhältnis noch einmal unterschiedene Sinnform bleibt, obwohl sie sich zugleich immer auch in diese Kulturbereiche transformiert. Gott ist das spezifische Symbol der Religion. Dessen christliche Bedeutung erschließt das Evangelium, die Botschaft von einem Gott, der Güte und Liebe ist. Indem die Theologie die gedankliche Begründung der Religion durchführt, bestreitet sie nicht deren Vollzug am Ort des humanen Subjekts. Sie zeigt vielmehr, wie diesem durch seine Selbstbegründung im Jenseits seiner selbst, in Gott, die Fähigkeit zuwächst, die Maße des Menschlichen zu wahren. Wo hingegen totalitäre Maßlosigkeit droht, ist das religionskritische Potential der Theologie gefordert.

Paul Tillich, der Kulturtheologe des 20. Jahrhunderts, hat das religionskritische Potential der Theologie als ihr »protestantisches Prinzip« zur Geltung gebracht. Die Religion hat den unbedingten Sinngehalt des Lebens nur in bedingten Formen. Sie hat auch nur Symbole. Die Theologie weiß das. Sie erkennt ja ihre spezifische Aufgabe gerade in der Deutungsarbeit angesichts der oft gefährlichen Ambivalenz der religiösen Symbole. Sie wendet die Begründung der Religion in deren Kritik, wo sie deren Missbrauch zur Legitimation von totalitären Ideologien und Machtansprüchen erkennt. Diese Kritik der Religion wird von der Theologie überall dort vollzogen, wo Unbedingtheit, letzte, absolute Wahrheit und Gültigkeit für endliche, bedingte Zwecke in Anspruch genommen wird. Die Theologie lässt sich so auch die Identifikation der menschlichen Rede von Gott mit diesem selbst verboten sein. Sie stellt die Vorläufigkeit und Strittigkeit aller menschlichen Rede von Gott durchgängig in Rechnung. Sie weiß, dass uns Gott nur zugänglich ist im menschlichen Bewusstsein von ihm, als Gottesglaube und Gottesgedanke, in der Form der Religion. Die Theologie wahrt diese Differenz, indem sie Eindeutigkeits- und Wahrheitsansprüche unterläuft, die die faktische Vielfalt der theologischen Perspektiven und die Strittigkeit des menschlichen Redens von Gott überspringen wollen. Auch für die hier differenziert, weil wirklich dialektisch argumentierende Theologie Karl Barths lag ein Kriterium guter Theologie ja gerade darin, dass sie Gotteswort und Menschenwort aufeinander zu beziehen, aber ebenso voneinander zu unterscheiden weiß, jedenfalls nie die schlichte Identifikation vornimmt.

›Gott‹ ist keine extramundan existierende Person, keine gegenständliche Realität, wie wir uns endliche Dinge vorstellen. Gott ist eine geistige Realität. Das Wort ›Gott‹ ist ein Symbol, ein Sinnzeichen für die geistige Wirklichkeit des Absoluten, für die absoluten Sinnbedingungen unseres immer relativ sinnbestimmten, endlichen Daseins.

Weil das Wort ›Gott‹ als Wort unserer Sprache ein Symbol ist, verlangt das mit dem Wort ›Gott‹ inhaltlich Gemeinte entscheidend danach, durch Deutung erschlossen zu werden. Das wiederum führt in die Strittigkeit des Wortes Gott. Sie zeigt sich dann ebenso in der Rede vom ›Evangelium‹, von ›Jesus Christus‹, in allem, was die Bibel sagt. Wir geraten in die Vielfalt der Interpretationen der ›Sache‹ der Theologie. Wer die Sprache der Bibel und der kirchlichen Dogmatik gebraucht, sieht sich heute zugleich zu enormen Begründungs-, Übersetzungs- und Vermittlungsleistungen herausgefordert. An ihnen arbeitet die Theologie sich ab.

4.3 Religion und Leben

Nie darf dabei freilich aus dem Blick geraten, dass die Theologie im menschlichen Leben aufbricht, weil wir Menschen Individuen im Selbstverhältnis sind, »wissende Selbstbeziehung« (Dieter Henrich). Als Wesen, die ein wissendes Selbstverhältnis sind, stehen wir immer auch vor den Sinnfragen. Das sind die existentiellen Fragen nach unserem letzten Woher und Wohin, nach einer letzten Bedeutung des Lebens, nach unbedingter Anerkennung unseres individuellen Daseins. Im Bedenken dieser Fragen treiben wir Theologie, Religions-Theologie. Die Frage nach Gott ist da in Schicksalsschlägen, in schwerer Krankheit. Die Frage nach Auferstehung und ewigem Leben ist da an den Gräbern. Die Frage nach Schuld und Vergebung ist da in gescheiterten Beziehungen – um nur einige der existentiellen Sinnfragen konkret zu nennen. Theologie lässt diese Fragen tiefer verstehen, in ihrem unbedingten Ernst. Theologie lässt aus der Kenntnis der symbolischen Überlieferungen des Christentums Antworten gewinnen. Theologie vermittelt schließlich die Fähigkeit, dass wir diese Antworten auch vernünftig, existentiell nachvollziehbar, situationsbezogen, lebensnah kommunizieren.

Ohne die eigene persönliche Überzeugung geht es nicht, sie reicht freilich nicht aus. Von Theologen wird erwartet, dass sie ihre christliche Überzeugung auf nachvollziehbare Weise, in einer für andere plausiblen Sprache darlegen können. Theologie lässt Gläubigen und Zweiflern den Glauben verständlicher werden. Sie kann erkennbar machen, dass unser Leben durch die Religion eine sonst nicht zu gewinnende Sinnerfüllung erfährt. Das ist einer der wesentlichen Gründe, weshalb auch die Kirche die wissenschaftliche Theologie dringend braucht. Die ›Kommunikation des Evangeliums‹ verlangt religiöse Kommunikationsfähigkeit.

Es gibt Anzeichen genug für eine tiefe Glaubwürdigkeitskrise der Kirchen, die im Kern daher rührt, dass sie sich mit ihrer Sache nicht verständlich machen können. Das Evangelium wird nicht als Kraft religiöser Sinnstiftung erkannt, die Kirche oft nicht einmal mehr hintergründig als ein solcher Ort der Sinnerfahrung gewusst. Das hat mit einer kirchlichen Lehre, oft auch einer kirchlichen Predigt zu tun, die den Kontakt zu den religiösen Lebensfragen der Zeit verloren haben. Die liturgischen Formeln mit ihrer doxologischen Rede vom dreieinigen Gott, von seinem Versöhnungswerk in Jesus Christus, von der Hoffnung auf Erlösung in Gottes ewigem Reich werden in dem Sinn, den sie dem eigenen Leben geben können, nicht mehr verstanden. Mit der personalen Gottesvorstellung haben viele Menschen Schwierigkeiten. Dass Gott gnädig ist, wird nicht als befreiende Botschaft gehört, weil sich das Gefühl verloren hat, ihm etwas schuldig zu sein. Ethische Stellungnahmen, die von den Kirchen vertreten werden, laufen den Prinzipien moderner Selbstbestimmung und Autonomie entgegen oder werden als bloßer Ausdruck von Wissenschaftsfeindlichkeit gelesen. Es kommt zu kognitiven Dissonanzen, die mit dem Verdacht auf Unglaubwürdigkeit den Kirchen gegenüber gelöst werden. Es gibt zu viele Pfarrer/innen, die diese kognitiven Dissonanzen verstärken und die Kirche noch massiver in einer allenfalls kerngemeindlich verständlichen Formelsprache einmauern.

Was die Kirche im geistlichen Sinn ausmacht, muss ihr biblisch begründeter Auftrag bleiben, die ›Kommunikation des Evangeliums‹ (Ernst Lange). Das Evangelium ist aber keine Sache, auch keine autoritative Zusage, sondern der Vorgang der Erschließung eines bestimmten religiösen Existenzwissens. Das Evangelium ist die Lebensform der Freiheit, eine Sinneinstellung, die das Individuelle in seiner unendlichen Bedeutsamkeit achtet und mit der Pflege einer solidarischen Lebensform verbindet. Mitteilung des Evangeliums heißt Mitteilung dieser bestimmten Sinneinstellung, der Lebensform der Freiheit. Wie teilt man Sinneinstellungen mit? Durch ganzheitliche Kommunikation, indem man das Leben zu bestimmten Zeiten und an bestimmten Orten miteinander teilt, im Begehen von Liturgien, im Durchdenken von Symbolen, im Anschauen der Sinnbilder heil werdenden Lebens, durch Erzählungen vom Glauben als dem Glück tätiger Menschen. Das sind die religiösen Bildungs- und Erbauungswege in der Kirche und ihren Gottesdiensten, aber auch im Religionsunterricht, der zu seiner Sache, der Religion, die wiederum ohne Ethik nicht denkbar ist, findet. Es geht um Prozesse existentieller Sinndeutung auf das hin, was dem Leben Inhalt gibt und eine zielgewisse Orientierung.

4.4 Kommunikation des Evangeliums

Für die ›Kommunikation des Evangeliums‹ als Theologe zuständig zu sein, heißt dafür Sorge zu tragen, dass die Bildung christlich-religiösen Selbstverständnisses in der Gesellschaft gefördert wird. Als religiöse Bildungsinstitutionen haben sich nicht nur der Religionsunterricht in der Schule, sondern ebenso die Kirchen zu begreifen – vorausgesetzt freilich, dass das kognitiv eng geführte Missverständnis von Bildung auszuschließen ist.

Die Theologie will zu einer den Menschen nachgehenden, sie aufsuchenden, ansprechenden, überzeugenden ›Kommunikation des Evangeliums‹ verhelfen. Das ist eine solche, die auf individuelle Bedürfnisse eingeht und unterschiedliche Lebenseinstellungen, -situationen und -geschichten zum Verständnis bringt. Es ist eine Kommunikation, die dem Zuhören entspringt und eine Dolmetschung der christlichen Sinneinstellung in eine Vielfalt anderer, differenter Sinnwelten betreibt.

Das Evangelium hat schließlich in der modernen Kultur nur dann die Chance, als Evangelium (befreiende Zusage) gehört zu werden, wenn sich die Auslegung der biblischen Überlieferung mit der Wahrnehmung und Interpretation der modernen Kultur, der Gefühle und Bedürftigkeiten, Lebensansichten und Einstellungen der Zeitgenossen verschränkt. Die biblische Hermeneutik muss mit einer Religions- und Kulturhermeneutik verknüpft werden. Letztere erst, die Wahrnehmung und Interpretation der modernen Kultur – wie sie sich in den alltagsweltlichen Lebensverhältnissen und vor allem in den Medien manifestiert – vermittelt Informationen darüber, in welchen symbolischen Welten und Lebensdeutungen sich die Menschen bewegen, an welchen Verhaltensregeln sie sich orientieren, welche Lebensformen sie praktizieren, welche Werte und Normen sie kommunizieren. Und nur wenn wir all das hermeneutisch durchdringen, können wir der biblischen Überlieferung einen gegenwartsrelevanten, religiös gehaltvollen Sinn abgewinnen.

Es war dies eben die große Leistung der Vertreter des Kulturprotestantismus seit der zweiten Hälfte des 18. Jahrhunderts, dass sie das Christentum offensiv in die moderne Kultur zu vermitteln versucht haben. Die neuprotestantischen Frömmigkeits- und Religionstheologien, von Schleiermacher bis zu Harnack und Troeltsch, haben bewirkt, dass Religion und Moderne nicht zu einander ausschließenden Gegensätzen wurden. Vertreter des Kulturprotestantismus haben die religiöse Individualitätskultur konstruktiv gefördert und mit dem Konzept einer »elastisch gemachten Volkskirche« (Troeltsch)[2] auch an die kirchlich-religiöse Kommunikation anzuschließen verstanden.

Auf dieser Linie muss die Theologie heute fortfahren, das religions- bzw. ideologiekritische Potential der ›Dialektischen Theologie‹ durchaus integrierend. ›Dialektik‹ hilft dazu, dass die ›Wahrheit des christlichen

2. Vgl. Ernst Troeltsch, Die Kirche im Leben der Gegenwart, in: ders.: Gesammelte Schriften II, Zur religiösen Lage, Religionsphilosophie und Ethik (Neudruck der 2. Aufl. 1922), Aalen 1962, 91-108, 104; Wilhelm Gräb, Liberale Theologie als Theorie volkskirchlichen Handelns, in: Friedrich Wilhelm Graf (Hg.), Liberale Theologie. Eine Ortbestimmung (Troeltsch-Studien Bd. 7), Gütersloh 1993, 127-148.

Glaubens‹ und die ›Sache‹ der Theologie, das ›Evangelium‹, nicht zu Größen hypostasiert werden, die den jeweiligen Kontexten und Vollzügen ihrer je subjektiven Aneignung enthoben sind. Wo dies passiert, droht schließlich immer das elende theologische Formelwesen. Dann erschließt der christliche Glaube sich nicht mehr in seiner Kultur- und Lebensbedeutung. Dann wird er zu einer bloßen Angelegenheit von Berufstheologen und den von diesen erzogenen Kerngemeinden. Der Kontakt zur gelebten Religion geht verloren. Die Stellung der Theologie an der Universität wird unterminiert. Es wird die für die Theologie ruinöse Entwicklung durch sie selbst beschleunigt, dass sie ihr Thema, die gelebte Religion, an die Religionssoziologie und die Kulturwissenschaften verliert.

Die Theologie muss ihr Thema, die christliche Religionskultur in Geschichte und Gegenwart, zurückgewinnen bzw. verteidigen. Sie darf sich nicht weiter in diejenigen biblischen bzw. dogmatischen Sachthemen versteigen, die außerhalb des Kreises der Berufstheologen auf keinerlei Resonanz stoßen. An der neuzeitlich-modernen Umformungskrise des Christentums muss weiter gearbeitet werden. D.h. es sind die Anstrengungen darauf zu konzentrieren, dass der ›Gott des Evangeliums‹ den religiös-lebensgeschichtlichen Sinndeutungsinteressen und den ethisch-moralischen Lebensorientierungsbedürftigkeiten heutiger Menschen aufgeschlossen wird.

Das sei hier im Blick auf das Zentrum christlicher Theologie in protestantischer Perspektive, die Rechtfertigungslehre, verdeutlicht.

4.5 Evangelische Rechtfertigungslehre: Protestantische Lebensdeutung

Die Rechtfertigungslehre stellt in der Sicht neuzeitlicher, die moderne Umformungskrise des Christentums reflektierender Theologie das Ganze der religiösen Praxis im Christentum auf die individuelle Subjektivität der Glaubenden. Damit beschreibt sie diejenige Formatierung gelebter Religion, mit der der Protestantismus das Christentum gewissermaßen aus den Kräften der Religion selbst zur Religion in der modernen Kultur gemacht hat. Der Protestantismus ist individualisierungstauglich und pluralismusförderlich, aus seiner Grundauffassung von christlichen Glauben heraus. Er kann die Entfaltung von Individualismus und Pluralismus in den modernen Kulturverhältnissen deshalb auch am ehesten religiös grundieren und ethisch orientieren. Er setzt sich jedenfalls alles andere als eine Erneuerung kirchlich dominierter Einheitskultur zum Ziel. Protestantisch sind eine Sinneinstellung und eine Lebensform außerdem dadurch, dass sie nicht mit dem Zugehörigkeitsverhältnis zur evangelischen Kirche zusammenfallen. Der Protestantismus lässt sich im Grund gar nicht auf Kirchengrenzen und konfessionelle Gegensätze im herkömmlichen Sinn verrechnen, sondern verlangt danach, als eine in die moderne Kultur konstruktiv integrierte Christentumspraxis begriffen zu werden.

Die Rechtfertigungslehre leistet die protestantische Profilierung im Gesamtverständnis der christlichen Religion dadurch, dass sie den religiösen Glauben in einer bestimmten Perspektive zum Verständnis bringt: Religiöser Glaube ist freier, aktiver Vollzug des Vertrauensverhältnisses zu Gott im ambivalenten, ›sündhaften‹ Leben. Die Rechtfertigungslehre spricht den modernen Menschen in seiner Autonomieanmutung an, im Bewusstsein seiner Freiheit. Sie gibt zu verstehen, dass sich diese Freiheit keineswegs von selbst versteht. Individuelle Freiheit muss in der Kraft des Jenseits, aus der selbstbewussten Gründung des Subjekts in der Gottesbeziehung, vollzogen werden. Das geschieht immer im Zweideutigen und Fragmentarischen des endlichen Daseins. Der christliche Glaube ist geradezu die Fähigkeit, das Fragmentarische und Zweideutige, Ruinöse und Desaströse in den Selbst- und Weltverhältnissen zu sehen (›Sünde‹) und in der Perspektive des Evangeliums, der Vergebung, der Durchbrechung von Unheilszusammenhängen auszuhalten, manchmal auch verändern und bewältigen zu können. Der gerechtfertigte Sünder, der gerecht ist und Sünder ›zugleich‹, kann mit den Ambivalenzen und Zweideutigkeiten, mit dem Unvollkommenen, leben. Er muss den fragmentarischen Charakter seiner personalen Identität, das Leiden, das Unrecht, das Böse, das geschieht, nicht überspielen oder verdrängen. Er kann das Nächstgelegene tun, das der Gerechtigkeit dient, weil er seine Lebenskraft und seine Lebensgewissheit nicht aus den eigenen Werken, sondern aus Gott gewinnt, auf den er sein Vertrauen gründet.

So stellt evangelischer Glaube eine bestimmte Formung der Religionsauffassung und Religionspraxis des Christentums dar. Es gibt andere konfessionelle Perspektiven. Es gibt die anderen Religionen, Hoch- und Flachreligionen. Theologie kann zwar immer nur eine solche in konfessioneller Perspektive sein, ist insofern immer ›positionelle‹ Theologie. Aber sie muss die eigene Position im Gespräch mit anderen profilieren, muss als Theologie Hermeneutik der christlichen Religion sein, ihrer biblischen Grundlagen, des individuellen Glaubens, der Kirche und ihrer Geschichte, dann auch – auf der Basis der christlichen bzw. protestantischen Position, Hermeneutik anderer großer Religionen, aber auch der populären oder weniger populären Synkretismen der religiös grundierten Alltagskultur.

Religiöse Symbole sind in der modernen Kultur hochgradig ambivalent, wie die Auseinandersetzungen um das Kopftuch oder das Kreuz im öffentlichen Raum zeigen. Solche Konflikte machen aber auch in besonderer Weise deutlich, dass angesichts zunehmend multikultureller und multireligiöser Verhältnisse professionelle theologische Klärungen strittiger religiöser Fragen den dringend erforderlichen rechtlichen und politischen Regelungen zugute kommen könnten. Außerdem ist der gesellschaftliche Bedarf an professioneller Theologie in den vielfältigen aktuellen Ethikdebatten evident. Auch hier freilich müsste sich die Theologie in größerer Unabhängigkeit von den Kirchen mit eigenen, vielfältigen Stimmen zu Wort melden.

Immer noch zeigen vor allem die großen Konfessionsdifferenzen unterschiedliche Konzeptionen des Christentums. Es kann nicht darum gehen, sie überwinden zu wollen. Sie können sich vielmehr wechselseitig ergänzen und bereichern. Es verlieren die kontroverstheologischen Fragen jedenfalls ihre Feindseligkeit. Und in kirchenpraktischer Hinsicht findet sich die Ökumene dem Zwang entnommen, sichtbare kirchliche Einheit herstellen zu müssen. Stattdessen können die voneinander verschiedenen Kirchen zu dem Selbstbewusstsein finden, dass sie differente Typen religiöser Gestaltung realisieren, kulturelle Symbolisierungen der christlichen Religion, die gerade aufgrund ihrer Verschiedenheit sich konstruktiv zueinander verhalten. Die konfessionellen Differenzen realisieren eine Pluralität im Christentum, die kein Schade ist, sondern – nicht nur aus Gründen der Konkurrenz, sondern auch zur Vermeidung von theologischen und religionspraktischen Einseitigkeiten – den Kirchen Gewinn bringen kann und insofern auszubauen wäre.

Mit der Rechtfertigungslehre kommt die christlich-religiöse Lebensdeutung in ihrer evangelischen Perspektive zur Darstellung. Nach ihr geschieht das ›Heil‹ dort, wo das Wort von Gott Glauben findet. Der Glaube wird am Ort des individuellen Subjekts als ein Akt grundlegenden Vertrauens vollzogen. Er hat den Charakter einer Evidenzerfahrung. Er geschieht innen, im Herz und Gewissen – des Sünders. Der Sünder findet, weil er sich von Gott zugleich aus reiner Gnade angenommen weiß, inmitten einer zerrissenen Welt und im Bewusstsein des eigenen, zutiefst beschädigten Lebens zu einer kontrafaktischen Sinngewissheit. Der gerechtfertigte Sünder gelangt nicht durch sein eigenes gutes Tun, nicht durch sein Streben nach dem Vollkommenen, sondern aus der Kraft des Jenseits, durch Gott, zu einem neuen Selbstverhältnis. Das in Gott gegründete Selbstbewusstsein lässt ihn die Anforderungen des ambivalenten Diesseits, des endlichen Daseins, allen inneren und äußeren Widerständen zum Trotz annehmen und ohne totalitären Allmachtswahn doch zielorientiert bewältigen.

Es ist offenkundig, dass wir uns in unserer Lebensführung unablässig einer ungeheuren Bewährungsdynamik ausgesetzt sehen. Der Erwartungsdruck und die Rechtfertigungszwänge sind oft ungeheuer. Wo wir die Erwartungen erfüllen und den geforderten Leistungen gerecht werden, wird uns Anerkennung zuteil. Wo wir versagen oder scheitern, Anerkennung verweigert wird, sehen wir uns in unserem Selbstwert beschädigt, droht manchmal auch der soziale Absturz.

›Rechtfertigung‹ kommt in der Umgangssprache mit der Rede vom Sich-Rechtfertigen vor. Man muss sich rechtfertigen, wenn etwas schief gegangen ist und der Verdacht besteht, man könne daran schuld sein. Wo man sich rechtfertigen muss, gilt es, Schuldzuweisungen abzuwehren. Es geht um Selbstbehauptung.

Die Lehrgestalt, die der evangelische Rechtfertigungsglaube im 16. Jahrhundert erhalten hat, erschließt sich heute auf direktem Wege nicht mehr. Die Vorstellung von Gott als dem Richter, von einem Endgericht, in dem sich entscheidet, ob wir in den Himmel oder in die Hölle kommen, ist kaum noch präsent. Deshalb hat die Botschaft, dass Gott Liebe ist und dem Sünder, der die ewigen Höllenstrafen verdient hat, aus reiner Gnade vergibt, unmittelbar auch keine befreiende und heilende Kraft. Wo keine Furcht ist vor einem zornigen Richtergott, dort ist auch kein Aufatmen angesichts der Botschaft, dass Gott vergibt, dort ist kein Verlangen nach den Gnadengaben der Kirche, dort ist kein Verständnis für das ›Heil‹, das schon im Glauben an das Evangelium liegt.

Die Umgangssprache enthält jedoch den Hinweis darauf, wo die evangelische Rechtfertigungslehre ihren neuen Sitz im Leben hat. Der gesellschaftlich dominante Zwang zur Selbstrechtfertigung und Selbstbehauptung zeigt ihre Aktualität. Jede und jeder erfährt nahezu täglich, wie schwierig es ist, angesichts der Vielfalt oft unvereinbarer Rollen, die wir einnehmen müssen, in Freiheit zu sich selbst zu stehen, eine persönliche Identität auszubilden. Und zudem gilt, dass nur derjenige etwas wert ist, der auch etwas leistet. Dieses Leistungsbewusstsein haben wir zutiefst verinnerlicht. Die Rechtfertigungslehre lässt jedoch eine andere Stimme in uns zu Wort kommen. Ihr Plädoyer lautet nicht schlicht auf Freispruch. Damit könnte sie sich kein Gehör verschaffen, weil die Verhältnisse im wirklichen Leben nicht so sind. Wir müssen viel leisten und uns bewähren.

Die Zusage der Rechtfertigung – allein aus Gnade – führt jedoch vor die grundlegende Unterscheidung der Person von ihren Funktionen, Rollen und Leistungen. Sie rückt einen frei geschenkten Mehrwert in den

Horizont der Selbstbeurteilung: Meine Identität ist nicht die Summe der gesellschaftlichen Funktionszuschreibungen und der von mir erfüllten Leistungen. Meine Identität bzw. der Wert meines Lebens, sein Inhalt, wächst mir aus der Kraft des Jenseits der Gesellschaft zu, von woher ich komme und worauf ich zugehe, aus Gott.

In der modernen Kultur ist die evangelische Rechtfertigungslehre mit der befreienden Zusage, die sie impliziert, auf diese existentiellen Sinnfragen zu beziehen. Es sind die Fragen nach dem Gewinn persönlicher Identität, nach dem Wert des Lebens, nach einem in Freiheit – und nicht unter dem Zwang der Verhältnisse – vollzogenen, sinnbewussten und zielorientierten Lebensentwurf. Rechtfertigungszwänge bestimmen das öffentliche und das private Leben. Die Sehnsucht nach einem Selbstseinkönnen in Freiheit ist groß. An der ›Sache‹ der Theologie, die die ›Kommunikation des Evangeliums‹ ist, liegt es nicht, dass die gesellschaftliche Relevanz der Theologie heute vielfach nicht mehr einsichtig ist und ihr Ort an den Universitäten bestritten wird. Die Theologie muss ihre ›Sache‹ nur vom Menschen und den kulturellen Gegenwartsverhältnissen her verständlich machen. Dann zeigt sich ihre aktuelle Relevanz. Die evangelische Rechtfertigungslehre, die sagt, dass Gott den Sünder (im Gericht) nicht zum Tod verurteilt, sondern ihm aus freier Gnade das (ewige) Leben schenkt, nicht weil er es verdient hätte, sondern um Christi willen, aus unergründlicher Liebe, kann neu verstanden werden – als lebensdienliches Sinnangebot ans menschliche Selbstverhältnis und Selbstverständnis. Dann stößt die von der Theologie zeitgemäß formulierte evangelische Rechtfertigungslehre ein neues Denken an. Dann führt sie zu einer religiösen Rede, die die religiöse Sehnsucht der Menschen aufnimmt. Diese Sehnsucht geht dahin, eine Vorstellung vom Sinnganzen einer Wirklichkeit zu haben, in der Menschen sich in ihrer personalen Identität anerkannt finden und sie die Zwecke ihres eigenen, individuellen Daseins erkennen.

Da ist eine unbedingt gute Vorgabe, sagt diese religiöse Rede. Nenne sie Gott, Liebe, Geschenk des Daseins. Sein Leben von einer unbedingt guten Vorgabe her zu verstehen, heißt christlich Glauben. Wer akzeptiert, dass das Wichtigste im Leben, dieses selbst, sich nicht dem eigenen Tun und Leisten verdankt, der kann gelassener werden, größere Zuversicht gewinnen zu sich selbst, dem eigenen Tun, den Zwecken seines Lebens gegenüber.

Die Suche nach erfülltem Leben, nach Anerkennung, jenseits von Leistung und Arbeit, zeigt sich heute zumeist in den Fluchten aus dem Alltag: Hinein in die Erlebnisbäder und Freizeitparks, in die Diskos, ins

Kino der großen Gefühle und auf die Inseln des Urlaubsglücks. Die Anforderungen, denen die Einzelnen sich gegenüber sehen, sind groß. Groß ist in der Regel ebenso die Bereitschaft, sie zu erfüllen. Aber man möchte dann gewissermaßen die Gegenleistung: ein schönes Leben. Auch hinter der Lifestyle- und Cliquenkultur verbirgt sich die Suche nach Sinn, nach Zugehörigkeit, tiefer Verbundenheit, nach Anerkennung, nach der Erfahrung vom Wert des eigenen Lebens – jenseits von Leistung und Arbeit.

Die Lehre von der Rechtfertigung allein aus Glauben formuliert somit eine heute sehr attraktive Lebensdeutung. Sie formuliert die Auffassung, dass die Würde eines Menschen, der Grund dafür, dass er Anerkennung, Wertschätzung und Liebe verdient, nicht in dem besteht, was er hat, was er kann und leistet, sondern in dem, dass er ist. Der christliche Glaube ist diese bestimmte, sich nicht im Machen und Haben, sondern im Sein und Lassen bewegende Lebensdeutung.

Es bleibt die zentrale Aufgabe der Theologie, die kirchliche Praxis dazu zu befähigen, dass sie diese christliche Lebensdeutung, das Evangelium, kommuniziert. Die Theologie ist dabei an die biblischen Überlieferungen gewiesen, ist biblische Hermeneutik. Sie muss aber auch verfolgen, wie religiös ansprechende Sinnangebote in den Unterhaltungsmedien und der populären Kultur insgesamt aufgebaut und transportiert werden. Sie ist daher ebenso auch gegenwartsorientierte Religionshermeneutik. Wir begegnen in der modernen Kultur einer Pluralität religionsproduktiver Kräfte, die dem Verlangen der Menschen nach einer Bedeutungsanreicherung und Bedeutungsvergewisserung ihres Daseins entgegenkommen – aber nicht alle erweisen sich als lebensdienlich.

Christlicher Glaube führt in die perspektivische Lebensform der Freiheit. Im Zeichen des Kreuzes, auf das er schaut, hat er auch das Leiden der Kreatur, die Unbegreiflichkeit des Bösen, die Absurdität von Krankheit und Sterben in sich aufgenommen. Wer glaubt, verhält sich deutend auch noch zu den Sinnabgründen, zu dem, was sich in die Erfahrungen des Glücks, des Gelingens, der Stimmigkeit, nicht fügen will. Das sieht der Glaubende am Kreuz: Unverbrüchliches Gehaltensein auch an den Abgründen, auch in Tod und Sterben, auch in der Erfahrung der Gottverlassenheit, auch in der Verhältnislosigkeit desolater Zustände.

So lebt der christliche Glaube – theologisch recht verstanden – als Rechtfertigungsglaube. Er deutet das Leben aus dem ihm unverfügbaren Grund. Ihm ist letztlich alles Gnade. Er gibt die Kraft zu großer Gelassenheit, wie auch zur zielgewissen Orientierung eines Lebens im Bewusstsein der Freiheit.

II: Von der Ästhetik zur Kunst gottesdienstlicher Inszenierung

5. Lebenskulturen von Selbstdeutungen: Religion und Kunst

5.1 Die Kunst und die Transformation der Religion in der Moderne

In der modernen Kultur hat sich auch die Kunst weithin von der Kirche gelöst. Sie hat aber ebenfalls nicht die Dimension des Religiösen verloren. Es ist vielmehr in besonderer Weise gerade die Kunst, mit der die Religion in der modernen Kultur zur Präsenz gelangt. Die moderne Kunst gilt zwar nicht mehr als das sinnliche Erscheinen des Absoluten. Schon gar nicht bindet sie sich an die Vorstellungen, die das Christentum sich von der Gottesoffenbarung macht. Dennoch ist es auch in der modernen Kultur der Kunst eigentümlich geblieben, jene ausgezeichnete Form der Bildung von Kultur zu sein, mit der sich Sinn in sinnliche Ausdruckszeichen verwandelt. Die Kunst tut dies auch heute noch so, dass sie dabei Hinweise gibt auf jene Dimension des Unbedingten, die sie erfahrbar macht und die sie deutend erschließt, über die sie aber nicht verfügen kann. Die Kunst der Moderne wird zur Ausdruckskultur eines menschlichen Lebens, das sich im Dunkel eines Grundes aufkommen sieht, aus dem heraus es – vermittelt über resonanzfähige Weltgehalte, wie sie die Kunst schafft – zu einem wissenden Selbstverhältnis und in eine sinnorientierte Lebensführung findet.[1]

1. Dieter Henrich hat in seinen Ausführungen zum Verhältnis von Subjektivität und Kunst eben diesen inneren Zusammenhang durchsichtig gemacht, mit dem die Kunst durch ihre Werke Weltgehalte hervorbringt, aus denen uns zugleich immer auch etwas über die eigene Stellung in der Welt aufgeht, die deshalb uns ansprechen, Resonanz finden. Kunstwerke erschließen uns Sinnbezüge, die das eigene Selbstverhältnis und die Lebensführung betreffen und die uns ohne sie so nicht zugänglich geworden wären. Die Dunkelheit, die unserer Weltstellung deshalb innewohnt, weil wir den Grund des Verhältnisses, das wir zu uns selbst haben, nicht wissend vor uns bringen können, uns vielmehr passiv in ihn eingesetzt finden, lichtet sich hin und wieder in eben den Welterfahrungen, die uns Kunstwerke ermöglichen. Es werden hier die Überlegungen aufgenommen, die Dieter Henrich ausgeführt hat, in: Versuch über Kunst und Leben. Subjektivität – Weltverstehen – Kunst, München/Wien 2001. Herangezogen werden ebenfalls die für die Religionsthematik zentralen Beiträge Dieter Henrichs in: Fluchtlinien. Philosophische Essays, Frankfurt a. M. 1982; Bewusstes Leben. Untersuchungen zum Verhältnis von Subjektivität und Metaphysik, Stuttgart 1999.

Die Kunst der Moderne konnte gewissermaßen aus der Kraft des Ästhetischen eine religiöse Aufladung erfahren, wie sie der Kunst zuvor durch den religiösen Kult, die Kirche und ihre Symbole zuteil geworden war. So wird freilich auch die Kunst in der modernen Kultur immer wieder gewissermaßen selbst zum Kult, da sie die Menschen, die ihr Leben in den alten, kirchlichen Glaubenswahrheiten nicht mehr aufgeschlossen finden, erneut in ein intensiveres Selbst- und Welterleben, in Gefühle der Lust und Unlust und – mit ihnen verbunden – auch in tiefere Selbst- und Weltdeutungen zu führen vermag.

Seit dem späten 18. und frühen 19. Jahrhundert entwickelte sich der Geniekult und mit ihm die Liebe zu den Werken der Kunst. Man bewundert die Kunstwerke als Epiphanien der Einsicht in die wahre Wirklichkeit. Künstler werden als charismatische Persönlichkeiten angesehen. Sie ziehen mit ihren Werken mehr und mehr die Erwartung auf sich, dass sie Einblick gewähren in andere, dem Alltäglichen enthobene Wirklichkeiten. Künstler, denken wir nur an Joseph Beuys, werden schließlich sogar zu Schamanen und Ritenerfindern. Auf dem Wege der Teilhabe an den Inszenierungen und Performances der Künstler sollen die Zuschauer in Transformationserfahrungen, in immanente Transzendenzen, in andere Konstellationen ihres Wirklichkeitsverhältnisses geraten. Sie werden durch die Begegnung mit Kunst zugleich mit dem Anderen zur alltäglichen Wirklichkeit konfrontiert und gewinnen gerade so einen distanzierten, verfremdenden Blick auf die alltägliche Wirklichkeit. Die Kunst macht heute den Anspruch, in Verstörungen zu führen und dadurch ihre Betrachter auf sich selbst und die Frage nach ihrer Stellung in der Welt zurück zu werfen. In der Begegnung mit Kunst können Menschen sowohl zu Subjekten intensiveren Erlebens wie auch der bewussten Gestaltung und Deutung ihres Lebens werden.

Wo Kunst zum Kult wird, tritt zudem auch außerhalb der Kirchen, an den Orten der Inszenierung von Kunst, in den Museen, Theatern und Kinos die Nähe von Kunst und Religion hervor. Es lässt diese Entwicklung aber auch die für die moderne Kultur insgesamt kennzeichnende Transformation der Religion ins Religiöse erkennen. Mit der Kunst, die aus der Kirche auswandert, geht die Umformung des traditionellen, dogmatisch gefügten Symbolsystems der christlichen Religion in sehr viel deutungsoffenere Sinnformen hervor, die inhaltlich unbestimmter auf Transzendenz verweisen und subtilere religiöse Sprachen sprechen.

Die Werke der Kunst verschaffen Erlebnisse, evozieren Gefühle, machen betroffen, ohne dass der feststellende und objektivierende Begriff zur Verfügung steht. So wird Kunsterfahrung zur gesteigerten ästhetischen Erfahrung. Als gesteigerte ästhetische Erfahrung regt die Begegnung mit Kunst aber auch zu religiösen Deutungen an und fordert zu ihnen heraus. Diese Deutungen spannen sich zwischen dem Gegenstand der Erfahrung, dem Kunstereignis, und dem subjektiven Erleben, das es auslöst, auf. Die religiösen Deutungen bzw. Deutungsversuche entspringen gewissermaßen der Widerspannung, die zwischen der Intensität des Gefühlserlebens, der Qualifizierung des Selbstgefühls und der Unbestimmbarkeit seines objektiven Gehaltes entsteht. Die Deutungen gehen im Grunde aus der, wiewohl objektiv veranlassten, so doch bloß subjektiven Ummittelbarkeit des Gefühls hervor und sind so mit dem individuellen Erleben selbst schon verbunden bzw. kommen in diesem auf. Deshalb sind diese Deutungen vom individuellen Subjekt selbst zu vollziehen. Kunst eröffnet – auf dem Wege der durch sie ausgelösten ästhetischen Erfahrung – religiöse Deutungsräume.

Da die religiöse Deutung zwischen dem Kunstereignis und dem von ihm hervorgerufenen subjektiven Gefühlserleben spielt, ist sie eine individuelle Deutung, die zugleich beansprucht, von allgemeiner Geltung zu sein. In dieser Absicht artikuliert sie sich. Was die religiöse Deutung durch Kunst zum Ausdruck bringt und so dann auch zu beschreiben versucht, ist zugleich frei davon, auf andere Weltbestände verweisen zu müssen. Kunstwerke bzw. Kunstereignisse stehen in der ästhetischen Erfahrung für die Wirklichkeit, die sie selber sind. So provozieren sie das individuelle Subjekt, das die Erfahrung macht, zu einer unabschließbaren Suche nach der Deutung der Sinnverweise. Die Welten, die Kunstwerke eröffnen, erschließen sich im Entwurf, der sie realisiert. So treten dem individuellen Kunsterleben immer auch Weltgehalte entgegen, die in der Funktion des Bedeutens, bzw. in der Provokation von an sich selbst unabschließbaren Selbstdeutungsprozessen gleichsam aufgehen, also gar nichts objektiv darstellen, sondern nur die Konzeptionalisierung einer vom Subjekt selbst zu realisierenden Idee sind.

Die Welt der Kunst hat in der modernen Kultur eine ungeheure Vielfalt von Symbolwelten aufgebaut, in denen die Menschen sich auf mögliche Selbst- und Weltdeutungen angesprochen finden. Die Individuen sind in der Position, sich nach Maßgabe ihres individuellen Erlebens in eigener Wahl zu diesen Deutungen verhalten, sie abweisen oder subjektiv anverwandeln zu können. Auch der religiöse Gehalt von Kunstwerken bzw. Kunstereignissen liegt nicht objektiv vor, sondern entsteht immer erst am Ort des Subjekts, das sich selbst in seinen ästhetischen Erfahrungen auslegt, bzw. in einer individuierten Sinngestalt ein Sinnganzes zu erfassen vermag. Dass Kunst solche Sinnerfahrung auslösen kann, liegt wiederum an der Struktur endlicher, humaner Subjektivität. Das Kunstwerk vermittelt existentiell relevante Sinnbezüge, wenn das mit ihm konfrontierte Subjekt dessen gewahr ist, dass es mit ihm einen Zuwachs an Orientierung über die eigene Weltstellung, über den Gang des Lebens und das Projekt seiner Gestaltung gewinnt.

Die Selbstdeutung, die menschliches Leben eben deshalb gewinnen muss, weil es im unmittelbaren, aber in seinem Grunde dunklen Selbstverhältnis steht, muss zugleich auch auf die Welt bezogen bleiben und diese in die Deutung, die es sich selbst gibt, einbegriffen halten. Es zielt diese Selbstdeutung ja immer schon auf ein Sinnganzes, in das wir unser Leben einbringen können, auch wenn uns dieses Sinnganze in den Alltäglichkeiten des Lebens im Hintergrund bleibt. Um in solche ein Sinnganzes erschließende Selbstdeutungen auf gehaltvolle Weise hineinzufinden, sehen wir uns seit jeher deshalb auf eben die symbolischen Formen verwiesen, die Religion und Kunst hervorbringen. In der modernen Kultur ist es für viele freilich nicht mehr die Symbolwelt der überlieferten Religion, nicht mehr die Kirche, sondern sehr viel eher die Kunst mit ihren Orten, an denen bewegende Erfahrungen der Selbst- und Welterschließung gemacht werden können. Dort werden Weltgehalte gefunden, die zugleich in die eigene Weltstellung einweisen bzw. nach ihr fragen lassen. Es sind die ungeheuer vielfältigen, ebenso disparaten wie fragmentarischen, immer wieder neue Weltsichten eröffnenden individuierten Sinnformen der Kunst bzw. der ästhetischen Kultur überhaupt, die heute viele Menschen in tiefere ästhetisch-religiöse Erfahrungen führen. Sie schließen dann eine ganze Welt so auf, dass Menschen sich zugleich über sich selbst und ihre Weltstellung auf emotional tief greifende Weise neu ins Licht gesetzt finden.

Das hat, wie bereits erwähnt, insbesondere Dieter Henrich mit seinem »Versuch über Kunst und Leben« herausgearbeitet. Die These, die er entwickelt, ist die, dass im Unterschied zur alltäglichen Erfahrungswelt die Kunst eine »Integrationswelt« eröffnet.[2] Die Kunst gehört so in die Deutungsbewegung des menschlichen Lebens, dass sie Weltgehalte hervorbringt, die uns zugleich zu jenen Selbstdeutungen provozieren, die Licht in das Dunkel bringen, das unserem Selbstverhältnis im Grunde seines Ursprungs innewohnt. Wir finden in der Kunst eine Welt, deren Erleben Resonanzen in uns hervorruft, Gefühlsresonanzen, die uns selbst als zu dieser Welt gehörig erfahren lassen. In Kunstobjekten und Kunstereignissen erleben wir die Welt als eine solche, die uns als Bedeutsame anspricht,

2. Dieter Henrich, Versuch über Kunst und Leben, a.a.O., 13-48.

die uns etwas sagen will. Kunst kann uns somit auch etwas von der Bewandtnis zeigen, die es mit uns selbst im Gang unseres Lebens auf sich hat oder haben könnte. In der Begegnung mit Kunst können wir unser Leben als ein solches verstehen lernen, das wir selbst gestalten, dem wir selbst eine Form geben können und müssen. Wir erfahren das Stimmige wie ebenso all das, was fehlt zum Gelingen. Wenn auch verhalten, weist Dieter Henrich in diesem Zusammenhang darauf hin, dass die Kunstproduktion und Kunstrezeption angesichts des Zerfalls der religiösen Symbolsysteme möglicherweise etwas von der sinnorientierenden, das Leben formenden Kraft der Religionen übernommen hat – obwohl natürlich die moderne Kunsterfahrung längst nicht eine solche in der Tiefe das Leben prägende Macht gewinnen kann, wie sie von den traditionellen Religionen ausging.[3]

Auch die traditionellen Religionskulturen sind Deutungssysteme. Und sie führen mit ihren Ritualen und Liturgien zugleich in ästhetische Erfahrungen, in denen sich der abgründige Zusammenhang von Erleben und Deuten aufbauen kann. Die religiösen Symbole deuten die Welt und unser menschliches Leben in ihr. Sie deuten unsere Wirklichkeitserfahrungen, die alltäglichen wie diejenigen, die uns an Grenzen führen. Sie sind auf diejenigen Fragen menschlichen Daseins bezogen, die auch nach der Aufklärung dort entstehen, wo wir vor die Frage nach dem Sinn-Ganzen unseres Lebens geraten und uns zugleich aufgeht, dass wir des Insgesamt der Bedingungen unseres Daseins nicht mächtig sind. Die Religion deutet Lebenserfahrungen im Abgründigen dessen, was über sie hinaus ist, sie aber gleichwohl im Ganzen bestimmt. Sie deutet unser Leben im Bezug auf ihre Sinngründe und Sinnabgründe, die ja nicht vor Augen liegen, nicht gewusst, sondern nur geglaubt, gefürchtet, erahnt und erhofft werden können. Sie bringt das Jenseits der Grenzen unserer Erfahrung in Vorstellungen von einer göttlichen Wirklichkeit und weiß von deren offenbarendem und wirksamen Handeln zu sagen. Sie deutet z. B. Geborenwerden als göttliches Geschenk des Lebens, den wirtschaftlichen Erfolg als Zeichen göttlichen Segens, die Erfahrung unabänderlichen Leids als Gottes Prüfung, das Sterben als Befreiung aus dem irdischen Jammertal und Eingang in ein neues Leben. Religion ist die immer von einem tieferen Erleben provozierte Deutung von Erfahrung im Horizont der Idee eines Unbedingten.[4] Mit dem Bezug auf die Dimension

3. A. a. O.
4. Vgl. zu dieser Religionsdefinition Ulrich Barth, Was ist Religion? Sinndeutung zwischen Erfahrung und Letztbegründung, in: ders., Religion in der Moderne, Tübingen 2003, 3-27; dann auch ders. Religion und ästhetische

des Unbedingten und durch ihre symbolischen Formen macht die Religion das im Kontext endlicher Erfahrung Unbestimmbare mit ihren Metaphern und Symbolen doch artikulationsfähig. Sie interpretiert den unbestimmbaren Gang eines jeden individuellen Lebens von einem letzten, alles umgreifenden Sinnzusammenhang her.

Die traditionelle, kirchliche Religionskultur eröffnet für viele Menschen auch heute religiöse Erlebnis- und Deutungsräume, in denen sie sich über den Sinn ihres Daseins und die Bestimmung ihres Lebensganges gewiss werden können. Die kirchlichen Räume und Liturgien stehen für eine humane Kultur des Verhaltens zum Unverfügbaren. Sie haben das seit jeher mit der Aufführung und Darstellung sinnlicher Zeichen, Bilder und Symbole getan. Diese verweisen mit den Mitteln der Immanenz auf Transzendenz, machen den unsichtbaren Gott auf vermittelte Weise sichtbar, bringen das Absolute zur Erscheinung.

Das konnte und kann die traditionelle Religionskultur nie ohne die Kunst tun. Bis hinein in die frühe Neuzeit lebte die Kunst zugleich von metaphysischen Grundannahmen. Dem Kunstwerk wurde die Potenz zugetraut, das sinnliche Erscheinen der unsichtbaren Gottheit zu sein, Medium der Offenbarung, sinnliche Abbildung ideeller Urbilder. Bis dann das neuzeitliche Denken die Wende zum humanen Subjekt vollzog, galt das Kunstwerk in seiner Schönheit als eine ausgezeichnete Form der sinnlichen Repräsentation und Entbergung der metaphysischen Wahrheit. Mit der neuzeitlichen Wende zum Subjekt rückte die menschliche Erfahrung jedoch ins Zentrum der Auffassung von der Religion. Religion wurde aus ihrem Erfahrungsbezug heraus in den Blick genommen, als Bewältigung von Endlichkeits-, Kontingenz- und Transzendenzerfahrungen. Ebenso wurde auch die Kunst als Ausdruck menschlicher Erfahrung bzw. der Gefühle, die tief greifende Erfahrungen im Subjekt auslösen, verstanden. Kunst, so konnte dann Schleiermacher sagen, verhält sich zur Religion wie die Sprache zum Wissen. Sie ist die Weise der sinnlichen Darstellung und Mitteilung nicht des Absoluten, sondern des menschlichen Verhältnisses zu ihm, seiner Repräsentation in der Unmittelbarkeit des Gefühls, Darstellung und Mitteilung des religiösen Bewusstseins, der Gründung des individuellen Selbst im Unbedingten.[5]

Erfahrung, in: Klaus-M. Kodalle/Anne M. Steinmeier (Hg.), Subjektiver Geist. Reflexion und Erfahrung im Glauben, Würzburg 2002, 103-126.

5. Vgl. Friedrich D. E. Schleiermacher, Ethik 1812/13, in: ders., Werke. – Auswahl in vier Bänden, hg. v. Otto Braun u. Johannes Bauer, Neudruck der 2. Aufl. 1927, Aalen 1967, Bd. 2. Dort heißt es: Es »verhält sich Kunst zur Religion wie Sprache zum Wissen« (315).

Mit der Wende zum Subjekt und seiner Erfahrung geriet die Religion zudem auf den Weg der Verflüssigung ins Religiöse. Sie wurde zu einer Angelegenheit der Individuen, ihrer individuellen Erlebniswelten und ihres Gefühlsbewusstseins. Auch dies trug dazu bei, dass die ästhetische Erfahrung zur formierenden Kraft in den Kulturen des Religiösen wurde. Die Kulturen des Religiösen verlagerten sich auf Orte der Pflege von Gefühlsbindungen und zogen ihre Kreise weit über die traditionellen religiösen Institutionen hinaus, zu vielfältigen Orten des Ästhetisch-Kulturellen, in die Museen, Theater und Kinos.

Ebenso verlor in der modernen Kultur aber auch die Kunst ihren quasi objektiven Charakter im großen Meisterwerk. Sie geriet gleichermaßen in die Abhängigkeit von dem Erleben und den Deutungen subjektiver ästhetischer Erfahrung. Auch die Bilder in der Kirche verloren ihren quasi sakramentalen Status. Sie hatten nicht mehr per se an der göttlichen Wirklichkeit teil. Sie bekamen moralische und didaktische Funktionen, wurden in ihrer Wirkung schließlich abhängig von der ästhetischen Erfahrung, die mit ihnen gemacht werden kann. Kunst, auch in der Kirche, gewann den Charakter, Symbolisierung ästhetisch-religiöser Erfahrung zu sein.

In dieser Umformung braucht die Religion die Kunst freilich auch in der modernen Kultur. Aber sie ist nicht mehr die sinnliche Erscheinung des Absoluten, die Sichtbarmachung des unsichtbaren Gottes, sondern die Form der Artikulation der Erfahrung, die sie darstellt und machen lässt. Religion in der Moderne ist Erfahrungsreligion. Als solche sind ihr die ästhetischen Momente des sinnlichen Erlebens und seiner unmittelbar deutenden Erfassung konstitutiv eingeschrieben. Und der Kunstbegriff weitet sich zugleich auf all diejenigen intentional geformten Weltgehalte aus, die solches Erleben in Verbindung mit seiner Deutung auszulösen vermögen.

In den Kontext dieses erweiterten Kunstbegriffs ist die Religion gewissermaßen einbezogen. Deshalb kann die Religion in der modernen Kultur immer auch durch die Kunst ersetzt und abgelöst werden. Sofern sogar die Bilder und symbolischen Formen der traditionellen kirchlichen Religionskultur nicht mehr per se Repräsentationen des Heiligen sind, sondern Ausdrucksformen menschlicher Erfahrung in der Begegnung mit dem Heiligen, geraten auch sie in nahezu ausschließliche Abhängigkeit von ihren ästhetischen Anmutungsqualitäten und religiösen Deutungspotentialen. Es kann außerdem sein, dass die in der traditionellen Religionskultur beheimateten Rituale und Symbole die Kraft verlieren, ästhetisch-religiöse Erfahrungen auszulösen, dass sie in kein tieferes Erleben mehr führen und den Sinn gar nicht mehr bedeuten, den sie für die menschliche Lebensführung einmal gehabt haben. Das ist in der modernen Kultur mit der traditionellen Religion, ihren Symbolsystemen und Bildwelten in nicht unerheblichem Maße in der Tat geschehen. Zugleich hat sich eben jene moderne Mentalität durchgesetzt, wonach das eigene Erleben gerade gesucht und der Sinn nur dort erkannt und angeeignet wird, wo er sich dem Subjekt im Erleben und eigenen, emphatischen Dabeisein auch selbst erschließt. Davon profitieren zahlreiche neue religiöse Bewegungen, die auf Emotion, Gefühl, Ästhetik und den Event setzen. So zeigt sich heute überhaupt die individuelle Religiosität als ästhetische Suchbewegung, vagabundierend, touristisch. Die Frage ist dann freilich auch, wie sie unter solchen Bedingungen noch im Unbedingten verankerte Lebenseinstellungen nachhaltig formen, also wirklich Religion, Rückbindung ins Unbedingte sein kann.

An die Stelle des Erscheinens des Absoluten am heiligen Ort und im heiligen Bild tritt in der modernen Kultur jedenfalls die Unbedingtheitsdimension in der individuellen ästhetischen Erfahrung, das Verlangen nach tiefen Gefühlen, nach persönlicher Ansprache. Somit liegt nun der religiöse Gehalt in den Resonanzen im Subjekt, die die ästhetische Erfahrung auslöst. In den Resonanzen im Subjekt, in der Unbedingtheit des Sich-Angesprochenfindens, im Gefühl, ganz persönlich gemeint zu sein, entwickeln sich nun die eigentlichen religiösen Erfahrungsmomente.[6]

Die Religion formt sich gewissermaßen um zum konstitutiven Moment der Deutung der durch Kunstobjekte, ekstatische Rituale oder kulturelle Events provozierten, den Einzelnen unbedingt angehenden, ästhetischen Erfahrung. Die Religion wird im Grunde ja auch schon seit dem späten 18. Jahrhundert immer wieder in ästhetischen Kategorien beschrieben. Schleiermacher explizierte in seiner Kulturphilosophie die Kunst nicht nur als eine Ausdrucksgestalt der Religion, sondern fasste sie mit dieser im Begriff des individuellen, symbolisierenden Handelns zusammen. Religion wird von ihm als kulturelle Praxis der Deutung von Unbedingtheitserfahrungen beschrieben. Sie setzt ein Beteiligtsein des Subjekts im leibhaft-sinnlichen Erleben voraus und findet auf dem Wege künstlerischen bzw. sinnlich gestalteten Ausdruck ihre Form und Sprache. Im künstlerischen Ausdruck vollzieht sich dann die paradoxe

6. Vgl. Wilhelm Gräb, Kunst und Religion in der Moderne. Thesen zum Verhältnis von ästhetischer und religiöser Erfahrung, in: Jörg Herrmann/Andreas Mertin/Evelin Valtink (Hg.), Die Gegenwart der Kunst. Ästhetische und religiöse Erfahrung heute, München 1998, 57-72.

Bestimmung des Unbestimmbaren, die Veranschaulichung des Unanschaulichen, die Sichtbarmachung des Unsichtbaren.

Die moderne Kunst ist auf diese Weise ein wesentlicher Faktor religiöser Ausdruckskultur geworden, freilich auf weithin ungegenständliche, inhaltlich unbestimmte Weise, zumeist jedenfalls ohne Anschluss an die ikonographische Tradition des Christentums.[7] Sie bebildert nicht mehr die heilige Geschichte. Auch diese, auf der gegenständlichen Ebene scheinbar rein säkulare, kirchendistanzierte Kunst kann jedoch in ästhetisch-religiöse Erfahrungen führen, die den Einzelnen in der Tiefe seines Selbstgefühls berühren, ihn persönlich ansprechen und zu Deutungen finden lassen, die ihm einen größeren, allumfassenden Sinnzusammenhang erschließen, in den er selbst im Gang seines Leben gehört.

Religion geschieht dann in der modernen Kultur gewissermaßen im Medium der Kunst bzw. im Medium ästhetischer Inszenierungen, weil diese ästhetische Erfahrungen vermitteln, die im individuellen Bezug auf unbedingte Weise bedeutsam werden, persönlich angehen und zugleich an existentielle Sinnfragen rühren. Man wird sogar sagen müssen, dass gerade auch die moderne Religion die Kunst bzw. die ästhetische Inszenierung von Weltgehalten braucht, weil sie in ihrem Erfahrungsgehalt anders nicht zur Darstellung und Mitteilung kommen kann. Umgekehrt wird man allerdings nicht sagen können, dass die moderne Kunst die Religion braucht. Da besteht durchaus eine Asymmetrie. Aus den Bezügen der traditionellen, kirchlichen Religionskultur hat sich die moderne Kunst denn auch weitgehend herausgelöst. Und sie kann zweifellos in einer Weise produziert und rezipiert werden, die die Momente der Unbedingtheit und Jemeinigkeit *nicht* mit sich führt. Dann setzt die ästhetische Erfahrung, die solche Kunst machen lässt, auch keine religiöse, auf existentielle Sinnfragen zielende Deutung frei. Andererseits kann die Erfahrung mit scheinbar säkularer, moderner Kunst sehr wohl auch ins religiöse Erleben und Deuten führen. Dann konfrontiert sie mit einer Welt, die dem Betrachter zugleich Aufschluss über sich selbst, seine Stellung in der Welt und die Perspektiven der Gestaltung seines Lebens gibt oder auch – was in der modernen Kunst häufiger der Fall ist – sie führt ihn mit Bezug auf dies alles in tiefe Irritationen und Verstörungen.

Interessant kann auf alle Fälle gerade die Konfrontation von säkularer

7. Vgl. Werner Hofmann, »Abtötung des Fleisches« Arnulf Rainers produktive Destruktion, in: Jörg Herrmann/Andreas Mertin/Evelin Valtink (Hg.), a. a. O., 271-228.

Kunst und traditioneller Religionskultur im Raum der Kirche sein. Solche Projekte der Begegnung mit Kunst im Raum der Kirche müssten deshalb, neben den ekstatischen Ritualen der zeitgenössischen Gefühlsreligion und den flüchtigen Anverwandlungen des Unbedingten in den Formen der vagabundierenden Religion, auch zukünftige Vorhaben empirischer Religionsforschung sein.

5.2 Traditionelle Religionskultur und moderne Kunst

In der modernen Kultur liegt der religiöse Gehalt der Kunst im wesentlichen auf der Deutungsebene, die jedoch vom konkreten Erleben, in das die Begegnung mit Kunstobjekten führt, und damit auch vom Emotionalen, nicht getrennt werden darf. Die Kunst führt in Erfahrungen, die einen Anspruch mit sich führen. Sie berührt in der Tiefe des Selbstgefühls und stellt vor letzte Fragen. Deshalb bildet sich eine Religion immer auch einen Kunstschatz an. Seit jeher hat die Religion sich in Symbolen sinnlich erfahrbar zur Darstellung gebracht, sich als Kultur humaner Selbstdeutung gewissermaßen mit den Mitteln der Kunst realisiert. Das hat sich in der modernen Kultur nicht geändert. Die Religion hat in der modernen Kultur lediglich den Kanon ihrer Vorstellungsinhalte verloren. Religiöse Momente können nun auch in der ästhetischen Erfahrung liegen, die moderne Kunst machen lässt. Es kann sein, dass Kunstobjekte – etwa im Museum oder im Kino – Resonanzen im Subjekt bewirken, Transformationen auslösen, die in religiöse Deutung auf ebenso bewusste, wie individuell freischwebende Weise eingeholt sein wollen.

Im Grunde bauen sich im Zusammenspiel von Kunst und Religion die Kulturen unserer modernen Selbstdeutung auf. Es hat sich nur die ehemals enge Bindung der Kunst an die Kirche und damit an die traditionelle Symbolsprache und Ikonographie des Christentums aufgelöst. In der modernen Kultur sind Kunst und Religion gleichermaßen, wenn auch überwiegend auf getrennten Wegen, auf der Suche nach Sinn und den Formen, in denen er zum Ausdruck gebracht werden kann – mit dem Unterschied eben nur, dass die Religion im Blick auf die Form nicht ohne die Kunst auskommt. Eine ziemlich offene Frage ist es demgegenüber immer noch, ob die Kunst in ihrer Suche nach Sinn auch von traditionellen religiösen Vorstellungen abhängig ist, oder ob sie diese auf eine ihr eigene Weise neu generiert.

Ästhetische Erfahrungen, wie sie Kunstwerke machen lassen, geben jedenfalls religiösen Suchbewegungen Anhalt und Ausdruck. Denn in ihnen kommen Selbst- und Weltdeutungen auf sinnlich erfahrbare Weise zur Darstellung. Sie können möglicherweise auch einen Zugang vermitteln zu dem uns ansonsten verschlossenen Grund, aus dem heraus wir unser Leben bewusst führen. Ebenso können sie uns unter Umständen sogar darüber Aufschluss geben, worauf wir in zielbewusster Lebensführung ausgehen bzw. ausgehen sollten, worin sich uns auf gehaltvolle Weise die Lebenszwecke zur Einheit versammeln.

Die traditionellen kirchlichen Religionskulturen und die autonomen ästhetischen Kulturen haben sich in der Moderne enorm auseinander entwickelt. Beide aber deuten sie unser Leben und beide bringen sie diese Deutungen in symbolischen Formen zu sinnlich ansprechender Anschauung. Beiden kann es gelingen, uns in den unüberschaubaren, letztlich ebenso dunklen wie antinomischen Bedingtheitsverhältnissen unserer Lebensführung eine im Unbedingtheitsgrund verankerte, sinngewisse Selbstverortung finden zu lassen.

Der Unterschied zwischen der modernen Kunst und der traditionellen, kirchlichen Religionskultur dürfte nur eben der sein, dass die traditionelle, kirchliche Religion sich zu Symbolsystemen ausgebaut hat, die eine inhaltlich bestimmte Affirmation eines Sinnuniversums betreiben und damit eher in sich geschlossene Deutungssysteme festschreiben. Traditionelle Religionskulturen geben den sich in diesen Traditionen bewegenden Menschen die Vorstellungen, mit denen sie ihr Leben sinnorientiert führen können, mehr oder weniger verbindlich vor. Die autonome Kunst ist hingegen so sehr ein Faktor der modernen Kultur, dass sie alles Feststehende und durch heilige Überlieferung autoritativ vorgegebene umformt, fortschreibt, in Frage stellt, zur Auflösung bringt und neu entwirft. Sie ist permanent auf der Suche nach neuen Formen, eine einzige kritische Auseinandersetzung mit allem, das schon da gewesen und gemacht worden ist. Das lässt die autonome Kunst der Moderne freilich immer wieder gerade auch die Auseinandersetzung mit der traditionellen Religionskultur, ihren Kunstschätzen und ihrer Formensprache suchen. Davon soll hier noch berichtet werden.

5.3 Religion und Kunst auf der documenta 11

Wie die moderne Kunst in alte religiöse Räume eindringt und dabei höchst differente ästhetische Formsprachen geradezu gewaltsam aufeinander treffen, war während der documenta 11 in der Martinskirche in Kassel zu sehen.[8] Die Installation »Red Loom« von Thom Barth realisierte physisch den Einbruch der Gegenwartskunst in den alten Kirchenraum. Sie symbolisierte diesen Einbruch zugleich in der Weise, dass sie eben diejenige Kunst, die an diesem Ort der Andacht und des religiösen Ritus längst Kult geworden ist, dekonstruierte. Die Martinskirche, der Raum religiöser Feier, ist ja eben zugleich auch Kunst, ästhetische Manifestation der traditionellen Deutungskultur der christlichen Religion. Die Kirche ist ein Sakralraum, der aus der alltäglichen Wirklichkeit herausführt, indem er mit der traditionellen Symbolwelt des Christentums konfrontiert. Die Semantik des Kirchenraumes zeigt, wie die christliche Religion die Bestimmung und Veranschaulichung des heiligen Kosmos ausgearbeitet hat. Das Kreuz und der Altar symbolisieren die Vorstellung eines Gottes, der dem Sünder gnädig ist, der die Welt nicht nur geschaffen hat, sondern im Verhängnis unverzeihlicher Schuld, in allem Verderben, in Tod und Sterben dennoch in seinen Händen hält, aus dem Tod heraus neues Leben schafft und Grund zur Hoffnung gibt. Die Kanzel symbolisiert die für die christliche Religion spezifische Auffassung, dass Gott im Wort von ihm begegnet, d.h. in der Lebensdeutung, die Jesus, der sich mit Gott unmittelbar eins wusste, gelebt hat, somit in der Erzählung von seinem Leben, Leiden und Sterben.

In den Kirchen sind die symbolischen Zeichen des Christentums zur inhaltlichen Vorgabe für die christlich-religiöse Lebensdeutung geworden. Jede Veränderung, die an ihnen vorgenommen wird, droht deshalb als Sakrileg empfunden zu werden, als Entheiligung des Gegenstandes der frommen Andacht und gläubigen Verehrung. Veränderungen, geradezu gewaltsame Eingriffe in den heiligen Raum, haben jedoch während der documenta 11 die Installationen von Thom Barth, Nicola Stäglich und Björn Melhus in der Martinskirche bewirkt. Thom Barth drang mit seinem Baugerüst durch das spätgotische Fenster in das Kirchengebäude ein. Mit den roten Folien, die das Gerüst umkleideten, fanden zugleich die Ablichtungen aus der Geschichte der bildenden Kunst und die Bilder unserer Mediengesellschaft Eingang in die Kirche. Wer über das Baugerüst die Kirche betrat, hatte nun einen ganz anderen Blick auf sie. Durch die rote Folie waren auch die Lichtverhältnisse im Kirchenraum transformiert. Das scheinbar Feststehende der christlichen Symbolwelt geriet in Bewegung, wurde durch die Installation des »Red Loom«, auf

8. Vgl. den Begleitband zu der von Andreas Mertin organisierten kirchlichen Begleitaustellung zur documenta 11: Der freie Blick. Künstlerische Interventionen in den religiösen Raum. Thom Barth, Björn Melhus, Nicola Stäglich. Martinskirche Kassel, 9. Juni – 15. September 2002.

dessen roten Folien die Mediengesellschaft in die Kirche einwanderte, aufgebrochen. Es stellte sich somit neu die Frage nach der Erschließungskraft der traditionellen Symbole der christlichen Religion. Es konnte bewusst werden, dass die Konfrontation mit der christlichen Symbolwelt nicht per se zu einer machtvollen Begegnung mit dem Heiligen führt, sondern zur mühsamen Annäherung an semantische Zeichen, die in ihrem Bedeutungsgehalt entschlüsselt sein wollen.

Die »Lightline«, das neongelbe Lichtband, das Nicola Stäglich auf die Brüstung der Empore gelegt hat, griff die Lichtverhältnisse und damit die vertraute Raumerfahrung an. Das grelle Neon störte die fromme Andacht. Die Gestimmtheit wurde eine andere. Der ästhetische Eingriff machte die Begegnung mit dem religiösen Raum reflexiv. Wer sich durch das aggressive, moderne Technik assoziierende Lichtband aufschrecken ließ, dem konnte bewusst werden, dass die Begegnung mit dem religiösen Raum nicht in das gläubige Führwahrhalten unwahrscheinlicher Behauptungen drängt, sondern in ästhetische Steigerungen des Lebens, in Erfahrungen mit der Erfahrung. Kunst wurde hier nicht zum Kult, sondern sie störte ihn. Aber gerade so konnte eine in tiefere Deutungen führende ästhetische Erfahrung gemacht werden, kam es zu verstörenden Wahrnehmungen, die auch religiös bedeutsam werden konnten.

Wer uns Heutige in ästhetische Steigerungen des Lebens führen will, mit denen wir in den Horizont seiner tieferen Selbstdeutung geraten, der muss allerdings auch die Massenmedien in den Blick nehmen. Wenn die Kunst in den Sakralraum einbricht, um unseren eingespielten Realitätssinn aufzubrechen, dann muss sie dies so tun, dass sie unser medial vermitteltes Wirklichkeitsverhältnis aufnimmt, in Verstörungen bringt, transformiert. Deshalb war im Chorraum der Martinskirche in Kassel dann auch die Installation von Björn Melhus, »The Oral Thing«, zu sehen.

Im Chorraum war ein Stuhlkreis geordnet für die zur Andacht versammelten Hörer von Gottes Wort. Es standen dort aber auch sieben Fernsehmonitore, auf denen in unendlicher Wiederholung eine Persiflage auf die nachmittäglichen Talkshows des Fernsehens vorgeführt wurde. In die Kirche des Wortes brach das unaufhörliche Geschwätz der Mediengesellschaft ein. Der in seinen Gästen geklonte Talkmaster erschien im priesterlichen Gewand. So brachte die Videoinstallation Björn Melhus' die These in die Kirche, dass die Aussprache über Persönliches, über Schuld und Versagen, Streit und Versöhnung, wofür die Kirche einst der Raum war, inzwischen in die medialen Inszenierungen, vor allem in die

Talkshows ausgewandert ist, dabei freilich jede Achtung vor dem Individuellen, der Würde des Einzelnen, verloren hat.

Die Kunst ist die Sprache der Religion. Die Kunst ist die Sprache der Religion dort, wo sie Wirklichkeit so zeigt, dass zugleich Resonanzen im Subjekt aufkommen und dieses in einen Prozess der Selbstdeutung seiner Stellung in der Welt hineingeführt wird.

Wo solche Kunst in den religiösen Raum und die traditionelle kirchliche Religionskultur einbricht, kann sie dies deshalb am ehesten auf dem Wege der Verstörung tun. Sie muss eine solche Erfahrung mit den überkommenen Medien und Symbolen des religiösen Raums machen lassen, die diese wieder neu in ihrer tieferen, religiösen Bedeutung erschließt.

Eine in dieser Weise verstörende Kunst begegnete auch im Fridericianum, dem Hauptgebäude der documenta 11.[9] Auch die dort ausgestellte Kunst versuchte gewissermaßen den Kult um die Kunst zu stören, der religiösen Aufladung der Kunst einen Widerstand entgegen zu setzen. So war auf der documenta 11 viel Anti-Kunst zu sehen, Kunst, die sich gegen Kunst wendet. Es wollte keine Kunst ausgestellt sein, die vor das Schöne oder Erhabene führt, nicht in das Staunen angesichts eines übermächtig Erschreckenden oder Erhebenden. Man begegnete auch keinen Künstlerpersönlichkeiten, die sich selbst mit ihren Werken zu inszenieren versucht hätten. Jeder charismatische Gestus fehlte, ebenso der Anspruch, mit den Mitteln der Kunst in eine andere, dem Alltäglichen enthobene, ästhetisch konfigurierte Wirklichkeit zu entführen.

Das Konzept der documenta 11 war es vielmehr, solche Kunst zu zeigen, die die alltägliche Wirklichkeit des Lebens und vor allem auch die politischen Verhältnisse, so, wie sie in den verschiedenen Gegenden dieser Welt erfahren und erlitten werden, sichtbar macht. Es wurde eine Kunst dokumentiert, die sich in die politischen Diskurse einmischt und gegen die Verstellungen der Massenmedien zeigt, was ist, wie Menschen leben und ums Überleben kämpfen, wie sie ihre Häuser bauen und die Umwelt zerstören, wie sie die Dinge des alltäglichen Bedarfs sammeln oder auf die Straße werfen.

So geriet man vor eine Kunst, die gerade die anästhetische Seite der Wirklichkeit, ihre Nicht-Darstellbarkeit zur Darstellung bringt. Was solche Kunst dem Betrachter vor allem übrig lässt, sind Ideen, konzeptionelle Gedanken. Sie bringt diese aber nicht selbst zur Ausführung. Es entsteht kein Werk, kein Weltgehalt, der dem, der ihn wahrnimmt, zugleich

9. Vgl. die Übersicht im Kurzführer zur Documenta 11_Platform 5: Ausstellung/Exhibition.

etwas über sich selbst und seine Welt zu verstehen gäbe, Resonanzen in ihm auszulösen in der Lage wäre. Die Kunst macht sich vielmehr mit der alltäglichen Realität höchst verwechselbar, ist zumeist nur ein bestimmtes Arrangement derselben. Der Betrachter muss, bevor diese Kunst ihm etwas zu sagen hat, das Projekt, die Konzeption, die Gedanken selbst entwickeln, die sie zur Ausführung bringen will. Die Aufführung gelingt nicht, es sei denn, der Betrachter lässt sich in sie einbeziehen. Der Betrachter selbst muss die Gedanken, die hinter der künstlerischen Aktion stehen, erfassen und gewissermaßen mit seinem Leben zur Ausführung bringen. Die Grenzen zwischen Kunst und Nichtkunst werden durchlässig.

Ein starkes Gewicht lag in der documenta 11 vor allem auf der Auseinandersetzung mit der medialen Bilderflut, der dadurch erzeugten Unfähigkeit, sich betreffen zu lassen von dem Leid, der Not der Vielen, der Ungerechtigkeit, der Gewalt. Das alles lässt sich gar nicht mehr zeigen, weil unsere Sinne abgestumpft sind. Bilder, auch solche, die das Hässliche zeigen, die Grausamkeit, das Unstimmige und Ungeheure, provozieren nicht mehr. Alle ikonischen Verweise und inszenierten Gesten sind durchgespielt, verbraucht. Vermutlich war deshalb auch in der Mitte des Fridericianum, in den Halbrunden, die sich über alle drei Etagen erstrecken, die Auflistung von Zahlen und Buchstaben zu sehen, eine Arbeit von Hanne Darboven.[10] Sie zeigte eine Installation, die keine Bilder von der Wirklichkeit mehr sucht, sondern nur auf eine Grammatik verweist, die ihr zugrunde liegen könnte. Zahlen und Buchstaben können ins Unendliche fort geschrieben werden. Es gibt keinen Abschluss, schon gar nicht eine integrale Deutung. Da ist nur noch eine rational gänzlich unergründliche Resonanz, die eine solche ästhetische Erfahrung im Subjekt auslöst. Auch ihr kann ein religiöses Moment freilich keineswegs von vornherein abgesprochen werden.

10. Vgl. a. a. O., 58 f.

6. Sinnerfüllung: Ästhetische Erfahrung und Religion

6.1 Ästhetisierung der Lebenswelt

In der modernen Kultur führt nicht nur die Kunst in gesteigerte ästhetische Erfahrungen. Wir haben es im Grunde mit einer Ästhetisierung der gesamten Lebenswelt zu tun, auch wenn es uns angesichts zunehmender ökonomischer und sozialer Probleme in unserem Land vergangen ist, von einer Spaßgesellschaft zu reden. Eine dominante Signatur der modernen Kultur ist es nach wie vor, dass die Menschen nicht so sehr mit den elementaren Problemen des Überlebens beschäftigt sind, sehr wohl aber damit, wie das Leben lohnend, interessant, sinnvoll verbracht werden kann. Insbesondere Jugendliche sind intensiv mit der Arbeit an ihrem Sinnkonstrukt beschäftigt, damit, wie sich ihr Leben mit Inhalt füllen kann, so dass es sich lohnt, zu leben, und das Leben Freude macht. Die Ästhetisierung der Lebenswelt ist eine Folge dieser Suche nach Sinn, die zugleich aus einem Hunger nach Erfahrung resultiert. Es ist ein Hunger nach solcher Erfahrung, die in Kontakt bringt mit der Fülle des Lebens und uns Aufschluss gibt über uns selbst. Solche Erfahrung wird dann immer auch im Konsum gesucht, obwohl natürlich jeder weiß, dass sie dort letztendlich nicht zu machen ist. Aber einen Vorschein von der Fülle des Lebens und dem Glück des Daseins, den hofft man doch beispielsweise bei einem Besuch im Berliner Kaufhaus des Westens (KaDeWe) zu erhaschen. Weil dieses Verlangen so stark ist, das gesteigerte Erleben des Lebens gesucht wird, deshalb florieren das KaDeWe und die neuen Shopping-Malles so gut, muss jedoch Karstadt seine gewöhnlichen Kaufhausfilialen schließen. Die Menschen suchen das ästhetische Ereignis, den Event, Shopping als Erlebnis, weil das Verlangen nach ästhetischer Lebenssteigerung groß ist.

6.2 Kunst als Performance

Was sich mit der Ästhetisierung der Lebenswelt ankündigt, gilt aber auch für Veränderungen in den Entwicklungen und Szenen der Kunst. Auch dort stehen die Performance, die szenische Aufführung, das Ereignis, der Event und damit dann wieder die ästhetische Erfahrung im Vordergrund.

Ein Geheimnis des Erfolgs der MoMa-Ausstellung 2004 in der Neuen Nationalgalerie in Berlin war die lange Schlange, die sich um das Gebäude zog. Deshalb wollten schließlich immer mehr Menschen die Ausstellung sehen, weil da etwas los war, weil schon das Warten inszeniert wurde. Statt ›Werke‹ zu schaffen, bringen die Künstler zunehmend Ereignisse hervor. Die Kunst wird nicht mehr durch das Objekt definiert, vor dem der Betrachter staunend steht und das er in seiner Bedeutung durch Interpretation zu erfassen sucht. Kunstwerke werden durch den Umgang mit ihnen konstituiert. Die Erfahrung wird entscheidend, die ein Bild, eine Installation, eine Theateraufführung machen lassen. Die Frage ist, ob der Betrachter sich auf das Kunstobjekt einlässt, ob er es für sich weiterentwickelt, ob er für sich etwas damit anfangen kann. Es kommt zunehmend auf die individuelle ästhetische Erfahrung an. Man kann dann allenfalls bestimmte Erfahrungsformen, Stile, schließlich auch Milieus unterscheiden, in denen sich unterschiedlicher Geschmack und damit unterschiedliche Erfahrungspräferenzen ausbilden. Was zur Kunst wird, darüber entscheidet die performative Kraft von Objekten, Aufführungen und Inszenierungen, eine individuelle ästhetische Erfahrung auszulösen.

Die performative Kraft des Ästhetischen wiederum liegt in der Dominanz der Form. Die Epiphanie, das eindrückliche Erscheinen der Form, ist für die Wirkung einer Aufführung ausschlaggebend, die präsentative Symbolik, die Szenen, die Bilder. Nicht die lehrmäßigen Inhalte konstituieren ein Kunstobjekt, nicht das, was sich auch in Sätzen sagen und diskursiv mitteilen lässt. Die Inhalte binden sich an die Form ihrer Wahrnehmung, die die ästhetische Erfahrung provoziert.

So ist die ästhetische Erfahrung als eine zentrale Dimension des Kulturellen in den Mittelpunkt philosophischer, kulturwissenschaftlicher, soziologischer und praktisch-theologischer Aufmerksamkeit gerückt. In Anknüpfung an die vor allem in den 1980er Jahren unter dem Leitbegriff der ästhetischen Erfahrung geführte Ästhetikdebatte[1] wurde schließlich auch innerhalb der Theologie nach ästhetischer und religiöser Erfahrung und ihrem Verhältnis gefragt.[2]

Was Erfahrung ist, was Religion, was Ästhetik, das alles hat sich in der durch die Massenmedien global vernetzten, modernen Kultur drastisch

1. Maßgeblich war Rüdiger Bubner, Über einige Bedingungen gegenwärtiger Ästhetik, in: Neue Hefte für Philosophie 5, 1973, 38-73.
2. Vgl. Wilhelm Gräb, Kunst und Religion in der Moderne. Thesen zum Verhältnis von ästhetischer und religiöser Erfahrung, in: Jörg Herrmann/Andreas Mertin/Evelin Valtink (Hg.), Die Gegenwart der Kunst. Ästhetische und religiöse Erfahrung heute, München 1998, 57-72.

gewandelt. Wir müssen deshalb, wenn wir nach der Präsenz der Religion in der modernen Kultur fragen, immer mit bedenken, wie sich Erfahrung, Religion und Ästhetik – von emphatisch-biographisch bis zerstreuend-konsumistisch – im Kontext der veränderten Lebensweisen in der globalisierten Medien- und Markt-Gesellschaft überhaupt fassen lassen.

Die Verwandtschaft von Ästhetik und Religion ist freilich schon in den Anfängen moderner Religionstheorie bei Friedrich Schleiermacher präsent. Schleiermacher hatte im Blick auf die Religion formuliert: »Ihr Wesen ist weder Denken noch Handeln, sondern Anschauung und Gefühl.«[3] Religion ist »Sinn und Geschmack fürs Unendliche«[4]. Schleiermacher hat die religiöse Erfahrung so beschrieben, dass man darin eine mit religiöser Semantik operierende Deutung der ästhetischen Erfahrung erkennen kann.

6.3 Ästhetische und religiöse Erfahrung?

Wie ist das Verhältnis der beiden Erfahrungsformen zueinander zu denken? Beide Weisen der Erfahrung befreien das Subjekt aus seiner Selbstbezogenheit und involvieren es in intensive, sprachlich nur begrenzt beschreibbare Prozesse einer die eigene Teilhabe am Absoluten empfindenden Selbst- und Weltdeutung. Die Differenz zwischen ästhetischer und religiöser Erfahrung dürfte denn auch vor allem in der Semantik ihrer Deutungskategorien zu sehen sein. Möglicherweise ist religiöse Erfahrung nichts anderes als mit Hilfe religiöser Semantik gedeutete ästhetische Erfahrung. Das innerlich Bewegende etwa eines traditionellen, agendarischen Gottesdienstes kann darin erfahren werden, dass von der großen Orgel, dem Mitsingen der vertrauten Choräle, den schön gesprochenen Gebeten und biblischen Texten, möglicherweise auch der existentielle Sinnfragen treffenden Predigt eine die Einzelnen ergreifende Wirkung ausgeht. Zugleich wird ein leiblich spürbares Gemeinschaftsgefühl hervorgerufen und die Einzelnen finden sich in eine von starken Emotionen begleitete – früher mit dem Begriff des Erbaulichen bezeichnete – Gestimmtheit versetzt. Es liegt entscheidend an der Ästhetik der Inszenierung und den affektiv-emotionalen Wirkungen, die sie hervorzurufen

3. Friedrich D. E. Schleiermacher, Über die Religion. Reden an die Gebildeten unter ihren Verächtern, in: KGA, I/2, Berlin/New York 1984, 50 (Seitenangabe nach der Originalpaginierung).
4. A. a. O., 53.

vermag, ob das Erleben eines Gottesdienstes zu einem religiös angehenden, den Einzelnen betreffenden und in tiefere Sinnerfahrung führenden Ereignis wird. Das hat Schleiermacher bereits gesehen, deshalb hat er dem Gefühl in seinem Religionsverständnis ein so großes Gewicht gegeben und seine Theorie des Gottesdienstes unter dem Aspekt eines »darstellendes Handelns«, das im Blick auf das Feiern von Festen insgesamt als eine zentrale Form der Kulturpraxis zu stehen kommt, entfaltet. Die performative Kraft geht von der gelungenen Form einer ästhetischen Inszenierung aus, die die versammelten Menschen zu beteiligten Subjekten, ja Akteuren macht, sie in das Geschehen, das zur Darstellung kommt, einbezieht. Das ist im Theater der Fall, wenn die Schauspieler auf das Publikum reagieren. Es ist ebenso in einem Gottesdienst der Fall, der ja schon von seinem agendarischen Formular her die Response der Gemeinde auf die Worte und Gesten des Liturgen vorsieht. Erika Fischer-Lichte, die die performative, in ästhetische Transformationserfahrungen führende Kraft von Theaterinszenierungen herausgearbeitet hat, orientiert sich dabei weitgehend an der Theorie des religiösen Übergangsrituals, die der Ethnologe van Gennep Anfang des 20. Jahrhunderts im Blick auf einfache Stammesgesellschaften entwickelt hatte.[5] Die Rückübertragung ihrer Theorie der »Ästhetik des Performativen« auf das religiöse Ritual des christlichen Gottesdienstes dürfte denn auch unschwer möglich sein. Sie kann im Blick auf den Gottesdienst die Aufmerksamkeit auf den Sachverhalt lenken, dass den liturgischen Formen und der leibhaften Präsenz der Akteure im aktiven Mitvollzug seiner Elemente eine enorme Bedeutung zukommt. Wenn der Gottesdienst eine tiefer greifende Erfahrung vermittelt, so ist dies eine von der Inszenierung seiner ästhetischen Form ausgelöste ästhetische Erfahrung.

Die religiösen Momente, die dieser ästhetischen Erfahrung innewohnen, werden ebenfalls in der Tiefe des Selbstgefühls empfunden. Man kann diese religiösen Momente der ästhetischen Erfahrung in dem Anspruch erkennen, den die ästhetische Erfahrung an das Subjekt macht, indem sie dieses in seiner Ganzheit betrifft und ihm als eine unbedingt an ihm geschehende bewusst wird. In einem expliziten und inhaltlichen Sinne religiös werden diese der ästhetischen Erfahrung innewohnenden Unbedingtheitsmomente jedoch erst auf dem Wege ihrer Deutung. Es handelt sich dabei um einen Symbolisierungsvorgang, mit dem dieses Gefühl, persönlich angesprochen und gemeint zu sein, auch artikuliert und etwa in der Rede von Gott auf einen starken Anderen als seinen Ur-

5. Vgl. Erika Fischer-Lichte, Ästhetik des Performativen, Frankfurt a.M. 2004.

heber zurückgeführt wird. Die religiöse Deutung der ästhetischen Erfahrung ist auf das engste mit der religiösen Deutung des Gefühls, das sie im Subjekt auslöst, verbunden. Schleiermacher hat dieses Gefühl als das ›Gefühl der schlechthinnigen Abhängigkeit‹ bezeichnet, eben weil es sich im Subjekt auf eine diesem selbst nicht zugänglich Weise bildet, somit passiv in ihm zustande kommt und mit der unhintergehbaren Faktizität seines Selbstgefühls zusammenfällt.[6] Schleiermacher war jedoch ebenso der Auffassung, dass dieses ›Gefühl schlechthinniger Abhängigkeit‹ erst in der Vermittlung mit kirchlichen und theologischen Symbolsprachen sich in religiösen Vorstellungen äußert und auch dann erst als religiöses Gefühl zu explizitem Selbstbewusstsein kommt.[7] Die Artikulation des Unbedingtheitsgehalts im Selbstgefühl als eines religiösen, der Vorgang gar, in dem es als Gefühl einer letzten Abhängigkeit von Gott zur Sprache kommt, ist ein Resultat der religiösen bzw. religionstheologischen Deutung von ästhetisch-religiösen Erfahrungen, wie sie insbesondere im Raum der Kirche, in ihren Gottesdiensten und in der Begegnung mit den Kunstschätzen, die sie aufgebaut hat, gemacht werden können. Die religiöse Unmittelbarkeit und der Unbedingtheitsgehalt sind Momente in der ästhetischen Erfahrung, ihre inhaltliche religiöse Bestimmung eine Konsequenz ihrer theologischen Deutung. So sind dann bereits hochgradige theologische Vermittlungszusammenhänge vorauszusetzen, wenn das Wort der Predigt vom frommen Hörer als Gottes Wort angeeignet wird und der andächtige Christ in der Feier des Abendmahls, unter Brot und Wein, die reale Gegenwart des Christus erfährt.

Viele weitere Fragen schließen sich an, die für die Praktische Theologie von hoher Relevanz sind: Etwa, welche Rolle – da die Semantik so wichtig ist – der Bedeutungsverlust traditioneller religiöser Sprache für die ästhetisch-religiöse Erfahrung im Gottesdienst spielt? Oder welche Rolle die Medien spielen? Religiöse Erfahrung war ja schon immer medial vermittelt. Wie aber steht es damit nach deren Entkanonisierung, angesichts der ungeheuren Bedeutung, die auch für die Religion und deren liturgische Inszenierung die Massenmedien gewonnen haben?

Die mediale Inszenierung des Sterbens und der Bestattung von Papst Johannes Paul II. hat diesen Trend zur ästhetischen Transformation der traditionellen, kirchlichen Religionskultur und ihrer Liturgien besonders deutlich werden lassen. Sie hat gewissermaßen die monumentale Überführung der kirchlichen Religion in eine von den Medien weltweit emit-

6. Vgl. Friedrich Schleiermacher, Der christliche Glaube, a. a. O. Einleitung § 4.
7. Ebd.

tierte ästhetische Inszenierung vollzogen. Dabei wurden die Menschen, ob Katholiken, Protestanten oder Muslime, durch diese grandiose Ästhetik, mit der das Leiden und Sterben, schließlich die Bestattung des Medienpapstes zur Schau gestellt wurden, zugleich in Kontakt gebracht zu den zentralen Symbolen und Ritualen des Christentums.

Das Schauspiel, das auf dem Petersplatz in Rom aufgeführt und durch das Fernsehen weltweit übertragen wurde, schaffte es sogar, neues Verständnis zu wecken für die Kraft zur Bewältigung des Lebens, die in einem starken religiösen Glauben steckt. Es war zu beobachten, wie auf die großen Transzendenzen ausgegriffen wurde und die traditionelle Sprache des kirchlichen Christentums plötzlich in aller Munde war. Die »Tagesschau« sprach von der »Leidensgeschichte« des Papstes. Sein Sterben wurde so ins Bild gesetzt, dass die Menschen weltweit in diesem Papst auf authentische Weise den sein Kreuz tragenden, zuletzt auf den offenen Himmel zugehenden, vorbildlichen Christen, ja recht eigentlich den Mensch gewordenen Gott, seinen Stellvertreter auf Erden, dargestellt gefunden haben. Die traditionelle kirchliche Religion wurde, vermittels ihrer ästhetisch eindrucksvollen Darstellung, vor allem aufgrund der Präsentation eines authentisch wirkenden, scheinbar von spiritueller Kraft erfüllten Gottmenschen, der exemplarisch auch noch Krankheit und Sterben bewältigt, zum Medienereignis. Es trat drastisch vor Augen, wie die Religion in der Mediengesellschaft funktioniert, auch weshalb die römische Kirche über größere Inszenierungspotentiale verfügt, dies aber nur noch sehr von Ferne mit ihrem Dogma und ihrer Theologie zu tun hat. Ritualtheorien und solche der ästhetischen Erfahrung und Performanz eignen sich wesentlich besser dazu, diese heutigen Phänomene liturgischer Inszenierungspraktiken zu erschließen.

Das zeigte sich zuletzt ebenfalls beim »Weltjugendtag« in Köln. Auch dieser 20. Weltjugendtag war ein Medienereignis und zugleich ein Phänomen der gegenwärtigen Eventkultur, die insbesondere auf Jugendliche eine große Faszination ausübt. Bereits dem Medienpapst, Johannes Paul II., war es mit der Einführung der Weltjugendtage und seinen weiteren, zahllosen »Pilgerreisen« gelungen, die Kunst der Aufführung großer Rituale und gefühlsstarker Gesten, über die die römische Kirche seit Jahrhunderten verfügt, medientauglich zu reorganisieren. Sein Nachfolger, Benedikt XVI., scheint es nun ebenso zu verstehen, diese Kunst einer erlebnisintensiven und medienadäquaten Inszenierung der traditionellen kirchlichen Religionskultur geschickt weiterzuentwickeln. Und wiederum bestätigt sich, dass die konservative Theologie und vor allem auch die Position, die die römische Kirche in der Sexualmoral vertritt, der Begeisterung der Jugendlichen für den Papst keinerlei Abbruch tun. Man weiß zu unterscheiden. Gesucht werden die Communitas, die Flow-Erfahrung, die großen Gefühle.[8] Das alles liefert die grandiose Ästhetik der religiösen Rituale. In den inhaltlichen Fragen des Dogmas und der Moral behalten sich hingegen auch die jungen Katholiken, die voller Begeisterung dem Ruf des Papstes nach Köln gefolgt sind, das Recht vor, nach eigenem Gewissen zu entscheiden. Man lebt gewissermaßen protestantisch und genießt es gleichwohl, an der das religiöse Gefühl ansprechenden Ästhetik der schönen Gottesdienste, die die römische Kirche zu inszenieren versteht, teilhaben zu können.

Kunst und Architektur, der monarchische Prunk, die Stilsicherheit in der Aufführung der alten Rituale, die Sehnsucht der Massen nach einem guten Hirten, einem Heiligen Vater, das alles wirkt schließlich zusammen, um die alte Kirche und ihre traditionellen Liturgien in eine Form zeitgenössischer Medienreligion zu überführen. Die Medienreligion aber lebt ganz und gar von ihren ästhetischen Anmutungsqualitäten. Sie ermöglicht Steigerungen des Lebensgefühls durch eine starke Ausdrucksästhetik. Emotionen werden angesprochen, tiefe Sehnsüchte nach Schönheit und Harmonie geweckt. Menschen fühlen sich ergriffen. Sie werden angezogen von einem numinosen Objekt, wollen dem Gegenstand ihrer Verehrung ganz nahe sein. Hunderttausende pilgerten zur Bestattung von Johannes Paul II. nach Rom – angeführt von protestantischen Bischöfen. Über eine Million Menschen versammelten sich auf dem Marienfeld in Köln, um bei der Zelebration der Eucharistiefeier durch Benedikt XVI. dabei zu sein.

Dabei ging die Faszinationskraft von der ästhetischen Inszenierung der Rituale aus. Zunächst hat das Fernsehen die Bilder vom Leiden und Sterben Johannes Paul II. in alle Welt übertragen. Diese Bilder haben auch diejenigen ergriffen, die von ihrem religiösen Glauben her mit dem Papst nichts zu tun haben, auch diejenigen, die ansonsten eher zu erkennen geben, dass sie mit Religion überhaupt gar nichts anzufangen wüssten. Die Bilder haben eine ästhetische Erfahrung machen lassen. Und offensichtlich verändert sogar die durch die Massenmedien vermittelte ästhetische Erfahrung die Menschen. Was tiefen Eindruck macht, sucht dann aber auch nach leibhaftigem Ausdruck. Deshalb machten sie sich auf den Weg nach Rom, um an diesem Geschehen, das die Medien so eindrücklich zur Anschauung brachten, beteiligt zu sein. Deshalb zog es

8. Vgl. Victor Turner, Vom Ritual zum Theater. Der Ernst des menschlichen Spiels, Frankfurt a. M./New York 1989.

auch Hunderttausende nach Köln. Sie wollten bei diesem religiösen Event dabei sein.

Ästhetische Erfahrung ist gesteigerte sinnliche Erfahrung. Sie wird mit den Sinnen gemacht, im Sehen, Hören, Tasten, Riechen, erschließt jedoch immer auch einen Sinn. Deshalb sucht die ästhetische Erfahrung die möglichst große, sinnlich-leibhafte Nähe zu den Objekten ihrer Anschauung. Wer eine ästhetische Erfahrung macht, will dabei sein, will anschauen und beteiligt werden. Die ästhetische Erfahrung ist ganz von der Art, dass sie das Subjekt der Erfahrung in deren Objekte einbindet. Die Wirkung geht vom Objekt der Erfahrung aus. Ich werde ergriffen. Es geschieht etwas mit mir. Ich spüre die Veränderung. Ästhetische Erfahrung ist Transformationserfahrung.[9] Genau darin aber liegt die Möglichkeit ihres Übergangs in religiöse Erfahrung.

In der ästhetischen Erfahrung liegt das Bewegende nicht im Subjekt. Die Aktivität geht nicht von mir aus. Ich werde vielmehr ergriffen, bewegt, verändert. Es geschieht etwas mit mir. Der Effekt geht aus vom Objekt meiner Anschauung, von dem Gegenstand meines Begehrens, weil er meine Sinne berührt. Deshalb kann die massenmediale Vermittlung solche Erfahrung zwar auslösen, sie aber nicht schon ganz erfüllen. Die ästhetische Erfahrung will als Sinnerfahrung zugleich mit allen Sinnen, leibhaftig, gemacht werden. Ästhetische Erfahrung sucht die Erfahrung life. Sie verlangt deshalb im Grunde auch, dass ich mich hinausbegebe, ins Kino, ins Theater, vor die originalen Kunstwerke im Museum, in die Kirche.

Dann widerfährt es mir noch sehr viel intensiver als vor dem Fernseher, etwa vor den Bildern von Marc Rothko, dass ich von der Farbe aufgesogen werde, im unendlichen, auf bestimmte Weise gar nicht zu fassenden Gegenstand meiner Anschauung mich von mir zu lösen beginne, in Auflösung gerate und doch zugleich, jenseits all der ängstlichen Sorge um mich, neu und ganz versammelt werde. Das geschieht mir auf eine unergründliche Weise vom faszinosen Gegenstand meiner Anschauung her. Ich finde mich gesammelt und konzentriert, spüre möglicherweise sogar etwas von einem ungeahnten Seelenfrieden, ohne dass ich selbst diesen Zustand in mir hervorgebracht hätte. Ich fühle mich vielmehr in ihn versetzt, durch die Wirkung, die von dem numinosen Objekt ausgeht. Dann hat die ästhetische Erfahrung, als Transformationserfahrung, zugleich den Charakter einer mystischen Transzendenzerfahrung. Es kommt etwas von jenseits meiner selbst her so auf mich zu, dass ich zugleich über

9. Vgl. Erika Fischer-Lichte, Ästhetik des Performativen, Frankfurt a. M. 2004.

mich selbst hinaus gelange, mich mit allen meinen Sinnen nun zu dem Gegenstande hingezogen finde, der auf diese eindringliche Weise mich angesprochen und berührt hat.

Deshalb legt es sich dann aber auch nahe, in der ästhetischen Erfahrung, der Form nach, zugleich eine religiöse Erfahrung zu sehen. Ich fühle mich leibhaftig auf eine Weise kontaktiert, dass ich diesen Kontakt aufrechterhalten möchte, dass er mir etwas, mich selbst unbedingt Angehendes bedeutet, dass ich mich im Horizont dieser Bedeutung nun auch mit dem, was ich mir selbst bedeute, erschlossen finde. Ich übersteige mich, hin zum numinosen Objekt meiner Anschauung und meines Begehrens, bin schließlich nicht mehr bei mir selbst, sondern bei dem, das mich auf so eindrückliche Weise ergriffen hat. Darin liegt das Beglückende und zugleich religiös inspirierende der ästhetischen Erfahrung. Sie ermöglicht die Selbsttranszendierung. Sie erweitert den Horizont. Sie öffnet das Herz. Sie schafft eine Ahnung von dem, was es heißt, nicht ganz von dieser Welt zu sein und dennoch in sie hinein zu passen. Sie macht es, dass ich mich selbst im ganz Anderen verliere.

Allerdings, in all dem haftet die ästhetische Erfahrung doch auch an den Objekten ihrer faszinosen Anschauung und ihres mimetischen Begehrens. Bei ihnen will sie verweilen. Zu ihnen will sie immer wieder zurückkehren. Denn ästhetische Erfahrung ist und bleibt gesteigerte sinnliche Erfahrung. Sie kommt von den sinnlichen Objekten, somit den letztlich doch nur endlichen und fragmentarischen Gegenständen, die diese tiefere Erfahrung machen lassen, nicht los. Das gilt, wie für jede Erfahrung, auch für die ästhetische Erfahrung. Konstitutiv für alle Erfahrung ist aber ebenso, dass sie unterschiedlich gedeutet werden kann. Auf der Deutungsebene bleibt es deshalb bei der Differenz zwischen der ästhetischen und der religiösen Erfahrung.

6.4 Gottesdienst als ästhetisch-religiöse Inszenierung

Die ästhetische Erfahrung haftet an ihren Gegenständen, verliert sich unter Umständen sogar an sie und reflektiert sich zugleich doch ganz in der Selbstdeutung des Subjekts, das die Erfahrung macht. Dieses spürt, dass etwas mit ihm geschieht. Und es beginnt, diese Veränderung zu deuten: Eindrücklich wirkt z.B. ein Bild im Museum auf mich. Und dann beginne ich über die Wirkung, die von diesem Bild ausgeht, zu sprechen. Ich werde Zeuge des dramatischen Konflikts, der auf der Bühne aufgeführt wird, und ziehe Rückschlüsse auf Auseinandersetzungen im eigenen Leben. Ergreifend war die Szene in einem Kinofilm. So hat sie auch im Zuschauer die Sehnsucht nach dem authentischen Leben, das aus ihr spricht, möglicherweise neu geweckt. Erbaulich war der Gottesdienst, die Orgel, die Lieder, die nachdenkliche Predigt. Dadurch wurde in den Gottesdienstbesuchern das Gefühl tiefer Geborgenheit neu gestärkt. Das alles können Beispiele dafür sein, dass ästhetische Erfahrung zu einer Transformationserfahrung werden kann und sie dabei zugleich in Deutungen drängt, die dann auch einen religiösen Bezug erkennen lassen.

Auch die religiöse Erfahrung ist ja, sofern man von einer solchen sprechen kann, die Erfahrung eines Ergriffenseins. In der christlich-religiösen Erfahrung richtet sich deren Deutung aber auf den Sinn im ergreifenden (Wort-) Geschehen. Sie lässt das zugesprochene Wort als das Zeichen der Gemeinschaft mit dem leibhaftigen Christus, als göttlichen Zuspruch und befreiende Anrede verstehen. Der Glaubende begegnet im Wort der Predigt und im Zeichen von Brot und Wein dem leibhaftig sich ihm vergegenwärtigen Christus. Auf diese Weise zeigt sich die performative Kraft der Liturgie des Gottesdienstes, indem sie eine so nur im Deutungszusammenhang des christlichen Glaubens mögliche, in ihm aber reale ästhetisch-religiöse Erfahrung machen lässt.

6.5 Religion als Deutung ästhetischer Erfahrung

Es wäre deshalb m.E. richtiger, nicht eigentlich von »religiöser Erfahrung« zu sprechen. Denn im Grunde ist auch die sog. religiöse Erfahrung eine ästhetische Erfahrung. Sie ist eine gesteigerte sinnliche Erfahrung, ein Erleben, zu dem es gehört, dass sie das Subjekt nicht unverändert lässt. Die imaginative Aktivität des religiösen Bewusstseins fügt dann allererst der ästhetischen, leibhaft-sinnlich ergreifenden Transformationserfahrung die religiöse Deutung hinzu. Das fromme Gemüt deutet die Transformationserfahrung als Transzendenzerfahrung bzw. als Vergegenwärtigung des Absoluten, interpretiert sie schließlich in der Sprache des christlichen Glaubens als Gotteserfahrung. Der Fromme weiß sich von einem starken Anderen her ergriffen, von Gott persönlich angesprochen.

Die religiöse Deutung bzw. das religiöse Bewusstsein führt das innerlich Ergreifende der ästhetischen Erfahrung auf eine Wirklichkeit zurück, die über unsere Erfahrung hinausgeht. So macht, wer die liturgische Inszenierung eines Gottesdienstes mit frommem Herzen verfolgt, die Erfahrung, dass Gott gegenwärtig ist, obwohl ihm ja Gott selbst gerade nicht zum Gegenstand der Erfahrung werden kann. Was zum Gegenstand der Erfahrung wird, bleibt zwangsläufig auf der Ebene des Ästhetischen, sinnlich Anschaulichen und Greifbaren. Aber der entscheidende Punkt ist eben der, dass ästhetische Erfahrungen als gesteigerte sinnliche, das Erfahrungssubjekt überwältigende Erfahrungen dadurch zugleich in eine tiefere Sinnerfüllung führen. Mit ihnen kommt es zu Erlebnissen, die geradezu in die religiöse Deutung drängen.

Die religiöse Deutung der ästhetischen Erfahrung verhält sich explizit zum Jenseits des Grundes der Erfahrung und damit zur Gegebenheit von Wirklichkeit überhaupt. Damit arbeitet sie zugleich der in der ästhetischen Einstellung immer nahe liegenden Verdinglichung der Transzendenz, der illusionären Verklärung des Endlichen, der kritiklosen Affirmation des Bestehenden entgegen.

7. Bilderstreit: Die Autonomie der Kunst im Raum der Kirche

7.1 Das Christentum und die Bilder der Kunst

Das Christentum hat gesellschaftliche Ordnungen oft stabilisiert. Es hat sie aber immer wieder auch erschüttert, kritisiert, verändert – durch seinen deutenden Ausgriff auf große Transzendenzen. Das Christentum gründet schließlich in entscheidenden Erfahrungen der radikalen Transzendierung unseres humanen Endlichkeitsbewusstseins. Die ersten Christen machten diese Erfahrungen in der Begegnung mit dem von den Toten auferstandenen Christus. Im auferstandenen Christus erkannten sie Gott als schöpferischen Geist, der auch noch aus dem Tod neues Leben zu erwecken vermag. Deshalb stärkt der christliche Glaube immer wieder in der Hoffnung auf einen neuen Himmel und eine neue Erde, auf die Überwindung des menschlichen Elends, die Abschaffung ungerechter Verhältnisse. Der Glaube an Gott als schöpferische Dynamis ermutigt zum Vertrauen auf die Kreativität alles Lebendigen, auf die Schöpferkraft des Menschen, das Ebenbild Gottes. Die Welt als Gottes Kunstwerk vollendet sich erst im Auge und dann vor allem im Tun des von Gott geschaffenen Menschen. Immer wieder hat das Christentum im Laufe seiner 2000jährigen Geschichte deshalb zum Kampf ermutigt für die Errichtung einer besseren Welt. Das Neue Testament preist die Armen selig und nennt glücklich die, die da hungert und dürstet nach der Gerechtigkeit. Christen leben in der Erwartung, dass Gottes Reich kommt. Sie arbeiten mit allen ihren Kräften im Ausgriff auf eine Zukunft, in der kein Leid und Geschrei mehr sein wird und Gott abwischen wird alle Tränen (Offenbarung 21).

Auffälligerweise hat sich nun allerdings die revolutionäre Kraft des Christentums auf schärfste Weise immer wieder gerade auch im Protest gegen den Kult und seine Bilder manifestiert. Dann wurde die Kultkritik der alttestamentlichen Propheten erneut aufgegriffen und der Bilderkult als schlimmer Götzendienst verurteilt. Auf der Basis seines Glaubens an die Menschwerdung Gottes in Jesus Christus entwickelte sich das Christentum zwar auch enorm bilderfreundlich. Sehr bald galt Lukas nicht nur als der Verfasser eines der Evangelien, sondern auch als der Maler, der die Geschichte des Menschen Jesus, in dem Gott selbst sein menschliches

Gesicht zeigt, uns vor Augen gemalt hat.[1] Dennoch wirkte das alttestamentliche Bilderverbot in der Geschichte des Christentums als ein mächtiger Impuls zur Kritik der Bilder im sakralen Raum. Das Bilderverbot setzte gewissermaßen immer wieder die subversiven Kräfte des Glaubens frei. Es machte Mut, die Sakralisierung kirchlicher und dann auch weltlicher Macht zu durchbrechen und der göttlichen Überhöhung gesellschaftlicher Zustände und Machtverhältnisse den Kampf anzusagen. Das Bilderverbot entwickelte sich im Christentum zum wirksamsten Faktor einer dem christlichen Glauben selbst zugehörenden Religionskritik.

Allerdings, das darf genauso wenig übersehen werden, auch diese Kritik der Bilder geschah und geschieht immer wieder mit Bildern. Die Bilder der Kunst können zu Kultbildern werden. Sie können aber ebenso ein Potential kreativer Zerstörung freisetzen. Indem sie neue Sichtweisen eröffnen, setzen sie überkommene Welt- und Menschenbilder außer Kraft. Besonders drastisch im Bild selbst führt diesen Vorgang kreativer Zerstörung heute bekanntlich Arnulf Rainer vor. Er übermalt Bilder, zerstört sie, um neue Bilder zu schaffen. Die Bilder, die er übermalt, sind häufig Fotografien, aber auch alte Heiligenbilder, Ikonen, Bilder des Kreuzes. Die Bilder, die dadurch entstehen, negieren das Vorgegebene, ohne jedoch eine neue, gegenständliche Vorstellung auszubilden. Sie realisieren eine Art negativer Theologie, indem sie Gott voraussetzen, ohne den Anspruch festzuhalten, ihn erkennen zu können. Die Übermalungen negieren die bestimmte Vorstellung vom Heiligen. Sie setzten die abstrakte Form und die Farbe an die Stelle der gegenständlichen, damit aber immer auch endlichen Vorstellung vom Absoluten. Das ist eine Verwirklichung autonomer Kunst, die sich zugleich immer noch kritisch an den Vorgaben der ikonographischen Vorstellungswelt des christlichen Glaubens abarbeitet und sich dabei gewissermaßen als eine ästhetische Praxis der Befolgung des Bilderverbots versteht.

Die Kritik des Bildes vollzog sich seit jeher immer auch im Bild und mit dem Bild. Selbst die Nacht der Bildlosigkeit will ins Bild gesetzt sein. Auch die Unsichtbarkeit Gottes will sichtbar gemacht werden. Die autonome Kunst der Moderne kann somit als ein Versuch verstanden werden, das biblische Bilderverbot mit den Mitteln der bildenden Kunst zu befolgen, also Bilder zu malen, ohne sich ein bestimmtes Bildnis oder Gleich-

1. Vgl. zur »Geschichte des Bildes vor dem Zeitalter der Kunst« die glänzende Darstellung von Hans Belting, Bild und Kult. Eine Geschichte des Bildes vor dem Zeitalter der Kunst, München 1990.

nis von den Dingen des Himmels und der Erde zu machen, ja sich von den inhaltlichen Vorgaben der Kirche und aller heiligen Überlieferung gerade zu befreien, die Kunst mit ihren Formen und Farben ganz auf sich selbst und ihre eigene Kreativität zu stellen. Autonome Kunstwerke wollen rein als Realisierung von Kunst, als Repräsentationen der Idee der Kunst, aufgefasst werden können. Die Bilder autonomer Kunst werden somit reflexiv in sich selbst. Sie bilden, je abstrakter sie werden, keine andere Wirklichkeit mehr ab, weder die der göttlichen Heilsgeschichte noch die der gegenständlichen Natur oder der Ereignisse der Menschheitsgeschichte.

Einen entscheidenden Schritt in dieser Entwicklung vollzog die romantische Kunstidee, nach der die bildende Kunst nicht darzustellen hat, was vor Augen liegt, sondern was der Künstler in sich sieht. Sie bestimmte die Kunstentwicklung der letzten 200 Jahre. Aber auch die Reformation des 16. Jahrhunderts hatte mit ihren Bilderstürmereien, ebenso wie mit der Didaktisierung und Ästhetisierung der Kunst, die Luther favorisierte, bereits Anteil an der Autonomisierung der Kunst. Werner Hofmanns These von der »Geburt der Moderne aus dem Geist der Reformation« ist Recht zu geben.[2] Die Entsakralisierung der Bilder, ihre Didaktisierung und vor allem Ästhetisierung war durch die Reformation entscheidend befördert worden. Die Reformation setzte eine neue Bildproduktion frei. Sie gab einen Beleg dafür, dass sich das Bilderverbot immer auch im Bild realisieren muss. Durch die Entsakralisierung und Ästhetisierung der Bilder kam es zu ihrem Reflexivwerden. Das autonome Bild sagt von sich sein Bildsein aus, also dass es gewissermaßen die Sache selbst ist, zwar nichts als ein Bild, aber ein solches, das seine eigene Realität ist und nicht eine andere, die eigentliche Wirklichkeit abbildet. Das Bild ist Bild, Form, Farbe, Gestalt. Das Bild zeigt, was es zeigt. Es ist dieses da. Zugleich ist uns freilich alle Wirklichkeit nur im Bild von ihr, in der Form ihrer Bezeichnung und Symbolisierung zugänglich. Es gibt am Bild vorbei keinen Königsweg zur Erkenntnis der wahren Wirklichkeit. Wir brauchen die Bilder unbedingt, weil sie der Körper, die Materialisierung unseres Wirklichkeitsverhältnisses sind. In Bildern, mit unseren inneren Bildern nehmen wir die Wirklichkeit wahr.[3] Mit den Bildern verbleiben wir somit aber notwendig im Umkreis unserer menschlichen Vorstellung

2. Vgl. Werner Hofmann, Die Geburt der Moderne aus dem Geist der Religion, in: ders. (Hg.), Luther und die Folgen für die Kunst, München 1983, 23-114.
3. Vgl. Hans Belting, Bild-Anthropologie. Entwürfe für eine Bildwissenschaft, München 2001.

von den Dingen. Und das gilt auch von den Bildern, die wir uns von Gott, der Welt und uns selbst machen. Das ist der allgemeine, gewissermaßen human-vernünftige Sinn des Bilderverbots. Es arbeitet der Festlegung der Bilder, die wir uns von den Dingen, dann auch von Gott, der Welt und uns selbst machen, entgegen. So hat auch die Kunst dort, wo sie gute Kunst ist, diesen Sinn des – immer vorläufigen, überholbaren, endlichen – Produziertseins und Gemachtseins der Bilder lebendig gehalten. Das gilt erst recht von der Videokunst und Computersimulation im digitalen Zeitalter.

Das alttestamentliche Bilderverbot meinte zunächst ja die Götzenbilder, dann wurde es auf die Bilder der Heiligen bezogen, schließlich auf alle die Bilder, die das sichtbar Gegebene bloß abbilden, um es festzustellen und schließlich ideologisch zu überhöhen. Das Bilderverbot zielt auf Bilder, die die Differenz zu einem Abgebildeten in Anspruch nehmen und zugleich zum Einzug bringen, deshalb dem im Bild Abgebildeten gegenüber Anerkennung verlangen, Gehorsam und Unterordnung gebieten. Im Bild wird das von ihm Abgebildete kultisch verehrt, was dann eben zum Bilderkult führt.

Selbstverständlich kennt auch die Moderne den Bilderkult. Sie träumt vom großen Meisterwerk,[4] preist die Aura großer Gemälde und produziert dann eben auch die Pilgerströme, die sich vor den Ausstellungen in den berühmten Museen sammeln, wie etwa 2004 anlässlich des MoMA, vor der Neuen Nationalgalerie in Berlin. Die Kunst der Moderne, die autonom wird, bildet zwar nicht Gegebenes ab. Sie inszeniert keine religiösen oder politischen Ideologien, sondern entfaltet sich aus eigenen Kräften in ihren Wirklichkeitsinterpretationen. Sie heiligt insofern nicht die gegebenen Verhältnisse, sondern sie schafft eigene ästhetische Erfahrungskonstellationen. Aber auch diese können Menschen in den Bann ziehen und sie verzaubern. So tobte bereits während der »Geburt der Moderne aus dem Geist der Reformation« (Hofmann) ein heftiger Bilderstreit.

Andreas Bodenstein, genannt Karlstadt, Dekan der Theologischen Fakultät in Wittenberg, anfangs ein Parteigänger Martin Luthers, hatte ihn 1522, während Luther auf der Wartburg die Bibel übersetzte, in Wittenberg ausgelöst. »Von Abtuhung der Bylder«, so der Titel seiner Kampfschrift.[5] In ihr werden Bilder in den Kirchen, unter Verweis auf das bib-

4. Vgl. Hans Belting, Das unsichtbare Meisterwerk. Die modernen Mythen der Kunst, München 1998.
5. Andreas Karlstadt, Von Abtuhung der Bylder und das keyn Bedtler unther

lische Bilderverbot, radikal abgelehnt. Wer Bilder in die Kirchen bringt, verleitet zum Götzendienst. Schändlich und teuflisch ist es, wenn geschnitzte und gemalte Ölgötzen auf dem Altar stehen. Sie sind aus den Kirchen zu entfernen, zur Not auch mit Gewalt. Denn Bilder verhindern die Erkenntnis, dass Gott lebendiger, schöpferischer, alles hervorbringender und immer erneuernder Geist ist und nur im Wort der Hl. Schrift zu den Menschen spricht.

Karlstadts Kampfschrift hatte zur Folge, dass Altarbilder und die Statuen der Heiligen aus den Kirchen herausgerissen wurden. Ein brutales Werk der Zerstörung begann, bis Luther von der Wartburg zurückkehrte und dem Treiben mit seinen Invokavitpredigten Einhalt gebot. Wie Karlstadt bestand allerdings auch Luther darauf, dass die Bilder nicht religiös verehrt werden dürfen. Wo Bilder zum Kult werden, ist dies ein magisch-abergläubischer Missbrauch der Bilder. Gegen Karlstadt beharrte Luther jedoch auf einer zwar begrenzten, aber in den Grenzen des Bildes berechtigten Legitimität des Bildes, plädierte er für die Bildlichkeit des Bildes und damit im Grunde für die Autonomie der Kunst und der ästhetischen Erfahrung, wie sie sich insbesondere mit Bildern der Kunst machen lässt.[6] Das Bild muss Bild bleiben. Es darf nicht für anderes instrumentalisiert werden, nicht dafür, die wahre Wirklichkeit, abzubilden, schon gar nicht dafür, irdischer, sichtbarer Platzhalter für die von ihm dargestellte göttliche Wirklichkeit zu sein. Diese Instrumentalisierung des Bildes, die es nicht Bild, auf autonome Weise Bild sein lässt, macht das Bild zum Abbild und in göttlichen Dingen zum Abgott. Es kommt zum Götzendienst vor den Bildern, bzw. zu einem illusionären Verhältnis zur Wirklichkeit, zur Vortäuschung falscher Tatsachen, zur Ideologiebildung.

Luther scheint sich durchgesetzt zu haben. Viele unserer Kirchen, auch die evangelischen Kirchen, besonders diejenigen, die in der bilderfreudigen Barockzeit errichtet oder umgestaltet wurden, sind voller Bilder. Aber diese Bilder werden nicht verehrt, auch in der katholischen Kirche nicht, wenn man von den Marienbildern und den Bildern der Heiligen absieht, die im katholischen Raum teilweise durchaus, wenn auch nicht angebetet, so doch verehrt werden können. Weitgehend sind es jedoch eben die ästhetischen Anmutungsqualitäten oder die didaktische Ver-

den Christen seyn sollen, (Wittenberg 1522), hg. v. Hans Lietzmann, Bonn 1911.

6. Zum reformatorischen Bilderstreit und seiner Aktualität in der heutigen Mediengesellschaft vgl. das Kapitel »Wort und Bild« in: Wilhelm Gräb, Sinn fürs Unendliche. Religion in der Mediengesellschaft, Gütersloh 2002, 121-131.

anschaulichung christlicher Lehre, die diesen Bildern, mit denen Kirchen ausgestaltet sind, die Aufmerksamkeit der Besucher verschaffen. Dies tun sie gerade dann, wenn sie Bezüge zur ikonographischen Tradition des Christentums herstellen, also von ihren Motiven her auch als Belehrung über die Grundtatsachen der biblischen Heilsgeschichte angesehen werden können.

Die Bilder, die in den Kirchen bis weit ins 20. Jahrhundert hinein zu sehen sind, sind Bilder, die Szenen aus der biblischen Heilsgeschichte zeigen: Den gekreuzigten Christus, Jesu Geburt und sein Leben, die Auferstehung der Toten und das Jüngste Gericht. Die Bibel und die ikonographische Tradition des Christentums stellen die Motive bereit, die die Kunst in den Kirchen zur Entfaltung und Darstellung bringt. Ist das mit der Autonomie der Kunst verträglich? Diese Frage ist m. E. gar nicht so leicht zu beantworten. Sofern sich die Bilder in der Kirche primär auf andere Bilder in anderen Kirchen, somit auf ikonographische Traditionen beziehen und es vor allem ihr ästhetischer Ausdruck ist, der die Blicke der Betrachter fesselt und in tiefere, dann auch Bedeutungszusammenhänge aufschließende Erfahrung führt, steht der Anerkennung ihrer Autonomie m. E. nichts im Wege. Dann bauen diese Bilder in den Kirchen ästhetisch anregende Zeichenkombinationen auf, konstituieren sie symbolische Welten, die in tiefere Sinnerfahrungen führen können. Sie werden jedoch nicht für die Ausrichtung von Funktionen der kirchlichen Institution, die Mitteilung der sakramentalen Heilsgabe oder auch nur die Belehrung über den rechten Glauben instrumentalisiert. Bei oberflächlicher Betrachtung scheint Letzteres zwar gerade in der Folge der Reformation nicht selten der Fall gewesen zu sein, und in religionspädagogischen Zusammenhängen lässt sich die didaktische Instrumentalisierung der Bilder der Kunst immer noch beobachten. Aber das geschieht gewissermaßen gegen den eigenen, autonomen Willen der Bilder. Bilder der Kunst eigenen sich im Grunde nicht für doktrinale Zwecke. Das Auge des Betrachters ist immer frei, anders zu sehen als nach Maßgabe einer Lehre illustriert werden soll.

Entscheidend für den Vorgang der Autonomie der Kunst sind die frei gelassene Kreativität des Künstlers und die ebenso frei gelassene Rezeptionsaktivität des Betrachters. Sie machen das Bild zum Bild, generieren seine Bedeutung – und lassen das Bild Bild bleiben. Das Bild kann auf die ihm eigene Weise sich aufbauen, Eindruck machen, etwas aussagen und bedeuten, aber auf je individuelle Weise. Wenn religiöse Gefühle und Vorstellungen in diesen Prozess hineinspielen, muss das der Autonomie der Kunst keinen Abbruch tun. Wichtig ist, dass die individuelle Subjektivität des Künstlers im Medium der Bilder sich kreativ zur Entfaltung bringen kann und es dem Betrachter überlassen ist, das Bild auf sich wirken und sich ohne verpflichtende Steuerung durch andere Diskurse, die natürlich immer mit hineinspielen, von dem Bild ansprechen zu lassen. Dann mag man sich etwa vor einer Darstellung des Jüngsten Gerichts lediglich am Spiel der Formen und Farben erfreuen, auch wenn das Wissen um die Tradition dieses Lehrstücks christlicher Dogmatik vorhanden sein sollte. Selbst wenn der Betrachter über die Frage ins Nachdenken kommt, ob es so etwas wie das Jüngste Gericht tatsächlich gibt, wenn er sich also auf religiöse Fragen angesprochen findet, muss das noch nicht gegen die ästhetische Autonomie etwa des großen Gemäldes in der Sixtinischen Kapelle stehen. Entscheidend ist, ob das Gemälde von Michelangelo – mit dem dieser ja seine ganz eigene Bildsprache entfaltet, wenn auch in der Bezugnahme auf eine lange Bildtradition – im Betrachter eine ihn unmittelbar ansprechende Wirkung hervorruft. Von einer Autonomie der Kunst kann immer dort die Rede sein, wo sich die ästhetische Erfahrung, bzw. die gesteigerte sinnliche, unmittelbar auf den Körper gehende Erkenntnis, die ein Bild machen lässt, aus der dem Bild eigenen Kraft souverän durchsetzt. Autonom ist die Kunst, wo sie sich durch sich selbst verwirklicht, auch gegen die Zwecke der Belehrung über den rechten Glauben und die Anweisungen zum christlichen Leben – Zwecke, die dann zwar immer noch mit hineinspielen können, die zu realisieren aber eben nicht der Zweck der Kunst ist.

Der christliche Glaube braucht Bilder – innere Bilder und äußere Bilder. Er hängt am Wort. Aber das ist kein Widerspruch gegen seine Angewiesenheit auf die Bilder. Auch der am Wort hängende Glaube lebt und leibt in Bildern, den inneren Bildern, die zugleich immer schon mitgeformt sind durch die äußeren Bilder, die an uns herantreten. Der Glaube lebt damit auch durch die Bilder der Kunst. Die Kunst hat mit ihren Bildern an der Symbolwelt des Christentums seit jeher gearbeitet und tut es bis heute, wenn auch längst nicht mehr im Ausmaß früherer Zeiten. Anders als in Bildern gewinnt der Glaube keine Auffassung von dem, worauf er sich richtet. Aber er weiß auch, wenn er echter Glaube ist, also Vertrauen auf den Gott, den kein Auge je gesehen, dass die Bilder bloße Bilder sind. Selbst wenn es Bilder von Christus, dem Mensch gewordenen Gott sind, sind es Bilder, die in uns und durch uns entstehen. Es sind Bilder, von Menschen gemacht, auch wenn sie sich im Lesen und Hören der Bibel bilden. Der Glaube, wenn er christlicher Glaube an Gott ist, weiß um diese Vorläufigkeit und Relativität aller Bilder, auch der Bilder der Kunst. Als Glaube an Gott greift er schließlich aus auf eine absolute

Transzendenz, auf die absoluten Sinnbedingungen, vermöge deren wir Menschen uns allererst in die Position eingesetzt finden, auf kreative Weise etwas machen und die Wirklichkeit unserer Welt sinnorientiert hervorbringen zu können. Aber eben dieser Ausgriff auf Transzendenz ist uns anders nicht möglich als mit den Mitteln der Immanenz, somit immer nur in den Bildern, die wir uns von ihr vorstellen.

Auch die Bilder der Kunst bleiben Dinge dieser Welt. Sie sind nicht selber schon die Vollendung des Zukünftigen, nicht die reale Gegenwart des Absoluten – es sei denn, man sieht in ihnen, christlich verstanden, das fortgesetzte Wunder der Inkarnation, was freilich die Gefahr in sich hat, das Göttliche doch mit dem Menschlichen zu verwechseln bzw. bloß Menschliches ins Göttliche zu überhöhen. Auf diese Gefahr hat Martin Luther in seiner Bildkritik hingewiesen.[7] Den Bilderstürmern hat er insoweit Recht gegeben, als sie sich gegen die Verehrung der Bilder wandten. Der Glaube sollte sich nicht auf die sichtbaren Dinge dieser Welt fixieren, das Heil freilich auch nicht vom revolutionären Umsturz erwarten. Schließlich findet sich in der Bibel, über das Bilderverbot hinaus, immer wieder, besonders deutlich im Hebräerbrief, der Hinweis darauf, dass der Glaube eine gewisse Zuversicht und ein Nichtzweifeln an dem ist, das man nicht sieht (Hebr 11,1-3). Selig sind, die nicht sehen und doch glauben, sagt der auferstandene Jesus zu Thomas, dem Zweifler unter seinen Jüngern (Joh 20,24-31).

Der Blick, der auf die Bilder fällt, sieht was vor Augen ist, hält im Sichtbaren, damit aber auch im Endlichen fest. Wo Menschen sich gar von Bildern in den Bann schlagen, sich verzaubern und betören lassen, dort verlieren sie ihre Freiheit. Dort geraten sie in die faszinierende Macht fremder Gewalten, in den ideologischen Nebel von Wahnideen und Totalitarismen. Dann können Bilder auch heute gefährlich werden. Dann erregen sie und verführen. Dann täuschen sie über die Wirklichkeit und verdunkeln den Verstand.

Diese gefährlichen Bilder begegnen uns heute allerdings nicht mehr in der Kirche. Auf die Macht der Bilder setzt die Werbung, von ihr leben die Ikonen der Popkultur und des Sports. Die Macht der Bilder geht ein in die Idole politischer Herrschaft und die Symbole des Kapitals. Allerdings,

7. »Denn das Herz muß wissen, daß ihm nichts frommet noch hilft, denn Gottes Gnade und Güte allein … Gott verbietet die Bilder, die man aufrichtet, anbetet und an Gottes Stelle setzt. Es gibt zweierlei Bilder, und darum macht Gott einen Unterschied … So wird denn hier kein anderes Bild verboten als nur das Bild Gottes, das man anbetet.« Martin Luther, Auslegung der zehn Gebote (1525), WA 16, 440 f.

so schlimm ist es auch wieder nicht. Die meisten von uns haben den ästhetischen Umgang mit diesen Bildern inzwischen genauso gelernt, wie wir im ästhetischen Umgang mit den Ikonen der Gottesmutter und der Heiligen geübt sind. Auch über die Täuschungsmacht der Bilder der Werbung und der Ikonen des Marktes empören wir uns nicht mehr. Wir wissen, dass diese Bilder in der Regel lügen, aber wir genießen dennoch ihren ästhetischen Reiz, das sinnliche Vergnügen und die Unterhaltung, die sie uns verschaffen.

Dass Bilder mit der Macht identifiziert werden, die sie abbilden, können wir freilich ebenfalls immer wieder beobachten. Denken wir nur daran, wie das Standbild Saddam Husseins nach dem Einzug der Amerikaner in Bagdad, unter dem Jubel der Menge, von seinem Sockel gestürzt wurde, ein Bild, das in den Medien wieder und wieder gezeigt wurde. Denken wir an den Einschlag der Flugzeuge ins World Trade Center in New York. Da sollte zugleich die Weltmacht in ihr symbolisches Zentrum getroffen werden. Wieder und wieder wurden uns diese Bilder gezeigt. Bilder sind auch heute sehr oft mehr als bloße Abbilder oder ästhetische Ereignisse. Sie gewinnen manchmal durchaus auf ebenso ambivalente wie dämonische Weise Teil an der Macht derer, für die sie stehen. Dort zielt dann auch die Zerstörung der Bilder auf die Macht derer, die sie symbolisieren. Die Macht der Bilder ist groß.

Bilder können auch heute einen totalen Anspruch entwickeln. Sie vereinnahmen, gehen nicht mehr aus dem Kopf, besetzen unser ganzes Gemüt. Wir brauchen Bilder. Aber Bilder verlangen heute mehr denn je Bildung, die Fähigkeit zum rechten Umgang mit ihnen, die kritische Kraft der Unterscheidung der Wirklichkeit der Bilder von der wirklichen Wirklichkeit, die uns ohne Bilder zwar nicht zugänglich, aber gleichwohl von ihnen unterschieden ist.

Doch, wie schon gesagt, auch im Aufbau des rechten Umgangs mit den Bildern, in der Entwicklung der ästhetischen Einstellung ihnen gegenüber, übernehmen die Bilder selbst wieder die eigentliche Aufgabe. Die Kraft zur Unterscheidung, der rechte Umgang mit Bildern entstehen mit den Bildern und der ästhetischen Erfahrung, die sie auslösen. Das schaffen vor allem die guten Bilder. Die guten Bilder sind die Bilder guter Kunst.

Die Bilder der Kunst bringen Ereignisse hervor, die in ästhetische Erfahrungen führen, in ein sinnliches Erkennen. Sie üben ein in das genaue Sehen. Sie konfrontieren mit neuen Sichtweisen, führen uns die Perspektivität unseres Weltverhältnisses vor. Sie tun es gerade dadurch, dass sie sich auf nichts anderes als sich selbst beziehen. Dadurch konfrontieren sie den Betrachter mit der puren Materialität der Form. Er kann nicht auf Deutungen ausweichen, die außerhalb des Bildes liegen, in der sog. Wirklichkeit oder der Weltsicht, die er schon mitbringt. Eine Erfahrung wird provoziert, die man zu Recht eine ästhetische nennt, eine gesteigerte sinnliche Erkenntnis, die nicht unter vorgegebene Begriffe gebracht werden kann, sondern deren Deutung durch die Erfahrung allererst provoziert wird.

Das ist die Begegnung mit autonomer Kunst. Sie kann an jedem Ort gemacht werden, also auch in der Kirche.

7.2 Die Kirche als Raum für die autonome Kunst

Die 2002 von der EKD und der VEF herausgegebene Denkschrift »Räume der Begegnung«, zum Verhältnis von »Religion und Kultur in evangelischer Perspektive«[8] ermutigt die Kirche, dass sie sich im Allgemeinen als Kulturort begreife und im Besonderen darauf sehe, dass Gegenwartskunst in ihr zur Aufführung komme. Es wird die Aussicht eröffnet, dass am Ort der Kirche gesteigert die Begegnung von Kunst und Religion stattfinden wird. Und damit kann ja wiederum nur gemeint sein, dass die autonome, also keinen missionarischen Verkündigungs- und kirchlichen Belehrungssinteressen gehorchende Kunst im Raum der Kirche so zur Wirkung kommt, dass die Kunst durch sich selbst ihre religiöse Dimension erkennbar macht. Alles andere wäre ein Rückschritt in die kirchliche Heteronomie der Kunst, in ihre Funktionalisierung für die Bebilderung der vorgegebenen Heilswahrheit, nicht um eine ästhetisch-religiöse Erfahrung machen zu lassen, sondern um den Glaubensinhalt zu vermitteln und über ihn zu belehren.

So will die Begegnung von Kunst und Religion im Raum der Kirche aber nicht mehr verstanden sein. Die Denkschrift setzt vielmehr, wenn ich sie recht verstehe, auf die religiösen Valenzen der durch die Begegnung mit Kunst ausgelösten ästhetischen Erfahrung. Die Vorstellung ist im Grunde die, dass der Raum der Kirche aufgrund seiner ästhetischen Anmutungsqualitäten und dann natürlich auch aufgrund der Inszenierung der christlichen Symbolwelt und ihrer Ikonographik die religiöse Deutung auch der in ihm aufgebauten Gegenwartskunst zu stützen vermag, und dies selbst dann, wenn die im Kirchenraum präsente Gegenwartskunst zur christlichen Ikonographie keine direkten Bezüge herstellt.

Die Denkschrift öffnet den Blick ebenso für die populäre Kultur, das

8. EKD/VEF (Hg.), Räume der Begegnung. Religion und Kultur in evangelischer Perspektive, Gütersloh 2002.

Triviale der Popkultur und des privatrechtlichen Fernsehens. Nicht nur die Hochkultur, auch die populäre Kultur – und sie mit noch viel größerer Breitenwirkung – kann für die Individuen, die sich in religiösen Dingen wählend verhalten, religiöse Sinndeutungs- und lebenspraktische Orientierungsfunktion gewinnen. Auch populäre Kultur kann in ästhetische Erfahrungen führen, sinnliche Erkenntnisse provozieren, aus denen dann eine tiefere, schließlich eine religiös relevante Bedeutung hervorgeht. Dies muss jedoch in Freiheit geschehen, am Ort des Subjekts, das sich emotional angesprochen findet und in der sinnlichen Ansprache den religiösen Sinn erkennt.

»Die Religion gehört der Kirche nicht«, hat der Theologe und Künstler Thomas Lehnerer unter eine seiner Installationen geschrieben. Das ist ebenso richtig wie im Zeichen der Autonomie von der Kunst gilt, dass die Kunst, selbst dort, wo sie in die Kirche eindringt, dieser noch längst nicht gehorchen muss. Die Kunst gehört der Kirche erst recht nicht, muss sich nicht ihren missionarischen Absichten fügen, selbst wenn sie in den Räumen der Kirche zur Darstellung und Aufführung kommt. Auch dann kann die Kunst frei bleiben, ihre eigene Aussage entwickeln, möglicherweise verstärkt gerade auf Grund der Korrespondenzen, die sich zur ikonographischen Tradition, die den Kirchenraum prägt, aufbauen. Indem die Kunst in die Kirche kommt, muss sie noch längst nicht in den Dienst der Ausrichtung einer vorgegebenen kirchlichen Botschaft treten.

Es kann heute überhaupt nicht mehr gelingen, die Religion oder die Kunst kirchlich domestizieren zu wollen. Die Religion ist ebenso frei wie die Kunst und geht am Ort der Individuen ihre eigenen Wege. Die Kirche muss ihre Tore schon sehr weit aufmachen, damit die Religion der Individuen und die Kunst der Künstler überhaupt wieder zu ihr zurückfinden und in sie einkehren. Die Religion der Individuen ist heute eine bestimmte Sinneinstellung, der eigenaktive Vollzug der Deutung von Kontingenz- und Transzendenzerfahrungen im Ausgriff auf den absoluten Sinn, den Gott. Und die Kunst der Künstler ist heute eine kreative, ästhetische Erfahrungen auslösende Zeichenkombination. Schleiermacher hat Kunst und Religion gleichermaßen unter den Begriff des »Symbolisierenden Handelns« gefasst.[9] Ästhetische Erfahrung und Praxis spielen zwar für die Äußerung und Mitteilung des religiösen Bewusstseins die entscheidende Rolle, und zur ästhetischen Erfahrung und Praxis gehört

9. Vgl. Martina Kumlehn, Symbolisierendes Handeln. Schleiermachers Theorie religiöser Kommunikation und ihre Bedeutung für die gegenwärtige Religionspädagogik, Gütersloh 1999.

immer auch die Kunst. Kunsterfahrung muss dennoch nicht zwangsläufig zur religiösen Erfahrung werden, falls es so etwas wie eine religiöse Erfahrung überhaupt gibt, was ich eher bestreiten möchte. Die sog. religiöse Erfahrung ist in meinen Augen – wie hier bereits ausgeführt – immer eine religiös gedeutete ästhetische Erfahrung. Und diese wird in Freiheit vom Subjekt der ästhetischen Erfahrung – durch deren besondere Qualität allerdings veranlasst – vorgenommen oder eben auch nicht.

Ästhetische Erfahrung und Praxis sind von der Art, dass sie eine sinnliche Erkenntnis darstellen, für die gleichwohl kein ordnender Begriff zur Verfügung steht. Gerade deshalb berühren sie uns unmittelbar, gehen sie auf den Körper und unsere Emotionen, sprechen sie auf unbedingte Weise an. Solches Erleben kann explizit zu religiösen Deutungen veranlassen, die den Unbedingtheitsgehalt der ästhetischen Erfahrung explizieren. Weder solche Erlebnisse noch die durch sie affizierten religiösen Deutungen sind jedoch an die Kirche gebunden. Kunst ist zwar die Sprache der Religion, wie Schleiermacher gesagt hat. Aber eben, die Religion ist heute so wenig wie die Kunst an die Kirche gebunden. Die Religion hat wie die Kunst ihren produktiven Ort im individuellen Subjekt der ästhetischen Erfahrung.

In der modernen Kultur hat die Kirche das Vorrecht verloren, per se eine privilegierter Ort sowohl der ästhetischen Erfahrung wie ihrer religiösen Deutung zu sein. Dennoch ist es nicht ausgeschlossen, dass die Kirche ein solcher Ort ästhetischer Erfahrung und religiöser Deutungskultur stärker wieder werden kann. Sie hat diese Chance, wo sie sich mit ihren Räumen und damit auch mit ihren ikonographischen Traditionen der autonomen Gegenwartskunst öffnet.

Zugleich gibt es heute jedoch viele Kulturorte, an denen Kunst so zur Aufführung kommt, dass zugleich deren religiöse Dimension hervortritt. Die Kirche muss aufpassen, dass sie nicht aus dem Spiel gerät. Allerdings, die Kirche hat Räume von hoher ästhetischer Ausdruckskraft. Das macht sie zu einem attraktiven Kulturort und für Künstler interessant.

Es gibt zahlreiche Beispiele einer Öffnung kirchlicher Räume für autonome Gegenwartskunst, insbesondere die bildenden Kunst. Beeindruckende Anfänge sind gemacht für die Installation und Aufführung von anspruchsvoller, autonomer Kunst in der Kirche, damit auch für die Konfrontation der Gegenwartskunst mit der traditionellen Ästhetik der Christentumskultur. Wenn Kunst in die Kirche kommt, kommt sie in einen gestalteten Raum, begegnen sich Kunstwerke, differente ästhetische Konzepte und Schemata, unterschiedliche Stilprägungen. Die Kirche ist selbst immer schon ein ästhetisch geformter Raum. Und in ihr ist Religion von weit her zur Darstellung gekommen. Wenn Gegenwartskunst in sie einzieht, provoziert dies deshalb unweigerlich Auseinandersetzungen, besonders dann, wenn die Gegenwartskunst auf autonome Weise Bezüge zu den Motiven der ikonographischen Tradition des Christentums aufnimmt. Zu denken ist an den Streit um den Christus von Georg Baselitz im niedersächsischen Luttrum oder an die Fenster von Johannes Schreiter, die er für die Heilig-Geist-Kirche in Heidelberg entworfen hat, die dort aber nie realisiert wurden.

Wenn die Künstler sich in Kirchen eingeladen finden, kommen sie gerne. Kirchliche Räume werden vielerorts für Ausstellungen genutzt und von Künstlern mit ihren Werken umgestaltet. Gemeinden suchen das Gespräch mit Künstlern. Kunst in ihrem Autonomieanspruch wird ernst genommen, was zugleich eine Absage ist an kirchliche Gebrauchs- oder Verkündigungskunst. Es begegneten Namen wie Tàpies, Schumacher, Kolár, Rainer, Uecker, Antes, Brodwolf und viele andere – Namen, die man in einem kirchlichen Kontext vor nicht all zu langer Zeit kaum vermutet hätte, die allerdings bei Kunstkennern und -sammlern einen hohen Stellenwert haben. Die Ausstellungseröffnungen haben auch in Kirchen Eventcharakter und sind begleitet von Vorträgen, Podien und Bildmeditationen.

In vielen Kirchen ist inzwischen gute Gegenwartskunst zu sehen, werden temporäre Ausstellungen durchgeführt. Auch bei der documenta in Kassel finden seit 1982 kirchliche Begeleitausstellungen statt, die dem Anspruch an Kunst Rechnung tragen. Das gleiche gilt für die Kirchentage beider Konfessionen. Die meisten Landeskirchen haben Kunstbeauftragte engagiert, die sich vornehmlich um das Verhältnis von Kirche und Kunst bemühen.[10]

Zu berichten wäre freilich auch von viel Zaghaftigkeit und Kleinmütigkeit, sowohl was die Inszenierung der traditionellen Religionskultur des Christentums, seiner Liturgien und klassischen Texte anbelangt wie auch die Öffnung der kirchlichen Räume für die Gegenwartskunst. Oft ist kein rechtes Zutrauen zu erkennen, dass sich die alten Texte der Bibel auch heute so aufführen lassen, dass es zugleich zur Auseinandersetzung mit den Sinnfragen der Gegenwart kommt, noch ist man bereit, sich den Zumutungen zu stellen, die in den ästhetischen Weltinterpretationen der

10. Horst Schwebel, 40 Jahre Kunst und Kirche – eine Bilanz. Gegenwartskunst zwischen ästhetischer und religiöser Kommunikation. Reflexionen angesichts des Modells »Öflingen«, in: Reinhard Valenta/Barbara Bauer/Johannes Stockmeier, Dialoge, Kronach 2003, 20-35.

Gegenwartskunst aufgebaut werden. Doch davon soll jetzt hier im Weiteren nicht die Rede sein.

Die Chancen der Kirche, Ort der Begegnung mit Gegenwartskunst zu sein, liegen vor allem in der Auratik ihrer Räume. Indem sie die autonome Gegenwartskunst in sich einholt, kann der Raum der Kirche sich als ein kontroverser, vielstimmiger Ort religiöser Deutungskultur erneuern. Es käme, wenn die Kirche diese Chance noch besser ergreifen will, auf eine möglichst offene Auseinandersetzung mit der christlichen Überlieferung an, auf ebenso ergreifende wie ergebnisoffene Inszenierungen der biblischen Texte, auf Mitbeteiligung der bildenden Künstler, der Theaterleute, der Musiker an der Gestaltung der kirchlichen Räume, bzw. an dem, was in ihnen zur Aufführung kommt. Vor allem jedoch wäre es wichtig, dass die Kunst sich in ästhetischer Autonomie in den Räumen der Kirche entfalten kann. Dann könnte die Performanz autonomer Kunst in Korrespondenz zur Aura kirchlicher Räume der Christentumskultur insgesamt eine Vielfalt neuer Impulse vermitteln

Wie realisiert die autonome Kunst ihre Performanz im Raum der Kirche? Nicht mehr in jedem Fall so, dass sie Werke schafft, die dann ebenso wie im Museum auch in der Kirche ausgestellt werden können. Die Gegenwartskunst hat vielmehr auch in kirchlichen Räumen diese starke Tendenz entwickelt, nicht Werke hervorzubringen, sondern Ereignisse zu schaffen, die eindringliche ästhetische Erfahrungen auszulösen vermögen. Die Theaterwissenschaftlerin Erika Fischer-Lichte spricht diesbezüglich von der »Ästhetik des Performativen«.[11] Sie macht diese Ästhetik fest an der Performance-Kunst seit den 60er Jahren, die an die Präsenz von Körperinszenierungen gebunden ist, in solchen Inszenierungen entsteht und in den ästhetischen Erfahrungen der Zuschauer, die Fischer-Lichte als Transformationserfahrungen beschreibt, an ihr Ziel kommt.

Bei einer Aufführung kommt es auch im Raum der Kirche an auf das, was die Aufführung auslöst, ob sie zu einem die Beteiligten ansprechenden Ereignis wird, auf welche Gedanken sie bringt, in welche Gestimmtheiten sie versetzt. Kunst zielt dann nicht mehr auf das große Meisterwerk, vor dem man betrachtend steht und das man zu deuten versucht. Kunst entsteht im Ereignis der Aufführung und damit in der ästhetischen Erfahrung, die sie machen lässt. Performance-Künstler wie Joseph Beuys oder Alfred Hrdlichka waren Vorreiter dieser Entwicklung. Eine ästhetische Erfahrung ist eine Erfahrung, die Resonanzen erzeugt, Emotionen hervorruft, Veränderungen in den Einstellungen und im Verhalten bewirkt.

11. Vgl. Erika Fischer-Lichte, Ästhetik des Performativen, Frankfurt a. M. 2004.

Ästhetische Erfahrungen sind, eben wie die Erfahrungen in und mit dem religiösen Ritual, Transformationserfahrungen, so Fischer-Lichte.

Die Künstler der Moderne setzen freilich auch im kirchlichen Raum nicht mehr vorrangig Motive der biblischen Heilsgeschichte in Szene, obwohl es dafür immer wieder ebenso markante wie aktuelle Beispiele gibt. Gerade diese Beispiele von Gegenwartskunst, sei es innerhalb oder außerhalb der Kirche, die sich an den ikonographischen Traditionen der Bibel orientieren, zeigen genau dies, dass moderne Kunst solche Bezugnahmen eben auf autonome Weise vollzieht, nicht nach den Vorgaben eines kirchlichen Bildkanons. Auch die Auseinandersetzung mit der biblischen Tradition und der Ikonographie der Christentumskultur, die durchaus stattfindet, geschieht in ästhetischer Autonomie und Souveränität. Zu denken ist etwa an Emil Noldes Darstellung biblischer Motive, an den Christus von Georg Baselitz, an Mel Gibsons Passionsfilm, an das »Vater Unser« von Ulrich Seidl in der Berliner Volksbühne, an den Bibelzyklus im Berliner Maxim Gorki-Theater. Die Münchner Kammerspiele stellten gleich die ganze letzte Spielzeit unter das Motto »Die zehn Gebote«. Ebenso belegt die Renaissance, die Goethes »Faust« an den deutschen Bühnen erlebt, die Aktualität der Gretchenfrage: »Wie hältst Du's mit der Religion.« Die Fragen des Glaubens und der Religion treiben auch die heutigen Künstler um. Aber sie suchen, wenn sie sich der traditionell biblischen Themen annehmen, ihre eigenen, unkonventionellen Antworten, bzw. sie haben mehr Fragen als Antworten. Auch im Anschluss an die ikonographische Tradition des Christentums verfährt die Gegenwartskunst, außerhalb ebenso wie innerhalb der Kirche, autonom, den individuellen religiösen bzw. religionskritischen Intentionen und ästhetischen Formprinzipien entsprechend. Es geht nicht darum, missionarische Interessen zu verfolgen, sondern eine neue ästhetische Wirklichkeit hervorzubringen und ästhetische Erfahrungen machen zu lassen, die sich möglicherweise auch religiös bzw. theologisch deuten lassen. Ob diese religiöse Deutung dann freilich erfolgt, ist jedem selbst überlassen und in der Regel ist sie nicht zwingend.

Die moderne bildende Kunst, der Film, das Theater sind in keiner Weise an kirchliche Vorgaben gebunden. Selbst wenn sie es wollte, hätte die Kirche gar keine Kraft mehr, irgendwelche Vorgaben verpflichtend zu machen. Diese Kraft hat sie ja nicht einmal in den Angelegenheiten des religiösen Glaubens. Auch da verfahren die Zeitgenossen nach der Devise: ›Wer oder was Gott ist, bestimme ich.‹ Das macht die Religion ebenfalls autonom, aber im Grunde doch auch gut protestantisch. Gerade dann, wenn dabei sogar die Auseinandersetzung mit biblischen Themen gesucht wird. Die Kunst wie die freie religiöse Suchbewegung der Individuen tun dies auf freie, provokative, freche Weise.

Die Bilder der Kunst werden so in der Moderne zum anregenden, aufregenden, Widerspruch hervorrufenden Zeichen für die ästhetisch-religiöse Phantasie der Menschen. Sie zeigen das Vertraute, Überlieferte, auch in der Kirche Überlieferte, immer wieder neu und anders. So regen sie an zur Suche nach Sinn, auch im eigenen Leben. Die Bilder der Kunst und des Kinos, die szenischen Aufführungen im Theater und auf der Leinwand konfrontieren mit religiösen Existenzfragen, mit den Fragen nach einem Jenseits des Todes, nach dem Woher des Bösen und der Gewalt, wie umzugehen ist mit Schuld und ob Vergebung möglich ist.

Die Bilder der Kunst, des Kinos und des Theaters können freilich immer auch den von Traditionen geprägten Glauben irritieren. Deshalb gibt es in den Kirchen, sofern sie diese Kunst in sich hinein holen, immer auch Ärger, Auseinandersetzungen, Streit. Werke zeitgenössischer Künstler verstören. Sie fordern zu eigenem Fragen heraus, zu eigener, schöpferischer Kreativität, manchmal auch zu einem neuen Glauben. Das genau zeigt aber die Chance, die für die Kirche in der Öffnung ihrer Räume für die Gegenwartskunst liegt. Wem die alten Inhalte und die traditionelle Aufbreitung des Stoffes, aus dem die christliche Religion gemacht ist, nichts mehr sagt, der Zugang verbaut ist, wer sich durch die traditionellen Inszenierungen der Liturgie nicht angesprochen findet, der kann durch neue Zeichenkombinationen, zu denen Gegenwartskunst findet, möglicherweise auch neu aufmerksam werden auf die religiöse Dimension in den eigenen Lebenssinnfragen. Wenn die Kirche heute ungenutzte Chancen hat, dann liegen sie in der Ästhetik ihrer Räume. Der größte Fehler, den sie gegenwärtig machen kann, besteht deshalb darin, ihre Räume, weil sie scheinbar hier und da nicht mehr besucht werden, aufzugeben.

Gerade die für die Kultur der Gegenwart so charakteristische Favorisierung der Ästhetik des Performativen eröffnet der Kirche ganz neue Chancen. Der Kirchenraum kann von den Künstlern entdeckt werden als ein Raum, der sich geradezu aufdrängt für den Aufbau neuer Symbolwelten, sei es nun, dass diese sich an dem alten Stoff des Christentums, seiner klassischen ikonographischen Tradition abarbeiten oder damit gar nicht im direkten Bezug stehen, sondern sich auf religiös indirekte Weise existentieller Sinnfragen annehmen. Der Kirche wiederum kann die Gegenwartskunst neue Impulse geben, eben als performatives Ereignis, als Herausforderung zur Veränderung, als die Wucht der schöpferischen Kraft des Lebens.

8. Ästhetische Zugänge zur Christologie: »Schönster Herr Jesus«

8.1 Ein Musical in der Kirche: Godspell

In der modernen Kultur gewinnt die Kunst eine enorme Bedeutung für die Religion. Die Grenzen zwischen ästhetischer und religiöser Erfahrung werden fließend. Kunst und Religion konkurrieren miteinander. Es steht nicht mehr von vornherein fest, an welchen Orten Menschen ihr Leben in der Tiefe gedeutet finden, in den Räumen der Kunst oder der Religion, im Theater, im Kino, im Museum oder in der Kirche.

Mit der Nähe, ja der Konkurrenz von Kunst und Religion, ist die Relevanz der Ästhetik für die verschiedenen Formen religiöser Praxis ins Blickfeld gerückt. Man ist insbesondere in der Praktischen Theologie und der Religionspädagogik darauf aufmerksam geworden, dass den Fragen der Form, des Stils, des Ausdrucks, der Darstellung, dann auch der Verortung in bestimmten Milieus in religionspraktischen Vermittlungsfragen ein kaum zu überschätzendes Gewicht zukommt. Ob und von wem die kirchlichen Gottesdienste besucht werden, hängt gewiss immer noch auch von den Inhalten ihrer Botschaft ab. Aber gleichermaßen entscheidend ist die Form ihrer Gestaltung in der Liturgie und der Predigt, sind die ästhetischen Anmutungsqualitäten, die Architektur des Raumes, die Musik, der Stil der gottesdienstlichen Inszenierung überhaupt.

In der hochgradig differenzierten modernen Kultur unterscheiden sich die ästhetischen Wahrnehmungs- und Erlebnispräferenzen je nach kulturellem Milieu erheblich. Vor allem an der sich ziemlich eigenständig ausbildenden, zugleich im permanenten Wandel befindenden Jugendkultur ist abzulesen, welchen Einfluss die Ästhetik auf die Möglichkeit des Zugangs auch zu den Inhalten der Religion hat. Am Beispiel der Transformationen des Jesusbildes, einmal unter Bezugnahme auf Erfahrungen mit einem Projekt, in dem es zur Begegnung von traditioneller kirchlicher Religionskultur und Formen zeitgenössischer Jugendkultur kommen konnte, sodann im Blick auf den zeitgenössischen populären Film soll hier dieser innere Zusammenhang von Ästhetik und Religion noch weiter beleuchtet werden.

Die Landesbühne Hannover hat 2003 das Musical »Godspell« – ein Stück des Broadway-Autors Stephen Schwartz, das ähnlich wie »Jesus Christ Superstar« in den 70er Jahren in den USA mit großem Erfolg aufgeführt worden war – neu übersetzt, modernisiert, aufwändig inszeniert und mit professionellen Musicalschauspielern besetzt. Dieses Projekt war von der Hanns-Lilje-Stiftung, einer Kulturstiftung der Hannoverschen Landeskirche, gefördert worden und erwies sich – trotz seiner noch immer stark an die 70er Jahre erinnernden Musik – als großer Publikumserfolg. Norddeutschlands Kirchen waren die Aufführungsorte. Fast jede der 40 Aufführungen von »Godspell« war ausverkauft. Die Reaktionen fielen freilich unterschiedlich aus.

»Godspell« erzählt das Leben Jesu unterhaltsam, ironisch und gänzlich untheologisch. Das hat vielen Jugendlichen und Kirchendistanzierten durchaus gut gefallen. Andere waren der Meinung, dass dieses Stück und seine freche Inszenierung dem Evangelium nicht angemessen seien, das Ganze nicht in eine Kirche gehöre.

Ob ein Musical in der Kirche oder auf der Bühne eines Theaters zur Aufführung kommt, bedingt offenkundig bereits erhebliche Wahrnehmungsdifferenzen. Sodann hängen die Reaktionen sehr stark von den Wahrnehmungseinstellungen, religiösen Prägungen, ästhetischen Präferenzen und kulturellen Milieus ab. Die Jugendlichen und Kirchendistanzierten reagierten positiv. Sie hat die Konfrontation des Kirchenraums mit einem Stück, das trotz seines biblischen Inhalts sich ganz und gar zeitgenössischer Formen der Unterhaltungskultur bedient, durchaus angesprochen. Sie sind hier einer Form der Inszenierung der Jesusgeschichte begegnet, die ihnen einen Zugang zu dieser Geschichte eröffnet hat. Andere hingegen, vor allem traditionell Kirchenverbundene, Theologen und Religionspädagogen übten heftige Kritik. Diese Inszenierung der Jesusgeschichte, so wurde gesagt, erschließe Jesu Botschaft vom hereinbrechenden Gottesreich nicht. Es würde theologisch nichts erklärt, kein Verstehen von Wort und Geschichte Jesu ermöglicht. Warum musste Jesus am Kreuz sterben? Genau auf diese zentrale Frage der Christologie gäbe das Musical überhaupt keine Antwort.

Natürlich lässt sich über den theologischen Gehalt dieses Musicals streiten. Er ist in der Tat eher dürftig. Rechtfertigt dies aber allein schon die theologische Kritik? Auch den regelmäßigen Kirchgängern und den Theologen kann nicht verborgen geblieben sein, dass es sich bei »Godspell« nicht um einen theologischen Vortrag oder eine Religionsunterrichtsstunde über Jesus handelt. Deshalb dürfte die Vermutung durchaus berechtigt sein, dass ihre ablehnende Haltung, ebenso wie die überwiegende Zustimmung der Jugendlichen und Kirchendistanzierten, in Wahrheit sehr viel eher ästhetische als theologische oder pädagogische Gründe hatte. Sie empfanden den Stil des Umgangs mit der Jesusgeschichte als unangemessen, erkannten die theologische Botschaft, das ihnen vertraute Evangelium nicht wieder. Die Jugendlichen hingegen erlebten gerade umgekehrt den ihnen ansonsten fremden biblischen Inhalt in einer der jugendkulturellen Ausdrucksästhetik einigermaßen angemessenen Form. Deshalb störte sie, im Unterschied zu den theologischen und pädagogischen Kritikern, der Sachverhalt auch überhaupt nicht, dass dieses Musical in der Kirche aufgeführt, aber zugleich mit dem biblischen Stoff doch ziemlich unkonventionell umgegangen wurde. Im Gegenteil, weil hier eine ihrem jugendkulturellen Lebensstil entsprechende Ästhetik die musikalische Aufführung bestimmte, konnten sie unmittelbar mitgehen, wurde die Aufführung für sie zu einem Erlebnis, das ihnen durchaus etwas von der religiösen und moralischen Bedeutung der Jesusgeschichte erschließen konnte.

Den Jugendlichen und den Kirchendistanzierten, deren ästhetische Wahrnehmungseinstellungen und religiöse Offenheit der Stil der Inszenierung einigermaßen getroffen hat, wurde die Aufführung von Godspell zu einem positiven Erlebnis. Sie konnten eine ästhetische Erfahrung machen. Da eine ästhetische Erfahrung immer auch die Potenz inne hat, zu einer existentiellen Transformationserfahrung werden zu können, ist nicht auszuschließen, dass die Jugendlichen und Kirchendistanzierten durch das Erlebnis der Aufführung zugleich in einen intensiveren Kontakt zur Jesusgeschichte selbst gekommen sind.[1] Wer wirklich eine ästhetische Erfahrung macht, sei es im Theater, sei es in der Kirche, wird von dem Stück, das zur Aufführung kommt, ergriffen und kommt anders aus dem Theater bzw. der Kirche heraus, als er hinein gegangen ist.

Ein Musical wie »Godspell«, das die Jesus-Geschichte auf eine Weise erzählt, die bestimmten Formen zeitgenössischer Jugendkultur entspricht, will jedenfalls nach der Wirkung und damit nach der ästhetischen Erfahrung beurteilt sein, die seine Aufführung auslöst. Die Inszenierung, die Aufführung, das Ereignis, das Erleben, das emphatische Dabeisein sind entscheidend. Es ist im Grunde unangemessen, eine solche ästhetische Inszenierung nach anderen als ästhetischen Kriterien, also etwa nach ihrem theologischen oder religionspädagogischen Lehrgehalt zu beurteilen. Das gilt für alle Kunst, auch im Raum der Kirche. Es gilt für alle Aufführungen, Inszenierungen, Ereignisse, Events, auch für Gottesdienste. Die Performance ist ausschlaggebend, somit die ästhetische Erfahrung, die gemacht werden kann.

Viele Jugendliche finden keinen Zugang mehr zu den traditionellen

1. Vgl. Erika Fischer-Lichte, Ästhetik des Performativen, Frankfurt a. M. 2004.

Inszenierungen der christlichen Religion. Die Gottesdienste mit Orgelmusik, schleppendem Gemeindegesang, langer Predigt ergreifen sie nicht, lösen keine Begeisterung für Jesus aus. Die Ästhetik spielt in der Religion, dann gerade auch im Blick auf den Zugang zu Jesus, eben eine ganz entscheidende Rolle. Auf das Jesus*bild* kommt es an. Seine ästhetischen Anmutungsqualitäten entscheiden darüber, ob eine Beziehung zu Jesus entsteht oder nicht. Deshalb ist es wichtig, wie die Geschichte erzählt, wie sie inszeniert und zur Aufführung gebracht wird. Davon hängt entscheidend ab, wie die Rezeptionsprozesse ablaufen, welche Menschen in welchem Lebensalter und in der Zugehörigkeit zu welchem kulturellen Milieu sich angesprochen finden und welche nicht.

Immer kommt es bei einer Inszenierung darauf an, welche Gefühle sie hervorruft, in welche Gestimmtheiten sie versetzt, auf welche Gedanken sie bringt. Was heute für die bildende Kunst und die Musik gilt, gilt seit jeher erst recht für das Theater und im Grunde auch für die Kirche und ihre Liturgie. Kunst besteht nicht nur aus dem Werk, vor dem man betrachtend steht und das man zu deuten versucht. Kunst entsteht vielmehr oft erst in der Aufführung und damit in der ästhetischen Erfahrung, die sie auslöst. Performance-Künstler wie Joseph Beuys oder Alfred Hrdlichka waren Vorreiter dieser »Ästhetik des Performativen« (Fischer-Lichte).

»Godspell« ist ein Musical, Musiktheater, keine Predigt und auch kein Religionsunterricht. Es ist Theater, das mit dem Anspruch auftritt, das Publikum zu unterhalten. Zugleich bringt »Godspell« Texte aus dem Matthäusevangelium zur Aufführung, übersetzt sie in Songs und Rhythmen. »Godspell« nach exegetischen Befunden, theologischen Intentionen oder religionspädagogischen Absichten zu beurteilen, wäre nicht angemessen. Der Effekt seiner Aufführung beruht gerade auf dem kreativen Umgang mit den biblischen Texten, der darauf abzielt, eine unterhaltsame, anregende Aufführung der Jesusgeschichte hervorzubringen. Es werden nicht theologische Wahrheitsansprüche geltend gemacht oder religionspädagogische Lernziele verfolgt, sondern das Publikum soll sich unterhalten finden. Dabei werden freilich, auf dem Wege der szenischen Darstellung des Lebens Jesu, sozusagen nebenbei, auch neue Wahrnehmungen an den biblischen Texten provoziert, allerdings irritierende, verfremdende, komische.

Es ist deshalb nicht ausgeschlossen, dass auch religionspädagogisch von der Inszenierung der Jesusgeschichte in »Godspell« zu lernen wäre. Sie kann unter Umständen dazu anregen, mit Schülern eigene Inszenierungen der Jesusgeschichte zu entwerfen. Dann werden die biblischen Evangelientexte zur Vorlage, um sie zu einem Drehbuch umzuschreiben.

Die Gleichniserzählungen werden als Miniaturdramen wahrgenommen. Schüler inszenieren sie neu. Auf diese Weise können Schüler ihre eigene Ästhetik finden, ihren Stil des Sich-Empfindens entwickeln. Und möglicherweise machen sie dabei ja auch die Entdeckung, wie stark die biblische Vorlage ist, so stark, dass die Jesusgestalt im Prozess ihrer Darstellung tatsächlich Eindruck macht, mitzieht, Jugendliche ein *Bild* von Jesus bekommen, mit dem sie etwas anfangen können.

Die Ästhetik, die Form der Darstellung von Inhalten, ist für deren pädagogische Vermittlung von schlechthin zentraler Bedeutung. Deshalb muss gesteigerte Aufmerksamkeit auch in theologischer und religionspädagogischer Hinsicht der Form gelten, den Szenen, den Bildern, eben der ästhetischen Inszenierung der Inhalte. Die Inhalte binden sich an die Form ihrer Wahrnehmung, die wiederum die ästhetische Erfahrung allererst provoziert.

»Godspell« ist kein traditioneller Gottesdienst, keine Predigt, natürlich auch kein Religions- und Konfirmandenunterricht. »Godspell« ist Musiktheater, Kunst, Musikkultur. Das junge Publikum, das in seinen ästhetischen Erlebnispräferenzen durch die heutige Jugendkultur sehr viel stärker als durch die traditionelle kirchliche Kultur geprägt ist, wird angesprochen durch die mitreißenden Songs, die bewegenden Rhythmen, die zur Heiterkeit verlockenden Parodien, die komische Inszenierung biblischer Texte. Den Jugendlichen entstehen dabei freilich auch Züge eines Jesusbildes. Dies geschieht aber eher so nebenbei, vor allem nicht im erhobenen und getragenen Ton der Predigt, auch nicht mit moralischem Zeigefinger. Jesus wird mit Schwung als der Sohn Gottes, als der Erlöser besungen. Er ist der, der das Leben kennt und mich versteht. Aber das alles imponiert durch die jugendkulturelle Prägnanz der ästhetischen Form, nicht auf dem Wege der Belehrung und der argumentativen Überzeugung. Harald Schmidt und Günter Jauch stehen Pate beim Umgang mit den Gleichnissen Jesu, nicht Rudolf Bultmann, nicht Albert Schweitzer, nicht Franz Alt. Man könnte vielleicht auch sagen: Die Moral wird durch Ironie und Sarkasmus erträglich gemacht.

»Godspell« ist m. E. ein gelungenes Beispiel für die ästhetische Inszenierung der Religion in der Mediengesellschaft. Das Fernsehen ist das Leitmedium unserer Zeit. »Godspell« fragt deshalb, wie Jesus heute auftreten und seine Geschichten erzählen würde. Er würde selbstverständlich im Fernsehen auftreten, aber nicht mit dem ›Wort zum Sonntag‹, sondern, wie Thomas Gottschalk oder Günter Jauch, als Showmaster in Gameshows und Quizrunden. Er würde sogar, wie es das Stück zum Schluss vorführt, seine Kreuzigung als Event organisieren. Anders kann man in der Mediengesellschaft keine das Bewusstsein der Menschen erreichenden, geschweige verändernden Effekte erzielen. Klar, in dem allem bleibt »Godspell« Musiktheater, ist es nicht traditioneller Unterricht, auch kein konventioneller Gottesdienst. Aber d. h. nicht, dass für die Gestaltung von Gottesdienst und Religionsunterricht von dieser Art der Inszenierung der Jesusgeschichten, die ganz auf die schrille, verfremdende Form, die Erzeugung ästhetischer Spannungszustände setzt, nichts zu lernen wäre.

»Godspell« verfremdet die Jesusgeschichten mit den Elementen der zeitgenössischen Medienästhetik. Es bricht andererseits auch die Medienkultur mit Ironie und Sarkasmus selber wieder auf, zeigt die Oberfläche, hinter der nichts ist – es sei denn, wir, die Zuschauer, fangen selbst an zu fragen nach Gott, nach dem Weg ins Leben, den Jesus gegangen ist, nach Erlösung.

Es ist kein innerer Zusammenhang zwischen den einzelnen Szenen, die zur Aufführung kommen, zu erkennen, keine Theo-Logik, oft gar kein nachvollziehbarer Sinn. Man versteht in der Tat nicht, wovon Jesus uns erlöst haben soll, warum Gott zu loben und zu preisen ist. Es wird keine theologische Antwort auf die Frage gegeben, warum Jesus leiden und am Kreuz sterben musste. Es wird keine tiefere Deutung versucht, weder für die Gleichnisgeschichten, die Jesus erzählt hat, noch für die Geschichte seines Leidens und Sterbens. Aber das ist es vielleicht gerade, was den ästhetischen und auch religiösen Effekt ausmacht. Die Geschichten werden auf unterhaltsam erheiternde Weise, ironisierend, mit einem Schuss Sarkasmus zur Aufführung gebracht, quer zu der Art, in der sie religiös bedeutungsschwer und moralisch im erhobenen Ton gewöhnlich in der Kirche vorgetragen werden.

»Godspell« ist keine Verkündigung, keine theologische Belehrung, keine schulmäßige Bibelauslegung. Das hätte die ganze Sache vermutlich um ihre Wirkung gebracht. Jeder Versuch, »Godspell« zur Verkündigung des Evangeliums oder zur Information über den rechten Christenglauben auszubauen, würde seiner Aufführung den Charakter einer jugendkulturellen Performance nehmen.

Dennoch sind viele Texte aus dem Matthäusevangelium zitiert, dann aber auf irgendwie schräge Weise inszeniert, in Rollenspiele und Gameshows integriert. So kann möglicherweise doch auch ein neues Fragen nach deren Sinn und Bedeutung beim Zuschauer angestoßen werden. Die großen Begriffe aus der christlichen Religion kommen jedenfalls vor. Die Erlösung wird ausgerufen, Gott wird gepriesen, sein Tod beklagt und sein langes Leben besungen. Es wird zwar keine theologische Deutung, keine Interpretation dieser Begriffe gegeben, aber sie werden mitreißend gesungen und in Bewegung gebracht. Das spricht unmittelbar an, da schwindet die reflexive Distanz. Da hört vielleicht sogar das Fragen auf und fängt das Glauben an. So wie in Bachs H-Moll-Messe auf das dunkle »Sepulcrum est«, das Grab und die Hölle, ein jubilierendes »Et resurrexit«, die Auferstehung von den Toten folgt. Ohne Deutung der Jüngererfahrungen am Ostermorgen, einfach durch die Epiphanie der Form, ausgelöst durch Bachs mitreißende Musik, fängt in den Herzen der Hörer möglicherweise der Glaube an die Auferstehung und das ewige Leben an. Ein solches Geschehen ist nicht machbar. Aber so ist Kunst. Das geschieht in ästhetischer Erfahrung. Sie ist eine Transformationserfahrung. In ihr ereignet sich der paradoxe Sachverhalt der Machbarkeit des Nicht-Machbaren.

Auch »Godspell« ist Kunst. Solche Kunst, die nicht einrastet in immer wieder Gehörtes, sondern die aufmerken lässt auf neue Erfahrungen mit dem alten Stoff, aus dem die christliche Religion gemacht ist. »Godspell« erzeugt Irritationen, Kopfschütteln. »Godspell« provoziert den Verdacht auf Geschmacklosigkeit. »Godspell« ist ein Skandal in der Kirche. »Godspell« ist eine Begegnung mit dem Evangelium.

8.2 Die kulturellen Milieus

Ein solches Musical wie »Godspell« vermittelt aber eben nicht für jeden einen Zugang zu Jesus, auch dann nicht, wenn es in der Kirche zur Aufführung gebracht wird. Die gesellschaftliche Differenzierung nach Lebensstilen und kulturellen Milieus durchdringt in hohem Maße die Kirchen und religiösen Gemeinschaften. Vor allem zwischen der traditionellen kirchlichen Gottesdienstkultur und den Erlebnisformen, die sich jugendkulturell herausgebildet haben, sind zahlreiche »feine Unterschiede« (Bourdieu) entstanden.[2] Sie sind ästhetisch konfiguriert, also eigentlich gar nicht in den Glaubensinhalten begründet, sondern sehr viel mehr in den Formen ihrer Darstellung. Gleichwohl aber greifen sie tief genug, um für viele Jugendliche den Zugang zur traditionellen kirchlichen Religionskultur erheblich zu erschweren.

Gerhard Schulze hat in seiner »Kultursoziologie der Gegenwart« erstmals eine große wissenssoziologische Untersuchung zur Ästhetisierung

2. Vgl. Pierre Bourdieu, Die feinen Unterschiede. Kritik der gesellschaftlichen Urteilskraft, Frankfurt a. M. 1982.

der Lebenswelt und den sich in ihr ausdifferenzierenden kulturellen Milieus vorgelegt.[3] Sie dürfte auch für die Analyse der religionskulturellen Entwicklungen in Zukunft noch stärker fruchtbar zu machen sein.

Da die Menschen die Fragen der materiellen Daseinssicherung nicht mehr in dem Maße beschäftigen, wie das früher der Fall war, geht es jetzt vor allem um das Projekt des schönen, gelingenden, sinnvollen Lebens. Die Ästhetik und damit die Fragen eines gesteigerten Erlebens des Lebens werden zentral. Es bilden sich differente ästhetische Präferenzen aus, denen wiederum differente Lebensstile und kulturelle Milieus entsprechen. Die sozialen und ökonomischen Unterschiede werden von den auf ästhetischen Differenzierungen beruhenden Milieugrenzen überlagert. Sie treten an die Stelle der sozialen Unterschiede, die in der klassischen Industriegesellschaft durch Schicht und Klasse bestimmt waren.

Im Blick auf die alltagsästhetischen Präferenzen unterscheidet Schulze zwischen dem Hochkulturschema (z.B. Literatur), dem Trivialschema (z.B. Arztroman) und dem Spannungsschema (z.B. Disko). Sie bestimmen jeweils auf unterschiedliche Weise, was Menschen in ihrer Alltagswelt gesteigerte Erlebnisgehalte vermittelt (Genuss). Sie machen Abgrenzungen möglich (Distinktion). Sie repräsentieren vor allem auch normative Elemente einer bestimmten Lebens- und Weltansicht, symbolische Muster von Lebenssinn (Lebensphilosophie).[4]

Im Blick auf die kulturellen Milieus, die sich auf der Basis dieser ästhetischen Schemata bilden, differenziert Schulze zwischen *Niveaumilieu*, *Harmoniemilieu*, *Integrationsmilieu*, *Selbstverwirklichungsmilieu* und *Unterhaltungsmilieu*. Die Unterschiede, die in der Klassengesellschaft durch Standesunterschiede, Einkommensverhältnisse und überkommene Schichtzugehörigkeiten gebildet wurden, entstehen in der »Erlebnisgesellschaft« eher nach Maßgabe dieser unterschiedlichen Milieus, nach Maßgabe damit freilich auch des Lebensalters und des formalen Bildungsgrades. Somit stellen Milieus in der modernen Kultur im wesentlichen diejenigen alltagskulturelle Kontexte dar, die die Lebens- und Weltansicht der Menschen formieren, ihre Lebensführung orientieren und ihre Erlebnispräferenzen interpretieren.[5]

Die Aufmerksamkeit auf Erlebnispräferenzen und Milieuzugehörigkeiten kann uns Aufschluss darüber geben, warum bestimmte Darstel-

3. Gerhard Schulze, Die Erlebnisgesellschaft. Kultursoziologie der Gegenwart, Frankfurt a.M./New York ²1992.
4. A.a.O., 125-168.
5. A.a.O., 277-334.

lungs- und Ausdrucksformen im Bereich des Religiösen auf bestimmte Menschen eher ansprechend wirken und auf andere eher nicht. Wir können auch in der kirchlichen und religiösen Praxis kontrollierter und theoriefähiger mit eben dem Sachverhalt umgehen, dass die Präsentation und damit die Form, der Stil in der Darstellung religiöser Gehalte wesentlich darüber entscheiden, ob sich ein Zugang zu ihnen eröffnet oder nicht. Ein Musical wie »Godspell« spricht eben eher junge Menschen aus dem Unterhaltungs- und Selbstverwirklichungsmilieu an, während Menschen aus dem Niveau- und Harmoniemilieu sich eher im traditionellen Gottesdienst wohl fühlen.

8.3 Ästhetische Konfigurationen der Christologie

Form und Inhalt hängen freilich immer zusammen. Die Transformationen des Jesusbildes in der modernen Kultur zeigen sich nicht nur in den Formen seiner Darstellung, sondern schlagen auch auf seine inhaltlichen Bedeutungen durch. Das ließe sich an vielen Titeln der populären Musikkultur und vielen populären Kinofilmen, in denen immer wieder auch Elemente, Transformationen und Verfremdungen der Jesusgeschichte auftauchen, zeigen.

Junge Menschen, die auf der Suche sind nach spiritueller Erfahrung, nach Selbstverwirklichung, nach Liebe, nach Zugehörigkeit zu einer Gemeinschaft, nach Identität, nach einem Platz im Leben, nach ihrem Sinnkonstrukt finden sich vielfach gerade im Kino auf diese Lebensaufgaben und -herausforderungen angesprochen.[6] Viele populäre Kinofilme sind voll biblischer Bezüge, werden als solche allerdings meistens nicht erkannt. Die populären Kinofilme stellen die biblischen Bezüge jedoch in der Weise her, dass sie inhaltlich anschlussfähig sind an die jugendkulturellen Milieus und deren Erlebnisgehalte, also an die Lebenseinstellungen des Selbstverwirklichungs- und Unterhaltungsmilieus. Es sind schließlich insbesondere die Jugendlichen zwischen 14 und 28 Jahren, die am häufigsten ins Kino gehen. Dem trägt die Filmindustrie Rechnung. Die Reflexion auf Milieus und Lebensstile, damit die Frage, wie Jugendliche anzusprechen sind, hat in Hollywood längst stattgefunden.

6. Vgl. dazu jetzt die empirische Untersuchung: Wilhelm Gräb/Jörg Herrmann/Kristin Merle/Jörg Metelmann/Christian Nottmeier, »Irgendwie fühl ich mich wie Frodo!« Eine empirische Studie zum Phänomen der Medienreligion, Frankfurt a. M. u. a. 2006.

Kinofilme sind mehr als Unterhaltungsware. Kinofilme verstricken erneut in selbst Erlebtes, führen in fiktive Welten, ermöglichen das Spiel mit Symbolen und befähigen zur Deutungspraxis in eigener Erfahrung. Dann können wir durch das Filmerlebnis einen freieren Blick auf unser Leben gewinnen. Es werden uns Gefühle bewusst, Gestimmtheiten nachvollziehbar. Filme ermöglichen uns die Identifikation mit ihren Protagonisten. Wir erkennen uns wieder in den Lebenskrisen, die sie durchleiden, gewinnen eine Ahnung von den Katastrophen, in die sie geraten. Wir fiebern mit, wenn die Rettung nah ist und der Kampf mit den Mächten des Bösen beginnt. Niederlagen müssen durchlitten werden. Es sind die großen Geschichten vom Kampf um Befreiung, von der Suche nach einem erfüllten, gelingenden Leben. Es sind Geschichten, in denen es um Befreiung vom Bösen geht, um den Sieg des Guten. Wir sehen, welche furchtbaren Kämpfe es auf dem Weg zur Erlösung braucht, viele Opfer, auch blutige Opfer. Gewalt spielt immer eine Rolle in den Kinofilmen, ebenso freilich die Liebe. Doch ohne gewaltige Opfer gibt es keine Befreiung, siegt die Liebe nicht über den Hass.

Das alles sind auch biblische Motive. Des näheren ist genau die Konfiguration der Jesusgeschichte zu erkennen. Das Kino inszeniert diese Geschichte mit seinen ästhetischen Mitteln, um eben das Menschheitsdrama zu erzählen, die Geschichte vom Kampf des Guten gegen das Böse, von gewaltigen Opfern, von Katastrophen, in die Menschen geraten, von dem, was sie dennoch am Leben erhält, von wunderbaren Befreiungen, vom Sieg des Lebens, auch und gerade dort, wo Menschen scheinbar ganz am Ende sind. Wie gesagt, die Anspielungen auf die Erzählungen der Bibel, auf Kreuz und Auferstehung, sind zumeist sehr indirekt. Man muss die Bibel kennen, um diese Anspielungen erkennen zu können. Aber dann sieht man doch gerade, wie eben die großen Erzählungen der Bibel und vor allem die Jesusgeschichte heute in neuen medialen Konfigurationen weitererzählt werden.

Viele Filme sind geradezu aufgebaut wie die christologisch zentrierte, biblische Heilsgeschichte. Die Protagonisten gehen einen Weg, der sie aus der Katastrophe, dem verlorenen Sinn, der Sünde, der Entfremdung herausführt. Sie sind auf der Suche nach Heilung und Heil, nach Befreiung, nach Erlösung. Die Anspielungen auf die Geschichte Jesu zeigen sich insbesondere daran, dass der Weg ins Leben immer durch das Leiden, die Kreuzeserfahrung hindurchführt. In vielen Kinofilmen können zeitgenössische Umformungen der Evangelien erkannt werden, oft freilich nicht auf den ersten Blick. Es sind in der Regel einzelne Bilder und Motive, Symbole, die auf die Bibel verweisen, aber es findet sich ebenso die strukturelle Parallelität zwischen filmischen und biblischen Erzählungen.

Die Bibel spannt den Bogen von der Schöpfung über die Sünde zur Erlösung auf. Dieser Spannungsbogen kennzeichnet zugleich – wie in einem Brennglas – das Leben Jesu. Das Leben Jesu beginnt in Bethlehem mit der Geburt des Gottessohnes im Stall. Es folgt die Flucht nach Ägypten, ein Weg der Krisen und Konflikte, der gewalttätigen Konfrontationen. Er führt über Golgatha, das Kreuz, bis er sich im Sieg über die Mächte der Sünde und des Todes vollendet, in der Auferstehung, dem neuen Leben aus der Kraft Gottes.

In der Bezugnahme auf drei jüngere Filme kann die Paradigmatik der Jesusgeschichte noch kurz exemplifiziert werden: In ihnen lassen sich geradezu *christomorphe Lebensbilder* erkennen: »Fight Club« (USA 1999) von David Fincher, »Cast Away – Verschollen« (USA 2000) von Robert Zemeckis und »Die Truman Show« (USA 1998) von Peter Weir. In diesen Filmen wird der Ausgangspunkt, die Krise, die Entfremdung, der Sündenfall mit den Folgen der gesellschaftlichen Modernisierungsprozesse veranschaulicht. Die kapitalistische Wirtschaft und die Welt der Medien haben die Protagonisten von sich selbst entfremdet. Aber im Durchgang durch existentielle Krisenerfahrungen, mit der Arbeit an sich selber, durch Konfrontation mit dem anderen und Fremden, dem Gegenüber, finden sie zu einem neuen, freien, zu ihrem eigenen Leben. Sie gelangen von der Fremdbestimmung zur Selbstbestimmung, vom Gelebtwerden zur Freiheit des Ich-Selbst-Seins. Nie geht das ohne Kampf, nie ohne Gewalt. Immer geht der Weg durch den Tod ins Leben. Den Hauptteil der Filme bilden – in exakter Parallelität zum biblischen Vorbild der Evangelien – die Passionsgeschichten, die Krisen und Kämpfe der Protagonisten. Das neue Leben wird am Ende eröffnet, aber nicht ausgemalt, genauso wenig wie das beim auferstandenen Jesus der Fall ist. Die Frage nach der Realisierung des neuen Lebens wird – ebenfalls analog zur Erzählung der Evangelien – an die Rezipienten weitergegeben.

Die Parallelen zur Jesusgeschichte und die Bezüge zur biblischen Symbolwelt insgesamt sind in allen drei Filmen deutlich. Ebenso klar aber zeigt sich, wie nah die Helden, von denen diese Filme erzählen, deren Lebenskrisen, Suchbewegungen und Freiheitskämpfe sie vorführen, bei den Herausforderungen sind, vor denen insbesondere die Jugendlichen in der modernen Kultur stehen. Die Filmfiguren müssen ihren Weg weitgehend allein finden. Er ist nicht vorgezeichnet durch Sitte und Tradition. Was im Leben letzten Halt gibt, zur einschneidenden Erfahrung wird, zum transzendenten Gegenüber, zum Gott, steht nicht fest: Volleybälle, Engelsflügel können ein transzendentes Gegenüber symbolisieren. Die bergende Gemeinschaft fehlt.

Das eigene Leben zu finden, Identität zu gewinnen, Ich selbst zu werden, das sind die großen Themen, die in diesen Filmen auf eindrückliche Weise in Szene gesetzt werden. Es sind die religiösen Lebensthemen auch vieler Jugendlichen. Sie können durch solche Filme somit in ihrer konstruktiven Arbeit am Lebenssinn weitergeführt werden. Das neue, wahre, eigene Leben ist mitten unter euch, ihr müsst es nur wahrnehmen und als die eigene Möglichkeit ergreifen, so die Botschaft. Die Filme malen das neue Leben, das authentische, wahre Leben jedoch nicht aus. Sie zeigen, dass es immer nur in Bruchstücken zu haben ist, dass es kein Zustand ist, den man ein für allemal erreichen kann. So verweisen sie zugleich auf das in aller Gegenwärtigkeit immer noch ausstehende Gottesreich – wenn man es in der traditionellen religiösen Sprache formulieren wollte.

Die populären Filme des Gegenwartskinos sind voll religiöser Bezüge. Sie zitieren laufend die Bibel. Das merkt aber nur der, der die Bibel kennt und die Frage der Religion als die Frage nach dem letzten Woher und Wohin des eigenen Lebens zu stellen gelernt hat. Um beides bemühen sich der kirchliche Unterricht sowie der Religionsunterricht der Schule. Dort sollen die Schüler etwas von der Bibel und ihren Heilsgeschichten kennen lernen, sowie dann auch die religiöse Frage als eine sie persönlich angehende stellen. Dass beides sehr spannend und unterhaltsam sein kann, ist aber auch zu merken, wenn wir ab und zu ins Kino gehen und über die Erfahrungen, die wir dort machen, mit anderen ins Gespräch kommen.

So jedenfalls kann es gehen, dass die Vermittlung auch der christlichen Inhalte in den Formen der modernen Kultur gelingt. Viel ist dabei von den Künstlern, den Regisseuren, den Theaterleuten, den Filmemachern und Liedermachern zu lernen. Dies eine vor allem: Die Jesusgeschichten der Bibel wollen erzählt, inszeniert, aus- und aufgeführt werden. Anschließend dann können wir uns darüber unterhalten, was bei der Aufführung, die wir miterlebt oder vielleicht auch selbst gestaltet haben, herausgekommen ist. Wir können unsere Erfahrungen interpretieren und deuten. Aber sie gehen in unserem Deuten nicht auf, dann jedenfalls nicht, wenn sie uns wirklich ergreifen und verändern.

9. Medienästhetik und Religionshermeneutik: Realität der Massenmedien

9.1 Von der Wort-Gottes-Hermeneutik zur Religionshermeneutik

Gott braucht Medien, denn niemand hat Gott je gesehen oder gehört. Alles Wissen von Gott ist durch Medien vermittelt, durch das Wort von Gott, die Hl. Schrift, die Erzählungen und Bilder von Gottes Menschwerdung. Deshalb ist Theologie seit jeher Medienwissenschaft. Die Theologie weiß nicht anders von Gott zu reden als vermittels der Medien, die ihn zur Sprache bringen, Schrift werden lassen und ins Bild setzen. Diese Medien verlangen allerdings nicht notwendig nach Auslegung, fordern nicht unbedingt die Theologie und damit auch nicht immer die Hermeneutik. Es kann sein, dass das ›Wort Gottes‹ Menschen unmittelbar anspricht, dass der Hl. Schrift buchstäblich geglaubt wird, dass der Rhythmus der liturgischen Gesänge oder die Leuchtkraft der Ikonen Menschen in den Bann schlagen, dass da gar kein Verlangen nach Auslegung ist. Die überwältigende Macht religiöser Erfahrung kann Menschen in Selbsttranszendenzen führen, in denen alle Deutung sich erübrigt. Es kann freilich auch sein, dass ein religiöser Fundamentalismus eben dadurch absolute Gewissheitspotentiale aufbaut, dass er seine Grundsätze jeder kritischen Reflexion und jeder individuellen Sinndeutung entzieht. Das sind jedoch Reaktionen auf die vom aufgeklärten Kritizismus, Historismus und Werterelativismus dominierte moderne Kultur, die teilweise zwar nachvollziehbar erscheinen mögen, letztlich aber doch immer nur als im Grunde hilflose antimoderne Abwehrreaktionen erscheinen. Nach der Aufklärung gehen wir in der Theologie, aber weithin auch in der kirchlichen Praxis davon aus, dass das ›Wort Gottes‹ das von Menschen gesagte, aufgeschriebene und ausgelegte, überlieferte und gepredigte Wort Gottes ist. Was dieses Wort Gottes sagt, ist an dem Gebrauch zu erkennen, den die biblischen, kirchlichen und religiösen Texte vom Wort ›Gott‹ machen.

Die Kirche hat sich allerdings auf die Bibel als Hl. Schrift und damit als Basis alles eigenen Redens von Gott verständigt. Aber auch die Kirche kann auf der Basis der Hl. Schrift nur von Gott reden, indem sie deren Texte auf den sich je gegenwärtig erschließenden Sinn hin zur Auslegung bringt. Die Texte der Bibel sind auch in der Kirche lediglich das Medium des ›Wortes Gottes‹. Erst unter der Voraussetzung, dass das Wort ›Gott‹ in der Auslegung der biblischen Texte auf Hörer trifft, die mit ihm einen absoluten Sinn verbinden – man kann auch sagen, an Gott und sein in der Hl. Schrift Alten und Neuen Testaments gesprochenes Wort glauben – kann es zum ›Wort Gottes‹ werden. Sobald die Differenzen anerkannt sind, zwischen dem ›Wort Gottes‹ und seinen Kommunikationsmedien, der Schrift und der menschlichen Rede, somit die Bibel oder die Predigt nicht schlicht mit dem ›Wort Gottes‹ identifiziert werden, braucht es die Kunst der Auslegung des geschriebenen und gepredigten ›Wortes Gottes‹, sind kritische Unterscheidungen verlangt und lässt sich der Konflikt der Interpretationen nicht vermeiden.

Dies zum Ausdruck zu bringen, war ja auch die Intention Karl Barths in den Prolegomena der Kirchlichen Dogmatik. Mit seiner Lehre von der dreifachen Gestalt des Wortes Gottes, die sich auch als Theorie religiöser Medienkommunikation lesen lässt, hat Barth die Identifikation des Wortes ›Gott‹ mit dem ›Wort Gottes‹ in das Ereignis dieses Wortes, d.h. die Evidenz seines absoluten Sinnes am Ort des sich zu diesem Wort verhaltenden, es verstehenden und im Glauben aneignenden Menschen verlagert. Produktion wie Rezeption des ›Wortes Gottes‹ laufen über die Medien der Schrift und des gesprochenen Wortes und verlangen die religiöse Produktivität und Aneignungsaktivität von Menschen. Das ›Wort Gottes‹ selbst ist das Medium der Erschließung absoluten Sinn in relativen Sinnzeichen, begegnet als doppeldeutiges Symbol in Sprache, Schrift, Ton und Bild. So ist auch die ›Theologie des Wortes Gottes‹ Medientheologie, eine Theorie religiöser Kommunikation in der Form einer Rhetorik und Hermeneutik des ›Wortes Gottes‹.

Wo Menschen das ›Wort Gottes‹ in der Bibel, der ›Heiligen Schrift‹ lesen, auslegen, hören und verstehen, funktioniert es als Medium der Erschließung absoluten Sinns, somit aber auch nur dann, wenn Prozesse des Verstehens, der Auslegung, der Deutung tatsächlich anlaufen. Die Autoren und Adressaten des ›Wortes Gottes‹ kommen als Redner, Schriftsteller, Ausleger, Leser und Hörer in den Blick. Es gibt keinen Zugang zu Gott ohne das Wort von ihm, ohne das auf ihn verweisende Zeichen, ohne das Symbol, das das Unbedingte im Bedingten repräsentiert. Symbolische Kommunikation verlangt gesteigert nach Deutung, weil das zu Deutende anders als in dem zugleich immer auch auf sich verweisenden Symbol nicht zugänglich ist. Das Wort Gottes ist das Medium der symbolischen Codierung absoluten Sinns. Damit hat es an dem teil, was für alle Medien gilt. Alle Medien sind Codierungs- und Decodierungsmechanismen, zunächst die Menschmedien, die menschliche Gestalt, die Gesten und Gebärden, die Stimme, die Sprache.[1] Medien überführen die innere in äußere Wirklichkeit, in Zeichen und Symbole, die zu Mitteln der Kommunikation, der Wirklichkeitserkenntnis und Wirklichkeitsgestaltung, der Offenbarung und der Verbergung werden.

Das Aufkommen der Massenmedien bedeutet gegenüber der generellen Bedeutung, die Medien für die menschliche Kommunikation haben, noch einmal einen tief greifenden Einschnitt in der Mediengeschichte, mit Konsequenzen gerade auch für die religiöse Kommunikation, die noch längst nicht hinreichend erforscht sind.[2] Die mit Gutenberg und der Erfindung des Buchdrucks aufkommenden Massenmedien unterscheiden sich von den die Kulturgeschichte der Menschheit seit ihren Anfängen formierenden Menschmedien – den Gesten, der Sprache, der Schrift – durch die Zwischenschaltung technischer Apparate. Mit den Reproduktions- und Vermittlungstechniken löst sich die Produktion und Rezeption der Zeichen und Symbole von der Interaktion leibhafter menschlicher Individuen ab. Die technischen Medien, die gedruckten Bücher, der Rundfunk, der Film, das Fernsehen, das Internet verselbständigen sich zu einem eigengesetzlichen, gesellschaftlichen System der Massenmedien. Dieses funktioniert gewissermaßen nach seinen eigenen Gesetzen, die jedoch die gesellschaftliche Kommunikation insgesamt inzwischen weitgehend bestimmen. Alle gesellschaftliche Kommunikation ist heute in erster Linie massenmediale Kommunikation. Die gesellschaftliche Realität wird zur »Realität der Massenmedien« (Luhmann)[3]. Das hat enorme Folgen für die religiöse Kommunikation. Die technischen Massenmedien brauchen die Individuen nicht, um zu funktionieren, setzen sie damit aber auch im gleichen Maße frei in dem Gebrauch, den sie von den Kommunikationsangeboten der Medien machen. Sie setzen sie ebenso frei im Gebrauch, den sie von kommunikativen Veranlassungen der religiösen Institutionen machen. Die Individuen werden zu Subjekten, die sich in den Sinnfragen des Lebens zunehmend wählend verhalten. Sie können sich nun aus einer Fülle von Sinnangeboten ihr eigenes Sinnkonstrukt zusammenbauen, wobei neben die traditionellen symbolischen Sinnwelten, die die religiösen Institution

1. Vgl. zum Begriff der Medien, zur Medientheorie und Mediengeschichte Werner Faulstich (Hg.), Grundwissen Medien, München u. a. [4]2000.
2. Vgl. Wilhelm Gräb, Sinn fürs Unendliche. Religion in der Mediengesellschaft, Gütersloh 2002.
3. Vgl. Niklas Luhmann, Die Realität der Massenmedien, Opladen 1996, sowie ders., Die Gesellschaft der Gesellschaft, Frankfurt a. M. 1997, 190-412.

eröffnen, eine Fülle anderer, oft auch aufs Ganze gehender Sinnformen treten, in die eben die Massenmedien, das Kino, die Literatur, das Fernsehen einlassen. Letztendlich liegt in der Umstellung auf massenmediale Kommunikation die Nötigung für die Theologie, von einer Hermeneutik des ›Wortes Gottes‹ auf die Hermeneutik der Religion bzw. des religiösen Bewusstseins der Individuen umzustellen. In der modernen Kultur gewinnen die Individuen die Position, sich selbst zu der Vielfalt religiöser Kommunikationsangebote, die die Massenmedien machen, verhalten zu können.

Zeichen, erst recht Symbole, die immer mehrdeutige Zeichen sind, wollen gelesen und auf ihre Bedeutung hin verstanden und gedeutet werden. Solches Verstehen und Deuten findet nie nur in den und durch die Medien statt – das war recht verstanden auch nicht die Auffassung der ›Theologie des Wortes Gottes‹. Medienkommunikation – und alle Kommunikation ist Medien-, wenn auch nicht Massenmedienkommunikation – verlangt immer die über die Medien kommunizierenden individuellen Subjekte. Es war bereits zu betonen, dass dies auch für das Verstehen und Deuten des ›Wortes Gottes‹ gilt. Das von den Individuen vollzogene Verstehen und Deuten des ›Wortes Gottes‹ bzw. der Zeichen und Symbole, in denen das Wort ›Gott‹ vorkommt, ist ein Verstehen sprachlicher, schriftlicher und bildlicher Medien, in all dem, womit sie Gott als Gott zur Sprache bringen. Um freilich verstehen zu können, dass Gott als Gott zur Sprache kommt, muss ein Vorverständnis von Gott schon da sein. Wir befinden uns im hermeneutischen Zirkel. So ist denn auch die Theologie des Wortes Gottes hermeneutische Theologie, Auslegung des ›Wortes Gottes‹, das sie primär im Medium der Bibel als der Heiligen Schrift der Kirche gegeben sieht – was sich freilich wiederum einem bestimmten kirchlichen Vorverständnis von der Bibel eben als der Heiligen Schrift verdankt. Die traditionelle theologische Hermeneutik ist biblische Hermeneutik, damit aber noch nicht Religionshermeneutik.

Religionshermeneutik setzt die Transformation der Wort-Gottes-Theologie in eine Religionstheologie voraus – wie sie in diesem Buch eingangs skizziert worden ist. Sie betreibt die Auslegung religionskultureller Zeichen und Symbole, die nicht nur in den verfassten Religionen und deren heiligen Texten, sondern im System der Massenmedien, in der Literatur, in Filmen, im Rundfunk, im Fernsehen vorkommen. Religionshermeneutik ist das methodische Verfahren einer Religionstheologie, die sich auf alle diejenigen Zeichen und Symbole richtet, die aufgrund ihres aufs Unbedingte gehenden Sinngehaltes als religiöse verstanden und gedeutet werden können. Sie reflektiert darauf, dass solche Sinngehalte von Individuen möglicherweise in ihr eigenes Selbstverständnis und die sinnbestimmte Deutung ihres Lebens übernommen werden. Religionstheologie setzt somit beim menschlichen Verhältnis zur Dimension des Unbedingten, dem religiösen Bewusstsein, ein. Auf direkte Weise ist ihr das religiöse Bewusstsein aber gerade nicht zugänglich, sondern nur vermittels der kulturellen Zeichen und Symbole, mit denen es sich äußert bzw. in deren Deutung es sich selbst auslegt. Deshalb ist die Religionshermeneutik bzw. die Religionskulturhermeneutik das methodische Verfahren einer die religionshaltigen kulturellen Bestände auslegenden Religionstheologie. Sie ist die Deutung religionskultureller Zeichen und Symbole hinsichtlich des sich in ihnen möglicherweise artikulierenden bzw. selbst deutenden religiösen Bewusstseins. Gewissermaßen operiert sie daher mit Deutungen von Deutungen. Denn auch das religiöse Verhältnis kommt ja bereits als Deutungsvorgang zu stehen, als Deutung eines Erlebens bzw. solcher ästhetischer Erfahrung, in der unbedingter Sinn sich zeigt.

Die Religionskulturhermeneutik sieht sich in ihrem Deuten religionskultureller Zeichen und Symbole selbstverständlich auch an die religiösen Traditionen und Institutionen gebunden. Sie bewegt sich primär im Deutungszusammenhang des Christentums und seiner biblischen, kirchlichen und wissenschaftlich-theologischen Überlieferungen. Zugleich denkt sie nun aber vom religiösen Verhältnis der Individuen und damit von ihrem individuellen Verhältnis zu den religiösen Deutungstraditionen und Deutungsinstitutionen her. Deshalb muss sie entscheidend dem Sachverhalt Rechnung tragen, dass sich das religiöse Bewusstsein der Individuen seit dem Aufkommen der Massenmedien multimedial entwickelt, sie sich in ihrer religiösen Entwicklung nicht mehr allein an die Deutungstraditionen der verfassten Religionen und ihrer Theologien angeschlossen finden, inzwischen vielmehr zu ziemlich »zerstreuten Televisionären« geworden sind[4], jedenfalls von vielfältigen Sinnangeboten einen frei schwebenden Gebrauch zum Zwecke der Bearbeitung existentieller religiöser Sinnfragen machen. So muss die Religionshermeneutik sich auch auf das weite und unübersichtliche Feld der sich längst nicht mehr auf den Nachdruck von Lutherbibeln beschränkenden Massenmedien begeben.

4. Vgl. Jochen Hörisch, Der Sinn und die Sinne. Eine Geschichte der Medien, Frankfurt a.M. 2001, 338.

9.2 Gott in den Medien

Gott ist nur da in den Medien. Diese sind zunächst Menschmedien, funktionieren jedoch seit der Erfindung des Buchdrucks und erst recht der Audiovision und Television als Massenmedien. Die Menschmedien sind primär die Sprache und die Schrift. Wo sie die religiöse Kommunikation bestimmen, findet diese ihre Orientierung daher auch am ›Wort Gottes‹, an der Hl. Schrift, an den Erzählungen und Bildern von Gottes Heilsgeschichte. Damit diese mediale Kommunikation als religiöse funktioniert, ist freilich auch dort ein Vorverständnis von Gott, die Frage nach ihm, ein Wissen um die Bedeutung und den rechten Gebrauch des Wortes ›Gott‹ immer schon vorauszusetzen. Nur wo das Wort ›Gott‹ schon verstanden ist, die Frage nach ihm da ist, ja recht eigentlich der Glaube an Gott schon gelebt wird, kann die Bibel als ›Wort Gottes‹ auch gehört, geglaubt und verstanden werden. Aber nun haben wir angesichts der »Auflösung des Religiösen«[5], der Erweiterungen des »religiösen Feldes« (Bourdieu) in der modernen Kultur, die im Wesentlichen eben auf die Massenmedien zurückzuführen ist, eine ganz andere religiöse Kommunikationssituation. Die Religionshermeneutik kann sich jedenfalls überhaupt nicht mehr auf eine Hermeneutik der kanonischen Überlieferungen des Christentums und seiner Hl. Schrift beschränken.

Die traditionellen Standards und normativen Fixierungen der Hermeneutik des Wortes Gottes sind dann aber von der Religionshermeneutik ebenfalls nicht zu halten. Einerseits rückt ihr sehr viel stärker in den Blick, dass die Religion diese mentale Innenseite hat, Erleben ist, Gefühl, erfahrungsbezogener, im Ineinander von Erleben und Deuten sich bewegender Glaube. Andererseits fasst sie die Medien religiöser Kommunikation, die Bibel wie alle religiösen Symbole und Zeichen der christlichen Überlieferung, als die Ausdrucksgestalten der Deutung religiösen Erlebens auf. Religionshermeneutik vollzieht sich als Deutung der im Erleben sich niederschlagenden Spuren der Transzendenz. Sie deutet die sich in den biblischen Überlieferungen aussprechenden Deutungen der erlebten Einbrüche des Kontingenten, der Gotteserfahrungen und Jesusbegegnungen.

Religionshermeneutik führt zum einen zur existentiell-religiösen Interpretation der biblischen Überlieferungen. Sie trägt zum anderen den vielfältigen Entgrenzungen des religiösen Feldes Rechnung. Sie will die

5. Vgl. Pierre Bourdieu, Die Auflösung des Religiösen, in: ders., Rede und Antwort, (Aus dem Französischen von Bernd Schwibs), Frankfurt a.M. 1987, 231-237.

Religion der Individuen, ihre Religiosität verstehen, die sich nicht allein an den normativen Standards traditioneller biblischer Theologie oder kirchlicher Lehre ausrichtet. Die Individuen legen heute schließlich großen Wert darauf, dass sie selber darüber bestimmen dürfen, welche Zeichen und Symbole ihnen zu Medien ihrer religiösen Selbstauslegung, dann auch ihres Gottesverständnisses, jedenfalls ihrer transzendenzoffenen Erfahrungsdeutung werden. Die Individuenreligion bricht aus den Grenzen der Schriftreligion, überhaupt der institutionell verfassten Deutungstraditionen aus, kennt längst nicht nur *eine* Hl. Schrift, tendiert überhaupt zur Medienreligion. Die Hermeneutik der Religion muss daher des näheren sich als Hermeneutik vielfältiger Medienkulturen realisieren. Sie ist zu erweitern in eine den Entgrenzungen des ›religiösen Feldes‹ Rechnung tragende Medien- bzw. Religionskulturhermeneutik.

Dabei ist die Religionskulturhermeneutik sowohl produktions- wie auch rezeptionsästhetisch ausgerichtet. Werk- und Rezeptionshermeneutik gehören in ihr zusammen. Wahrnehmungen im Text, im Bild, in Tönen, ja, in allen Inszenierungen der ästhetischen Kultur verweisen auf ein Verstehen dessen, was die Rezipienten im Hören, Lesen und Schauen aus ihren Wahrnehmungen machen, inwiefern sie ihnen zu Erschließungsforen ihrer religiösen Selbstdeutung, zu Medien ihrer individuellen Bearbeitung letzter Sinnfragen werden.

9.3 Massenmedien als religionshermeneutische Herausforderung

Das jüngste Film- und Medieninteresse der Praktischen Theologie steht im Kontext dieser generellen Öffnung für gegenwartskulturelle Phänomene mit einem Schwerpunkt bei der religionstheologischen Auseinandersetzung mit der populären Kultur.[6] Es reflektiert sich darin der

6. Vgl. Kristian Fechtner/Gotthard Fermor/Uta Pohl-Patalong/Harald Schroeter-Wittke, Handbuch Religion und Populäre Kultur, Stuttgart 2005; Wilhelm Gräb, Sinn fürs Unendliche. a. a. O.; Gotthard Fermor, Ekstasis. Das religiöse Erbe in der Popmusik als Herausforderung an die Kirche, Stuttgart 1999; Thomas Klie (Hg.), Spiegelflächen. Phänomenologie – Religionspädagogik – Werbung, Münster u. a. 1999; Hans-Martin Gutmann, Der Herr der Heerscharen, die Prinzessin der Herzen und der König der Löwen. Religion lehren zwischen Kirche, Schule und populärer Kultur, Gütersloh 1998; Bernd Schwarze, Die Religion der Rock- und Popmusik. Analysen und Interpretationen, Stuttgart u. a. 1997.

religionskulturelle Wandel der letzten Jahrzehnte: Einem stetigen Bedeutungsverlust der traditionellen, kirchlichen Religionskultur steht eine Renaissance des Religiösen außerhalb der kirchlichen Institutionen gegenüber. Die Kirchen schrumpfen, die Religion aber lebt. Sie lebt als Individuenreligion, die sich aus einem breiten und pluralen Spektrum kultureller Ausdrucksformen speist, das von der Esoterikliteratur über die Therapieszene bis zur audiovisuellen Medienkultur reicht. Diese Entgrenzungen des religiösen Feldes haben dazu geführt, dass die Praktische Theologie ihr Augenmerk zunehmend auch auf die Wahrnehmung und Analyse religiöser Phänomene und Praktiken außerhalb der verfassten Religionen richtet. Sie ist auf ihre »kulturhermeneutische(n) (...) Erweiterung« zugegangen, um sich eben so als Religionskulturhermeneutik zu konstituieren.[7] Gegenstand dieser Religions- und Kulturhermeneutik sind dabei vor allem die audiovisuellen Massenmedien. Denn sie prägen den Kosmos der Gegenwartskultur. Viele ihrer Bildwelten und großen Erzählungen haben – wie die theologische Medienforschung zeigen kann – wichtige Sinndeutungsfunktionen von der traditionellen kirchlichen Religionskultur übernommen.[8]

Leitmedium der audiovisuellen Medienkultur ist – trotz der umfangreicheren Radionutzung (im Durchschnitt 206 Minuten täglich gegenüber 185 Minuten TV im Jahr 2000) und der gewachsenen Bedeutung des Internets – nach wie vor das Fernsehen.[9] Seine Bedeutung für die gesellschaftliche Kommunikation und für die politische Öffentlichkeit, ist unbestritten. Doch das Kino hat seine ganz eigenen Stärken. Es vermag, allein aus formalen Gründen (Leinwandgröße, Tonqualität, Kinosaal), die intensiveren Erfahrungen zu vermitteln. Und es hat eine größere Nähe zur religiösen Praxis in den Kirchen. Diese Verwandtschaft lässt sich schon an manchen Kinobauten ablesen. Einen weiteren Hinweis auf

7. Wilhelm Gräb/Richard R. Osmer, Editorial, International Journal of Practical Theology, Volume 1, 1997, 6-10, 7.
8. Die Thematik wird auch unter dem Titel »Medienreligion« interdisziplinär diskutiert, vgl. Günter Thomas, Medienreligion. Religionssoziologische Perspektiven und theologische Deutungen, in: Anna-Katharina Szagun (Hg.), Jugendkultur – Medienkultur, Münster 2002, 83-114; Arno Schilson, Medienreligion. Zur religiösen Signatur der Gegenwart, Tübingen/Basel 1997. Vgl. jetzt aber vor allem die erste empirische Studie zur Medienreligion: Wilhelm Gräb/Jörg Herrmann/Kristin Merle/Jörg Metelmann/Christian Nottmeier, »Irgendwie fühl ich mich wie Frodo!« Eine empirische Studie zum Phänomen der Medienreligion, Frankfurt a. M. u. a. 2006.
9. Vgl. Knut Hickethier, Einführung in die Medienwissenschaft, Stuttgart/Weimar 2003, 268.

die Verwandtschaft der beiden Kulturorte und ihrer Praktiken liefert ein vergleichender Blick auf die Umstände von Kinobesuch und Kirchgang. In beiden Fällen geht es um Distanznahme vom Alltag, um Einkehr in eine Zeit, die intensiver erfahren wird, aus der Normalität herausführt, ein gesteigertes Erleben des Lebens möglich macht. Man verlässt das Haus und begibt sich in einen länglichen Raum, an dessen Stirnseite auf Leinwand oder Kanzel Bilder und Geschichten dargeboten werden. An beiden Orten ist die Darbietung rituell gerahmt: in der Kirche mit Lied, Liturgie und heiligem Essen; im Kino mittels Popkorn und Cola, dem Vorhang und der obligaten Kino-Werbung. In diesen immer gleichen Ablauf sind die Deutungen des Lebens durch Film oder Predigt eingebettet.

Dass die Nähe von Kirche und Kino (und damit die Konkurrenz) auch von Rezipienten als solche wahrgenommen werden kann, zeigt eine Äußerung von John Updike. Der amerikanische Schriftsteller bekannte in einem Interview:

»Jedenfalls hat das Kino mehr für mein spirituelles Leben getan als die Kirche. Meine Vorstellungen von Ruhm, Erfolg und Schönheit stammen alle von der Leinwand. Während sich die christliche Religion überall auf dem Rückzug befindet und immer mehr an Einfluss einbüßt, füllt der Film dieses Vakuum und versorgt uns mit Mythen und handlungssteuernden Bildern. Film war für mich während einer bestimmten Phase meines Lebens eine Ersatzreligion.«[10]

John Updikes Äußerung verweist auf die religiöse Dimension der Filmerfahrung. Und sie verweist zugleich darauf, dass es biographische Konjunkturen der Kinofilmerfahrung gibt. Untersuchungen zeigen, dass der im Kino rezipierte Spielfilm vor allem ein Medium der Jugendlichen und der jungen Erwachsenen ist. 70 Prozent der Kinogänger sind zwischen 14 und 29 Jahren alt.[11] Sie suchen das Kino in erster Linie am Wochenende auf und verfügen über einen relativ hohen Bildungsstand: rund zwei Drittel haben mittlere Reife oder Abitur.[12] Die kinointensivste Phase der Medienbiographie beginnt somit in der Teenagerzeit und endet zumeist mit der Aufnahme der Berufstätigkeit und/oder der Familiengründung.

10. John Updike, »Amerika hat sein Versprechen gehalten.« Star-Autor John Updike über Kirche, Kino und das Land der unbegrenzten Möglichkeiten, in: Focus 31/1998, 96-98, 98.
11. Vgl. Elisabeth Prommer, Kinobesuch im Lebenslauf. Eine historische und medienbiographische Studie, Konstanz 1999, 16.
12. Vgl. dies., a. a. O., 110.

Religiöse Bildung, die mit dem Medium Film arbeiten möchte, findet also vermutlich im Jugendalter die besten Anknüpfungspunkte.

Doch welche Bedeutung hat der Spielfilm für die Jugendlichen in ihrer eigenen Wahrnehmung? Bietet die subjektive Filmerfahrung Jugendlichen tatsächlich Anknüpfungspunkte für eigene Sinnfragen? Was lässt sich über den Stellenwert des Spielfilms im Kontext der Mediensozialisation Jugendlicher sagen? Eine empirische Studie des Deutschen Jugendinstituts zu den Medienerfahrungen Jugendlicher gibt hier weitere Aufschlüsse.

Im Rahmen dieser Studie wurden im Zeitraum von 1992 bis 1998 22 Münchner Jugendliche (12 Mädchen und 10 Jungen, von denen je ein Drittel Hauptschulen, Realschulen und Gymnasien besuchte) und deren Eltern (unterschiedliche familiale Lebensformen) über die Adoleszenz hinweg (vom 13. bis zum 20. Lebensjahr) zu ihren Medienerfahrungen befragt.[13] Erstmals wurde hier der Verlauf der Medienbiographie im Intermediavergleich für die Jugendzeit, im Rahmen eines ethnographischen Ansatzes mit drei Befragungswellen, im angegebenen Zeitraum erforscht. 1997 wurde der erste Band der Studie veröffentlicht. 2001 der zweite vorgelegt. Auf der Basis von 143 qualitativen Interviews wurden aufschlussreiche Beobachtungen gemacht, die die Parallelen zur religiösen Sozialisation ins Auge springen lassen.[14]

Aufs Ganze gesehen kann die Münchner Studie anschaulich verdeutlichen, dass Medien, dabei insbesondere im Kino (oder im Rahmen von privaten oder geselligen Videosessions) rezipierte Spielfilme, nicht nur Vergemeinschaftungs- und Unterhaltungsfunktionen haben, sondern dass sie auch und nicht zuletzt in einer alle identitätsrelevanten Bereiche umfassenden Weise (Stil- und Geschmacksorientierung, Geschlechterrollenorientierung, Gefühlsorientierung, Sinn- und Wertorientierung) der Selbstbildung dienen. Nach dem Religiösen allerdings wurde in der Studie nicht eigens gefragt. Man kann zwar davon ausgehen, dass die religiöse Dimension in den Medienfunktionen, die die Studie mit Begriffen wie Lebensbewältigung oder Sinn- und Wertorientierung umschreibt, impliziert ist, eine langfristige empirische Untersuchung der re-

13. Jürgen Barthelmes/Ekkehard Sander, Erst die Freunde, dann die Medien. Medien als Begleiter in Pubertät und Adoleszenz. Medienerfahrungen von Jugendlichen, Bd. 2, Opladen/München 2001; dies., Medien in Familie und Peergroup. Vom Nutzen der Medien für 13- und 14jährige. Medienerfahrungen von Jugendlichen, Bd. 1, München 1997; dies., Familie und Medien. Forschungsergebnisse und kommentierte Auswahlbibliographie, München 1990.
14. Vgl. bes. dies., Erst die Freunde, a. a. O., 288-303.

ligiösen Dimension des Spielfilms (wie der audiovisuellen Medienkultur generell) steht jedoch noch aus. Erste Ansätze wurden inzwischen im Rahmen eines Forschungsprojektes am Berliner Seminar für Praktische Theologie unternommen, das werk- und rezeptionsanalytische Untersuchungen von religiösen Sinnmustern in Kinofilmen kombiniert hat.[15] Erstmals wurden dabei in einem theologischen Medienforschungsprojekt werkanalytische und rezeptionsanalytische (bzw. textuelle und performative) Perspektiven aufeinander bezogen. Anhand einiger Beobachtungen in der Durchführung dieses Projekts will ich im Folgenden kurz zeigen, wie ein Spielfilm auf seine religiösen Sinnschichten hin sowohl von Theologen als auch von Zuschauern gelesen werden kann. Anknüpfend daran kann dann noch einmal besser hervortreten, wie wichtig die Religionskulturhermeneutik für die theologische Arbeit und darüber hinaus Prozesse religiöser Bildung geworden ist.

9.4 Religion im Film

Religion ist in den Eingangsüberlegungen zur Religionskulturhermeneutik über einen subjektiven und objektiven Aspekt beschrieben worden. Religionskulturhermeneutik, so haben wir gesehen, will einerseits die subjektive religiöse Sinneinstellung von Individuen verstehen. Sie kann dies andererseits aber nur leisten vermittels der Interpretation kulturell objektiver Zeichen und Symbole, Texte, Bilder und Rituale, insofern diese zu Medien persönlicher Sinnbildung werden. Als religiöse Texte, Symbole und Rituale gelten dabei solche, die von Individuen im Vollzug eigener religiöser Sinndeutungspraxis angeeignet werden.

Dabei hat die sich in die Welt der Massenmedien hineinbegebende, die kirchlichen Kommunikationskontexte überschreitende Religionskulturhermeneutik zu bedenken, dass die deutende Bezugnahme auf die Unbedingtheits- bzw. Ganzheitsdimension von Sinn kaum die traditionelle kirchliche Sprache spricht. Die Menschen bedienen sich heute vielmehr solcher Begriffe wie »Lebensphilosophie«, »Lebenseinstellung«, »Lebenssinn«, oder auch »Schicksal«, »Glauben« bzw. »Bestimmung«. Sowohl in werkhermeneutischen wie rezeptionshermeneutischen Untersuchungen kann man deshalb in der Aufnahme solcher Begriffe am ehesten die Anregung zu individuell religiöser Sinnbildung, wie sie etwa durch Kino-

15. Vgl. unsere empirische Untersuchung a. a. O. (Anm. 8).

filme erfolgt, erheben. Im Rahmen unseres Forschungsprojektes[16] haben wir sowohl die Filme wie eben die Aneignungs- und Deutungsprozesse untersucht, letzteres in der Form von Kleingruppen- und Einzelinterviews, die jeweils nach einer gemeinsamen Filmvorführung veranstaltet wurden. Dabei wurden Probandinnen und Probanden aus der Altersgruppe der 18- bis 30jährigen ausgewählt, also der Bevölkerungsgruppe mit der intensivsten Mediennutzung.

Einige Ergebnisse am Beispiel von »Verschollen – Cast Away« seien hier kurz erwähnt. Robert Zemeckis »Verschollen – Cast Away« mit Tom Hanks in der Hauptrolle gehörte mit 3,5 Millionen Zuschauern zu den erfolgreichsten Filmen des Jahres 2001 und war für mehrere Oscars nominiert. Der Film, eine moderne Robinsonade, thematisiert den Umgang mit Zeit und den unvermittelten Einbruch einer Katastrophe, dann aber auch Formen religiöser Bewältigung von Kontingenz auf den Wegen ihrer Symbolisierung.

Ein Film wie »Cast Away« kann für Kinobesucher zur medialen Vorgabe werden, sich selbst deutend zu Erfahrungen absoluter Kontingenz zu verhalten. Er dient zur individuellen »Selbstverortung in der dargestellten Welt«[17]. Der Film lässt seine Rezipienten von Schicksal oder Fügung, vom Glauben an die Kraft der Liebe sprechen, von der Hoffnung auf eine das Leben bewahrende Wärme und Güte, auch wenn offen bleibt, was als deren eigentlicher Ursprung ausgemacht wird. Dabei können christliche Symbole in den Film eingespielt werden – wie dies bei »Cast Away« der Fall ist. Zwingend notwendig für eine religionsproduktive Rezeption ist dies freilich nicht. Der Film stellt vielmehr eine eigene Symbolwelt bereit, die sich durch eklektische Bezugnahmen auf die Erfahrungswelt der Betrachter auszeichnet. Die im Film dargestellte Welt wird als Symbolisierung und Artikulierung existentieller Problemstellungen wahrgenommen, ohne dass die traditionsgeschichtlichen Herkünfte und Bildungsimplikate des symbolischen Materials, mit dem der Film arbeitet, explizit erkannt werden müssen. Gerade dadurch werden jedoch zentrale Themen gegenwärtiger Medienreligion sichtbar, die individuell arrangierbar sind und sich durch »elastische subjektbezogene Begriffe«[18] auszeichnen: Freiheit und Schicksal, Liebe und Trauer, Selbstverwirklichung und Autonomie. Ein durchkomponiertes System religiös-dog-

16. Vgl. a. a. O. (Anm. 8).
17. Niklas Luhmann, Die Realität der Massenmedien, Opladen 1996, 115.
18. A. a. O., 127.

matischer Distinktionen scheint für die Religion der Individuen nicht vonnöten.[19] Vieles bleibt vielmehr Fragment.[20]

9.5 Religiöse Bildung

Medien induzieren religiöse Erfahrung, indem sie auf religiöse Bezüge ausgreifende Interpretationen eigenen Erlebens und eigenen Gefühlsbewusstseins anregen. Vor allem in den jugendkulturellen Milieus jedoch wird dabei die traditionelle Sprache des christlichen Glaubens oft nicht mehr verstanden. Zeitgenössische Individuenreligion ist eher Suchbewegung, entwickelt sich im Gespräch, z. B. im Anschluss an einen Kinobesuch. Religionskulturhermeneutik kann immer wieder zeigen, wie in den neuen, durch die literarischen und vor allem audio-visuellen Medien vielfältig transformierten und reproduzierten symbolischen Welten, ihren Bildern und Erzählungen, die Arbeit an letzen Fragen gleichwohl weitergeführt wird.

Religiöse Deutungsprozesse bewegen sich heute eben nicht mehr nach Maßgabe eines festgelegten Kanons feststehender Wahrheiten, wie er früher mit Bibel, Katechismus und Gesangbuch gegeben war. Religiöse Deutungen, die von den Individuen selbst vollzogenen sein wollen, binden sich heute auch an Filme, ihre eindrücklichen Bilder und großen Erzählungen. Denn diese setzen – wie etwa »Cast Away« zeigt – auch eine Vorstellung davon vor, was es heißt, durch Verlust- und Katastrophenerfahrungen hindurch, sein Leben zu gewinnen. Religionskulturhermeneutik versucht deshalb, werkästhetisch die Deutungsvorgaben zu erfassen, die z. B. durch einen Film gemacht werden. Sie versucht, rezeptionsästhetisch heraus zu finden, was individuelle Subjekte selbst aus den Deutungsvorgaben machen, die ein Film ihnen eröffnet.

Wo die Religionshermeneutik zur Angelegenheit nicht nur theologischer Experten wird, stellt sie somit zugleich den Grundvorgang religiöser Bildung dar. Sofern es zu einer auf ein ideelles Sinnganzes ausgreifen-

19. Vgl. auch Ulrich Beck, Eigenes Leben. Skizzen zu einer biographischen Gesellschaftsanalyse, in: Ulrich Beck/Wilhelm Vossenkuhl/Ulf E. Ziegler (Hg.), Eigenes Leben. Ausflüge in die unbekannte Gesellschaft, in der wir leben, München 1995, 9-15, 11.
20. Dazu Henning Luther, Identität und Fragment. Praktisch-theologische Überlegungen zur Unabschließbarkeit von Bildungsprozessen, in: ders., Religion und Alltag. Bausteine zu einer Praktischen Theologie des Subjekts, Stuttgart 1992, 160-182.

den, im Gefühlsbewusstsein vollzogenen, somit immer auch leiblich spürbaren Sinnerfassung kommt, sei es im Kino, sei es im Konzert, sei es im Theater, sei es im Fußballstadion, sei es in einem Gottesdienst, kann eine religiös bedeutsame ästhetische Erfahrung vorliegen. Religionshermeneutik leistet es, dass diese Erfahrung sich ihrer religiösen Inhalte auch bewusst wird, ohne dass dies in der Sprache der Theologie geschehen muss. Es ist in der Regel die Sprache der Explikation von Gefühlen und Überzeugungen. Aber in solchen Explikationen ist die religiöse Erfahrung nicht nur da, sondern sie weiß auch um sich. Es muss allerdings nicht der Begriff der Religion fallen, auch nicht vom Glauben oder von Gott die Rede sein. Es kann auch nur gesagt werden, wie wunderschön das doch ist, wie faszinierend oder wie tief ergreifend und bewegend, tröstlich, ermutigend, mit Zuversicht erfüllend. Solange die Beschreibung nur auf diese Weise erfolgt, bleibt freilich die Unterscheidung von der ästhetischen Erfahrung schwierig. Um zugleich die Kunst der Unterscheidung zu üben, wird deshalb doch die Sprache der Religion bzw. auch der Theologie wieder wichtig. Sie kann die Explikation des christlich-religiösen Formats der Deutung der Erfahrung, dann auch ihre Explikation im Gottesverhältnis fördern.

Die kirchlichen Rituale vergegenwärtigen auf leibhaft gestaltbare und sinnlich erfahrbare Weise die Symbole, in denen die christliche Lebens- und Weltanschauung ausgedrückt ist. Symbole wie Schöpfung, Rechtfertigung, Erlösung sind bedeutungsvolle Zeichen, die für letzte Grundunterscheidungen in der christlichen Weltansicht und Lebensauffassung stehen. In der Teilnahme an den Ritualen der Kirche, indem sie begangen und erfahren werden, teilt sich Individuen der Sinn der Symbole zunächst in der Ansprache ihres Gefühlsbewusstseins mit. Er kann dann aber auf dem Wege intentionaler Lernprozesse auch hermeneutisch erschlossen werden. Traditionellerweise lief religiöse Bildung über die Teilhabe an den Riten der Religionsgemeinschaft im Verbund mit einem Unterricht, der den Deutungssinn ihrer Symbole zu erklären suchte. Auch heute wird religiöse Bildung im Kontext des Christentums nicht auf diese Vorgänge der Teilhabe an der kirchlichen Kultpraxis und den Unterricht im christlichen Glauben verzichten können.

Es ist heute aber eben davon auszugehen, dass es nicht unerheblich die Rituale des Fernsehkonsums und des Kinobesuches, dass es die symbolischen Gehalte insbesondere der Literatur und des Films sind, in denen die Vorstellungen vom Lebenssinn, Metaphern für Deutungen des Unbedingten und Kontingenten, aufgebaut und angeeignet werden. Intentionale religiöse Bildungsanstrengungen in Kirche und Schule verlangen deshalb, dass die implizit religiösen Gehalte, die durch Massenmedien vermittelt werden, auch explizit erschlossen werden.

Die Religion der Individuen formt sich in der modernen Kultur jedenfalls als selbst erlebte Sinnerfahrung im Medium pluraler symbolischer, medialer Welten. Daraus erklärt sich der Erfolg populärer Religionskulturen, wie wir sie in der literarischen Esoterik finden, in der Performance charismatischer Gemeinden, den Events der telegenen Papstkirche, aber auch in den Ritualen der großen Fußballstadien und auf den Kirchentagen. Der Einzelne lässt sich dort auf eine Sache näher ein, wo er sich im Gefühlsbewusstsein angesprochen und durch die ästhetischen Anmutungsqualitäten seines Erlebens zu weiter ausgreifenden Sinndeutungen angeregt findet. Auch in religiösen Bildungsprozessen kommt es daher auf die ästhetische Formprägnanz an. Dass es Spaß macht, interessant und unterhaltsam ist, wird wichtig, dass ein religiöses Deutungsangebot subjektiv einleuchtet und in seiner Lebensdienlichkeit und Praxisorientierung evident wird.

Die großen populären Filme führen heute zumeist, mehr oder weniger explizit, genau die Chancen und Gefährdungen des Gewinns selbstbestimmter Lebensführung vor. Ein Kinofilm wie »Verschollen – Cast away«, bei dem dies auf besonders eindrückliche Weise so ist, kann eben dadurch unter Umständen gut den Anforderungen entsprechen, die an die religiöse Sinnbildung in der modernen Kultur gestellt sind, weshalb sich auch im Umgang mit solchen Medien wie etwa diesem Film der Religionsunterricht in Kirche und Schule am besten auf die Anregung von Prozessen religiöser Selbstdeutung einstellen kann.

Von der Theologie als Religionshermeneutik wird heute im Grunde beides verlangt. Sie muss einerseits die gegenwartsbezogene Auslegung fundamentaler Bestimmungen der Lebens- und Weltdeutung in den symbolischen, biblischen und kirchlichen Überlieferungen des Christentums leisten. Sie hat sich andererseits auf die Entdeckung der Weiterführungen, Transformationen und Verfremdungen religiöser Gehalte in den Bildwelten und großen Erzählungen der Literatur und des Films sowie auf deren individuelle Übernahme und Aneignung einzustellen.

Religiöse Erfahrung wird in vielen ästhetischen Inszenierungen der modernen Kultur ermöglicht. Damit der religiöse Gehalt erkannt wird, braucht es freilich immer auch die bewusste Selbstauslegung von Individuen auf das hin, was im Medium des Symbolspiels, in Bildern und Worten, dem eigenen Leben einen in der Einheit letzter Sinnbestimmungen fundierten Inhalt geben kann.

10. Protestantische Perspektiven der Liturgik: Ästhetik des Gottesdienstes

10.1 Die liturgische Präsenz der Kirchen

Die Signaturen des Ästhetischen prägen die moderne Kultur. Viel liegt an der Epiphanie der Form. Sie macht es, dass Menschen sich in ihrem Gefühlsbewusstsein angesprochen finden, möglicherweise auch tiefer bewegt, dass sie auf Gedanken gebracht und in Geschichten verstrickt, zum Verweilen eingeladen, zur Begegnung mit fragwürdigen Sinnformen geführt werden.

Zu dieser symbolischen Realität der modernen Kultur gehören die Museumstempel und die Theater, die Großkinos und Shopping-Center, die Kulturbahnhöfe und Wellness-Thermen, alle urbanen Räume und alle Medienwelten, die über ihren instrumentellen Funktionswert hinaus in die Dimension gesteigerten ästhetischen Ausdrucks verweisen und somit einen symbolischen Mehrwert realisieren.

Zur symbolischen Realität gehören aber auch in der modernen Kultur immer noch die kirchlichen Räume, die Liturgien, die in ihnen gefeiert werden, die Heilsgeschichten, die in ihnen erzählt werden, die Segenszusagen, die in ihnen gemacht werden. Sie deuten das Leben in der christlichen Sinnperspektive, vergewissern es seiner Gründung im Gott des Evangeliums und der Begleitung durch ihn. Die Liturgien der kirchlichen Gottesdienste inszenieren und artikulieren die spezifische Weltsicht des Christentums. Sie machen die Kirchen zu eigentümlichen Orten ästhetisch-religiöser Erfahrung. Die Kirchen sind mit der Architektur ihrer Räume und der Inszenierung ihrer Liturgien zu spirituellen Erfahrungsräumen geworden.

10.2 Protestantische Gottesdienstkultur

Genau deshalb können aber auch die Transformationen des Religiösen in der modernen Kultur von den Gottesdienst feiernden Gemeinden konstruktiv aufgenommen und in die Gestaltung des Gottesdienstes hinein weitergeführt werden. Gerade dem Protestantismus müsste es eigentlich gelingen, sich umzustellen, weg vom Traum der Einheit hin zum Lob der Vielfalt und Differenz, weg von dogmatischen und ethischen Letztbegründungsansprüchen hin zur Polyzentrik und ästhetisch-symbolischen Anreicherung des modernen Lebensgefüges. In der evangelischen Kirche müsste es möglich sein, diese Transformation aus ihrem theologischen Potential heraus zu stützen und zu fördern, ohne das eigene Profil zu gefährden.

Es ist jedenfalls die große Chance der evangelischen Kirche und ihrer Gemeinden, mit ihren Räumen, Symbolen und Liturgien kulturell in der modernen Kultur präsent zu bleiben. Sie ergreifen diese Chance, wenn sie ebenso stilbewusst wie gegenwartssensibel mit ihren tradierten Formen umgehen. Dann werden ihre Räume und die in ihnen gefeierten Gottesdienste auch als Orte ästhetisch-religiöser Erfahrung wahrgenommen und aufgesucht. Es gilt dann freilich, eben von den Kirchen als religiösen Räumen her zu denken, von den symbolischen Formen der christlichen Überlieferungen, den Bildern und Geschichten, die sie in sich bergen, den Liturgien, die die christliche Heilsgeschichte zur Aufführung bringen. Es sollten sich die Flaneure und die Suchenden ebenfalls eingeladen finden. Die Einladung, hinein zu schauen, zuzuschauen, sich an den Aufführungen der Liturgien des Christentums zu erfreuen, sollte auch den kirchlich Distanzierten, den modernen Synkretisten und Atheisten gelten. Es ist nicht schlimm, wenn die kirchlichen Liturgien als Teil der ohnehin religiös aufgeladenen, synkretistischen Kulturverhältnisse der Gegenwart wahrgenommen werden. Das normative Kriterium, an dem das kirchliche Christentum gleichwohl festhält, über das es sich theologisch zugleich als protestantisch identifiziert, ist die individuelle Freiheit, die Zusage der Gründung des Individuums im Gott des Evangeliums.

Die Praxis des Evangeliums, die Rechtfertigung des Sünders, die Zusage der Vergebung, die Austeilung des das Leben tragenden und von Ewigkeit zu Ewigkeit erhaltenden göttlichen Segens bilden den theologischen Angelpunkt des evangelischen Gottesdienstes. Darin hat er zugleich sein christlich-religiöses Profil. In der modernen Kultur ist aber allen bewusst, dass es viele andere Möglichkeiten gibt, sich religiös zu profilieren. Die Pluralismus- und Synkretismuserfahrungen im Bereich der Religion tragen denn auch gerade zum Plausibilitätsverlust der kirchlichen Theologie und Verkündigung bei, wenn sie nicht aufgenommen und konstruktiv mit dem christlichen Selbstverständnis vermittelt werden. Und das heißt dann eben, die evangelische Kirche und ihre Gemeinden sollten versuchen, ihre Gottesdienste so zu gestalten, dass die liturgischen Inszenierungen imponieren, ansprechen, überzeugen, wer auch immer zufällig hineinschaut.

In der ästhetisch ansprechenden Inszenierung der christlichen Wahrheit liegt jedenfalls eine wesentliche Chance des sich der modernen Kultur konstruktiv öffnenden Christentums. Dieses stellt den Reichtum seiner liturgischen Tradition, stellt seine starken Sinnbilder und Sinngeschichten, seine hohen Räume und tiefen Symbole dem Interesse der Individuen an ästhetisch-religiöser Erfahrung – und dieses Interesse ist es, das in die Kirche führt – zur Verfügung. Worauf es nur ankommt und worin die liturgische Herausforderung besteht, ist die in ihrer Form ansprechende wie inhaltlich Sinn erschließende Inszenierung der tradierten christlichen Symbole von Schöpfung und Sünde, Rechtfertigung und Erlösung.

Es gilt, die existentielle Sinn-Wahrheit des christlichen Glaubens, in dessen Zentrum die Rechtfertigungsbotschaft steht, anregend, um nicht zu sagen mitreißend, zur Aufführung zu bringen, sie kommunikativ zu verflüssigen, sie der individuellen Anverwandlung zu überlassen, nicht ihren Lehrausdruck dogmatisch zur zeitlosen Wahrheit zu überhöhen oder seine Anerkennung mit moralischem Druck einzufordern. Dann werden die Menschen merken, dass das große Versprechen der modernen Kultur gerade in den Kirchen und der Feier ihrer Gottesdienste seine Einlösung findet: Freiheit.

10.3 Kulturfähige Gottesdienstgestaltung

Das ist die Chance der Kirche und der die Liturgie feiernden Gemeinden in der Kultur der Gegenwart: Der Gottesdienst kann die alten Geschichten und Bilder vom Gelingen des Lebens, Heilsgeschichten, erzählen, in die Erinnerung rufen und in die Tiefe eigenen Erlebens führen. Der Gottesdienst zeigt dann das Bleibende in der Dynamik des Wandels. Er vermittelt die Ahnung der Gegenwärtigkeit des Unendlichen im Endlichen. Er vergewissert der Gründung des Lebensgeschicks in einer Macht, die unser menschliches Machenkönnen übersteigt. Der Gottesdienst führt so in die Begegnung mit dieser Macht, dass sie als Segensmacht erfahren wird.

Es kommt darauf an, die alten Überlieferungen der christlichen Religion von einem Gott, der Liebe und Gnade ist, der Grund der Freiheit, als Leben ermöglichende Sinn-Wahrheit zu erschließen – durch die in der Form ansprechende und inhaltlich Sinn erschließende Inszenierung der Geschichten von ihm. In den Gesten des Segens wird der unbedingte Sinngrund, der Gott, der da ist und mitgeht, gegenwärtig. Mit Worten, in Formen und Farben werden Bilder gemalt, die zum Verweilen einladen, die Hohes zu denken und Tiefes zu fühlen geben.

Die Sinn-Anschauung, die die Religion gewährt, kann eine Gestalt gewinnen, an der die Sinne haften. Dann arbeitet die Gestaltung des Gottesdienstes mit den längst bekannten Geschichten. Sie setzt darauf, dass der Gottesdienst gerade angesichts der in der Moderne ungeheuer dynamisierten Zeiterfahrungen an das Bleibende erinnert, er auf die Gestalt des Sinns zeigt, den auch heutige Lebenserfahrung in den überlieferten Sinnzeichen des christlichen Glaubens finden kann. Die alten Symbole werden in ihm zur Deutung dessen, was es heißen kann, in dieser Zeit – von Gott begleitet – zu leben.

Gefragt sind die Gottesdienste der Kirche, ihr Zuspruch und Segen, auch empirisch gesehen heute ja vor allem dann, wenn etwas der Fall ist, was ein Menschenleben als Ganzes betrifft: Geboren werden und Sterben, Erwachsen werden und heiraten, sich trennen und wieder finden, eingeschult werden und Jubiläen begehen. Wenn etwas der Fall ist, was unser Leben als Ganzes betrifft, dann geraten wir auf eigentümliche Weise vor uns selber, sehen wir uns nach dem Woher und Wohin gefragt, nach Zufall oder Fügung, nach unserer Bestimmung, ob unser Leben ein Ziel hat, ob mit dem Tod alles aus ist oder ob es einen unendlich schöpferischen Gott gibt. Wir werden dessen bewusst, dass wir der Bedingungen unseres Daseins insgesamt nicht mächtig sind, wir aber auch nur unbestimmt von Zufall, Schicksal oder Fügung reden könnten, wenn nicht ein Gott ist und die Zusage seiner Gnade und seines Segens uns erreicht. Wo wir vor die Ganzheit unseres Lebens geraten, stehen wir zugleich vor dem rational letztlich Unbestimmbaren. Deshalb ist dort die religiöse Deutung verlangt, eine Deutung, die auf eine transzendente Sinninstanz rekurriert, auf einen Gott und sein Handeln. In den Gottesdiensten will die Zusage der Begleitung durch diesen Gott gemacht, die Gnade seiner Gegenwart erfahren und sein Segen ausgeteilt sein. In den Übergängen und Krisen der Lebensgeschichte wird die Vergewisserung des eigenen Lebens in der Macht Gottes, der es sich verdankt, gesucht.

Die Liturgie des evangelischen Gottesdienstes führt denn auch, wo sie recht geschieht, die Zusage der Rechtfertigung des Sünders aus und lässt Segensworte ergehen. Ihre Predigt nimmt lebensgeschichtliche Erfahrungen auf, die in die religiöse Sinndeutung drängen, zeigt auf die Bewahrung in der Gefahr, auf das Glück in allem Unglück. Die Feier des Gottesdienstes ist ein einziges Lob Gottes, Ausdruck der Dankbarkeit für das Geschenk des Lebens, damit aber auch für die Stimme der Sorge, der Angst, der Verzweiflung und der Klage. Der Gottesdienst deutet alle Erfahrungen und Erwartungen des Lebens in der christlich-religiösen Sinnperspektive eines Lebens mit Gott. Entscheidend ist eben dies, dass die Rede von Gott, seinem schöpferischen, versöhnenden und erlösenden Handeln, anschlussfähig wird an die Deutung der Erfahrungen, die wir mit unserem Leben machen. Und das sind Erfahrungen des Gelingens, ebenso aber des Scheiterns und Versagens, Erfahrungen der Konfrontation mit dem Unverfügbaren, zu dem wir uns nur dann verhalten können, wenn wir es einbezogen finden in ein Sinnganzes der Wirklichkeit. Deutlich werden muss, dass wir dieses Ganze der Wirklichkeit und seines Sinns meinen, wenn wir Gott sagen. Gott ist der absolute, unendliche Sinn, symbolisiert in einem personalen Gegenüber, dem Vater im Himmel, von dem Jesus uns gezeigt hat, dass an ihm sich das Vertrauen festmachen kann auf Bewahrung in der Gefahr, dem die Klage und die Verzweiflungsschreie gelten können in den Erfahrungen des Ungeheuren und Absurden. Eine Kirche, die in der Feier ihrer Gottesdienste diese Zusage ergreifend zur Aufführung bringt, dass ein gnädiger Gott ist, der mitgeht, auch auf unwegsamem Lebensgelände, macht sich gerade in der pluralen Kultur der Moderne im Grunde unverzichtbar.

10.4 Protestantische Perspektiven der Liturgiewissenschaft

Deshalb wäre es so wichtig, dass die Anforderungen, die an die Gestaltung der kirchlichen Gottesdienste in der modernen Kultur gestellt sind, auch in die Liturgiewissenschaft Eingang finden. Davon kann jedoch leider bislang kaum die Rede sein. Das zeigen etwa die »Perspektiven der Liturgiewissenschaft«[1], die Karl-Heinrich Bieritz, der auf protestantischer Seite zur Zeit führende Liturgiewissenschaftler, in der Auseinandersetzung mit meinen – hier skizzierten – Überlegungen zum »Gottesdienst in der Kultur der Gegenwart«[2] entwickelt hat. Ich versuche, meine Überlegungen zur Gestalt des evangelischen Gottesdienstes und damit zur Ästhetik kirchlich-religiöser Praxis in der modernen Kultur deshalb in der Auseinandersetzung mit der Kritik, die Bieritz zu meinen Überlegungen vorgetragen hat, noch weiter zu konkretisieren. Diese Antikritik gibt mir außerdem

1. Vgl. den gleichnamigen Beitrag von Karl-Heinrich Bieritz in: Irene Mildenberger/Wolfgang Ratzmann (Hg.), Liturgie mit offenen Türen. Gottesdienst auf der Schwelle zwischen Kirche und Gesellschaft, Leipzig 2005, 9-30.
2. Vgl. Wilhelm Gräb, Der Gottesdienst in der Kultur der Gegenwart, in: Arbeitsstelle Gottesdienst 17, 2003, H. 1, 5-16.

Gelegenheit, die protestantische Perspektive des hier skizzierten Konzeptes einer zeitgenössischen Liturgik stärker zu verdeutlichen.

Bieritz nennt drei zentrale Fragestellungen der Liturgiewissenschaft, auf die ich angeblich nicht zu antworten wüsste: »Wer ist Träger bzw. Akteur der Liturgie? Was ist ihr Gehalt, ihr Sinn? Und wie verhält sie sich zur Geschichte Gottes mit den Menschen und ihrer Lebenswirklichkeit?«[3]

Diese drei Fragen sind für die Liturgik tatsächlich zentral. Aber es stimmt nicht, wenn Bieritz behauptet, dass sie auf dem Wege, den ich in meinen Überlegungen zum »Gottesdienst in der Kultur der Gegenwart« eingeschlagen habe, keine angemessene Antwort finden könnten. Mir scheint das Gegenteil der Fall. M. E. braucht heute gerade auch die Liturgiewissenschaft ein kultur- und religionshermeneutisches Vorgehen, um die dogmatisch-theologischen und kirchengeschichtlichen Einsichten in das Wesen und die Gestalt des christlichen Gottesdienstes für die Formulierung der Anforderungen fruchtbar zu machen, die an seine liturgische Gestaltung in der modernen Kultur zu stellen sind.

Bieritz, so habe ich den Eindruck, ergeht sich entweder in kulturkritischen Ressentiments oder er operiert mit völlig unhistorisch aufgegriffen, nicht einmal im hermeneutischen Kontext reformatorischer Theologie reflektierten Wesensbestimmungen christlichen Gottesdienstes, um daraus eine dem ›postmodernen‹ Kulturverfall entgegentretende, liturgisch konstituierte Gegenwelt zu bauen. Wissenschaft qualifiziert sich nun einmal durch den Ausweis ihrer methodischen Verfahren. Davon ist bei Bieritz nichts zu sehen. Es werden im Gegenteil ziemlich willkürliche, dabei auch in theologie- und konfessionsgeschichtlicher Betrachtung geradezu abenteuerliche dogmatische Aufstellungen und Ableitungen vorgenommen. Ich will, um meine Antikritik zu den »liturgiewissenschaftlichen Perspektiven« von Bieritz übersichtlich zu halten, mich an die Reihenfolge der drei von ihm ins Zentrum gerückten Fragen heutiger Liturgiewissenschaft halten.

10.5 Wer ist Träger bzw. Akteur der Liturgie?

Die erste Frage nach dem Träger bzw. Akteur der Liturgie wird von Bieritz mit gemeindeüblicher Normaldogmatik beantwortet, nämlich dass eben die Gemeinde das agierende Subjekt im Gottesdienst sei, auch wenn dies, wie Bieritz zugibt, ein gegenüber der real existierenden Gottes-

3. Bieritz, a. a. O., 15.

dienstpraxis vielleicht zu hoher Anspruch ist. Im Ausgang von solch schlichten Feststellungen ist jedoch den Anforderungen, die an die liturgiewissenschaftliche Arbeit zu stellen sind, wenn sie ebenso theologisch profiliert wie empirisch brauchbar sein sollen, nicht zu genügen. Eine in evangelischer Perspektive betriebene Liturgiewissenschaft hat vielmehr in der Frage nach dem Subjekt gottesdienstlicher Praxis zunächst die Tradition reformatorischer Theologie zu befragen, sodann die reformatorische Tradition im Lichte der Wahrnehmungen zur religiösen Gegenwartslage hermeneutisch zu reflektieren, schließlich die evangelische Theologie des Gottesdienstes auf empirische Forschungen zur gottesdienstlichen Praxis in der Kultur der Gegenwart kritisch zu beziehen.

Obwohl Bieritz die empirisch-praktischen Probleme sieht, scheinen ihm bei seiner Favorisierung der gängigen Behauptung, dass die Gemeinde das Subjekt gottesdienstlichen Handelns ist, die diesbezüglichen Aufstellungen reformatorischer Theologie keineswegs hinreichend klar zu sein. Obwohl die Reformation bekanntlich auf das Priestertum aller Gläubigen setzte, war durchaus Raum für die funktionale Bestimmung des Gegenübers von Amt und Gemeinde. Ihre Intention in der theologischen Qualifizierung dieses Gegenübers war es gerade, den Gottesdienst als ein dialogisches Geschehen zwischen Gott und Mensch, Christus und seiner Gemeinde, erfahrbare Gestalt finden zu lassen.

Die reformatorische Theologie des Gottesdienstes[4] kennt keine substantielle, hierarchische Vorordnung des priesterlichen Amtes im Gegenüber zur Gemeinde, sehr wohl aber eine funktional-pragmatische Gegenüberstellung, die zugleich in einem theologisch qualifizierten Sinn verstanden sein will. Das Amt der Verkündigung und Sakramentsdarreichung tritt deshalb ins Gegenüber zur Gemeinde, damit dieser das Evangelium zugesprochen werden und sie es als Wort der Vergebung und Erneuerung der Herzen von Gott her hören und sich aneignen kann. Anders funktioniert der Gottesdienst nicht, jedenfalls nicht im evangelischen Sinn. Nach evangelischem Verständnis stellt der Gottesdienst ein dialogisches Geschehen dar, in dem Gott sich durch das Amt der Wortverkündigung und Sakramentsdarreichung der Gemeinde zuwendet und diese ihm mit ihrem Lob und Dank antwortet. Weshalb Bieritz meint, sagen zu müssen, Luthers Predigt zur Einweihung der Torgauer Schlosskirche von 1544, in der eben diese dialogische Sinnstruktur des evangeli-

4. Von Luther selbst entworfen in »Formula Missae et Communionis« von 1523, WA 12, 205-220, »Deutsche Messe« von 1526, WA 19, 72-113 und »Von ordenung gottis diensts ynn der gemeine« von 1523, WA 12, 35-37.

schen Gottesdienstes von ihm prägnant formuliert worden ist, werde zu schnell und zu oft zitiert, ist mir unerfindlich. Luther wollte den reformatorischen Gottesdienst dezidiert nicht mehr sakramentalistisch, im Sinn der Übermittlung einer durch Christus erworbenen und von der Kirche auszuteilenden Heilsgabe, verstanden wissen, sondern als aktuales Geschehen der Hinwendung Christi zu seiner Gemeinde – im Wort der Verkündigung und dem sakramentalen Zeichen seiner leibhaftigen Gegenwart – sowie der Antwort der Gemeinde, im Dank für die Gabe und im Lob des Gebers.[5]

Die von der evangelisch verstandenen Rechtfertigungslehre her erneuerte Gottesdienstpraxis der Reformation zielte auf die Etablierung eines kommunikativen Geschehens. Dieses ereignet sich aktual im Hier und Jetzt der Feier des Gottesdienstes, mit der Christus sich, im menschlichen Wort der Verkündigung und dem sakramentalen Zeichen seiner realen Gegenwart, der im Gotteslob versammelten Gemeinde zuwendet.

Dorothea Wendebourg ist in ihrem Einspruch gegen die Eucharistisierung des evangelischen Gottesdienstes vollkommen Recht zu geben.[6] Dieser Eucharistisierung scheint mir Bieritz durchaus Vorschub leisten zu wollen, wenn er gegen Wendebourg einwendet, dass im evangelischen Gottesdienst noch etwas anderes geschehen müsse als die »Paraklese – im Sinne von Trost und Ermunterung, von Zusage, Zuspruch, aktueller Zueignung des Christusheils heute und hier«[7]. Nichts anderes als diese aktuelle Zusage des Evangeliums ist der Ermöglichungsgrund aktueller Aneignung des Heils. Die Heilszusage stellt für Luther, der Form ihrer Darstellung bzw. Inszenierung nach betrachtet, eine performative Sprachhandlung dar. Sie bringt hervor, was sie sagt. Deshalb steht sie im

5. So heißt es in der Torgauer Predigt mit unübertrefflicher Klarheit, weshalb man diese Stelle auch nicht oft genug zitieren kann: dass im Gottesdienst »unser lieber Herr selbs mit uns rede durch sein heiliges Wort, und wir widerumb mit jm reden durch Gebet und Lobgesang«, WA 49, 588, 16-18.
6. Vgl. Dorothea Wendebourg, Den falschen Weg Roms zu Ende gegangen? Zur gegenwärtigen Diskussion über Martin Luthers Gottesdienstreform und ihr Verhältnis zu den Traditionen der Alten Kirche, in: ZThK 94, 1997, 437-467, dies., Noch einmal »Den falschen Weg Roms zu Ende gegangen?« Auseinandersetzung mit meinen Kritikern, in: ZThK 99, 2002, 400-440. Wendebourg macht diese Eucharistisierung vor allem in den liturgiewissenschaftlichen Arbeiten des protestantischen Wiener Praktischen Theologen Hans-Christoph Schmidt-Lauber aus, der zusammen mit Bieritz dann auch das in vielen Artikeln ebenfalls immer wieder mit dem römischen Weg liebäugelnde »Handbuch der Liturgik« herausgegeben hat (Göttingen ^{2}1995).
7. A. a. O., 24.

Zentrum des evangelischen Gottesdienstes, stellt sie seine, ihn in allen seinen Vollzugsmomenten organisierende Mitte dar. Das ist klar zu sehen, wenn man nur den evangelischen Gottesdienst von seinem rechtfertigungstheologischen Zentrum her versteht, die reformatorische Rechtfertigungslehre als seinen hermeneutischen Schlüssel zum Einsatz bringt (wie Luther das praktiziert hat).

Nach reformatorischem Verständnis braucht es das Amt der Verkündigung und Sakramentsdarreichung im Gegenüber zur Gemeinde, damit die Botschaft des gerecht sprechenden Evangeliums den Sünder erreicht und dieser sich an die Zusage von Gottes Gnadenwort hängen, d. h. zu glauben anfangen kann (CA V).[8] Das Gegenüber von Amt und Gemeinde ist im rechtfertigungstheologischen Grundverständnis des reformatorischen Gottesdienstes begründet. Dass das Amt im Gegenüber zur Gemeinde notwendig ist, damit der Gottesdienst ordentlich stattfindet, belegt aber auch alles, was wir empirisch über ihn wissen. Reformatorische Theologie kann diese empirischen Wahrnehmungen ernst nehmen und in die liturgiewissenschaftlichen Überlegungen aufnehmen.

Kirchensoziologische Untersuchungen zeigen, dass heute mehr denn je die Kirche als Institution[9] hoch einzuschätzen ist. Soll eine regelgeleitete, rituell geordnete, liturgisch, homiletisch und theologisch profilierte und fundierte gottesdienstliche Praxis erwartet werden können, so ist das Amt wichtig. Man kann dann auch sagen, die gottesdienstliche Praxis verlangt, wenn sie funktionieren soll, die kirchlichen Funktionäre, die Profis, die aufgrund ihrer theologischen Bildung das Handwerk liturgischer und homiletischer Gestaltung nach Maßgabe der theologischen Kriterien beherrschen. Das Amt in der evangelischen Kirche ist nicht klerikal-hierarchisch, sondern – auch theologisch – funktional-pragmatisch zu verstehen. Deshalb ist die evangelische Kirche diejenige Institution, die mit ihren Amtsträgern bzw. ihrer Funktionselite für die optimale Gestaltung gottesdienstlicher Praxis, d. i. eine effektive Kommunikation des Evangeliums, zu sorgen hat.

Bieritz vernachlässigt die theologische Hermeneutik. Ebenso erkennbar ist sein Widerwille, die empirischen Veränderungen im gottesdienst-

8. Wie kommt Bieritz darauf, nach dem zornigen Gott zu schielen – das ist doch mit der reformatorischen Einsicht in die sich ans Wort vom Kreuz aufbauende Vergebungsgewissheit des Sünders (sic!) nicht verträglich.
9. Was hat Bieritz eigentlich gegen die Kirche als Institution und gegen die Inhaber des Predigtamtes als die – hoffentlich funktionstüchtigen – Funktionsträger der zum Zwecke der Mitteilung des Glaubens eingerichteten Kircheninstitution? – Vgl. auch dazu CA V und VII.

lichen Beteiligungsverhalten Ernst zu nehmen. Wie der niederländische Liturgiewissenschaftler Paul Post, auf den auch Bieritz sich nebenbei durchaus beziehen kann, zu Recht feststellt, hat sich das rituelle Verhalten der Menschen unter den heutigen Bedingungen stark verändert. Post verweist darauf, dass die Momente unmittelbarer Erfahrung, das Angesprochen- und Berührtwerden wichtig geworden sind, vor allem jedoch, dass eine Konsumhaltung dem Ritus gegenüber sehr stark erkennbar ist. Es sei zu einem »›Shopping‹ auf dem rituellen Markt« gekommen«.[10] Dass diese Feststellung zutrifft, belegen religionssoziologische Untersuchungen zur Genüge. Ihnen mit einer Auffassung vom evangelischen Gottesdienst theologisch konstruktiv zu begegnen, steht im Wesentlichen auch hinter meinen Überlegungen zum »Gottesdienst in der Kultur der Gegenwart«. M. E. kommt es einer schlechten und im Blick auf die Praxis kontraproduktiven Ideologie gleich, die real existierende Gemeinde als den Akteur gottesdienstlicher Gestaltungsvollzüge in Ansatz zu bringen. Offenkundig war sie dazu schon in Luthers Augen nicht in der Lage, wie aus der »Deutschen Messe« hervorgeht. Sie muss es nach reformatorischer Auffassung aber auch gar nicht unbedingt sein.

Im reformatorischen Gottesdienst kommt es entscheidend darauf an, dass das Evangelium durch den Mund des Amtsträgers, als von Gott her zugesagt, gehört werden kann. Zudem ist es unter den Bedingungen religiöser Kommunikation in der modernen, durch vielfältige Traditionsabbrüche gekennzeichneten Gesellschaft entscheidend, dass die Menschen sich angesprochen finden, dass sie im Gottesdienst Trost, Ermutigung, Orientierung erfahren, schlicht das Evangelium als aktuellen Zuspruch und Anspruch hören. Dazu gehört, dass der Gottesdienst Erlebnisqualitäten hat, er Tiefes zu fühlen, Hohes zu denken gibt. Weil die Erfahrungsdimension heute eine enorme Rolle spielt, ist das Ästhetische von zentraler Bedeutung, will der Gottesdienst als Inszenierungsgeschehen bedacht sein. Menschen sollen bewegende Erfahrungen machen können, solche, die bewirken, dass sie anders aus dem Gottesdienst herausgehen als sie in ihn hineingegangen sind – getröstet, gestärkt, mit neuem Mut zum Leben erfüllt.

Danach verlangen die Menschen heute, im Kontext einer von den Medien dominierten, von immer neuen Informationen und Erlebnisreizen überfluteten Gegenwartskultur. Sie erwarten einen Gottesdienst, der als

10. Paul Post, Rituell-Liturgische Bewegungen. Erkundungen von Trends und Perspektiven, in: Albert Gerhards/Benedikt Kranemann, Christliche Begräbnisliturgie und säkulare Gesellschaft, Leipzig 2003, 25-60, 52.

ein Ort gesteigerter ästhetisch-religiöser Erfahrung wahrgenommen und erlebt werden kann. Daraus resultieren die hohen Anforderungen, die an die liturgischen, musikalischen, homiletischen, theologischen Gestaltungskompetenzen der liturgischen Akteure zu stellen sind. Es sind hermeneutische und inszenatorische Fähigkeiten verlangt, wie sie allenfalls Profis mitbringen.

Diese Einstellung auf die Veränderungen in den religionskulturellen Verhaltensweisen ist mit dem theologischen Selbstverständnis des evangelischen Gottesdienstes in reformatorischer Tradition allerdings durchaus vereinbar – wie hier zunächst zu zeigen war. Indem die Reformation die Gestaltungsfragen gottesdienstlicher Praxis aus theologischen Gründen zugleich funktional-pragmatischen Gesichtpunkten zugänglich gemacht hat, hat sie auch die Freiheit eröffnet, um der Förderung der Kommunikation des Evangeliums willen konstruktiv auf kulturelle Veränderungen einzugehen. Es ist auf dem Boden reformatorischer Theologie nicht nötig, allzu schnell – wie mir das bei Bieritz der Fall zu sein scheint – in kulturkritische Verfallsklagen und Säkularisierungsängste zu geraten, nur weil sich etwas nicht mehr so darstellt wie ehedem. Es lassen sich vielmehr, am Leitfaden des rechtfertigungstheologischen Grundverständnisses des evangelischen Gottesdienstes, die Veränderungen in der heutigen Ritualität, wie sie etwa auch der Liturgiewissenschaftler Post beschreibt, auf die Konsequenzen hin bedenken, die sie für eine die Menschen heute ansprechende liturgische Praxis haben müssten. Sie liegen m. E. in der Richtung, in der es die Anforderungen an die ästhetischen Anmutungsqualitäten und die symbolisch-religiösen Deutungsgehalte unserer Gottesdienste erheblich zu intensivieren gilt. Dann können die Menschen sie als ansprechende Orte der Kommunikation des Evangeliums erleben.

10.6 Was ist der Sinn der Liturgie?

Das ist die zweite, von Bieritz aufgeworfene liturgiewissenschaftliche Kardinalfrage, auf die jedoch seine Antwort ebenso wenig überzeugend ausfällt.

Nun polemisiert Bieritz erst recht gegen die Favorisierung des durchgängig parakletischen Charakters evangelischen Gottesdienstes, gegen seine dialogische, in der Korrespondenz von Wort und Antwort sich aufbauende, reformatorische Grundstruktur. Im Blick auf die Frage nach dem Sinn und dem inneren, theologischen Gehalt der Liturgie will er stattdessen die Anamnesis, ein bisschen auch die Mimesis stark machen. Der Gottesdienst soll sein das Ganze organisierendes Zentrum gerade nicht darin haben – wie Bieritz das bei Dorothea Wendebourg und auch bei mir (zu Recht) feststellt – dass er den befreienden Zuspruch des Evangeliums zur Mitteilung bringt. Bieritz ärgert sich über meine starke Akzentuierung des gottesdienstlichen Trost- und Segenzuspruch ebenso, wie er sich gegen Wendebourgs energische Betonung des dialogischen Charakters evangelischen Gottesdienstes, damit auch gegen die Vorstellung reformatorischer Theologie von der Realpräsenz Christi im verkündigten Wort, das leiblich spürbar im sakramentalen Zeichen bekräftigt wird, ausspricht. Der Sinn des Gottesdienstes soll nicht darin liegen, dass in ihm sich mit der aktuellen Zusage des Evangeliums die Zueignung des Christusheils an den Sünder vollzieht. Bieritz meint vielmehr, statt der Paraklese auch für den evangelischen Gottesdienst auf die angeblich zu Unrecht vernachlässigten Momente der Anamnesis und sogar der Mimesis abheben zu müssen. Bei Lichte besehen soll nach Bieritz der evangelische Gottesdienst das Abendmahl als Eucharistiefeier gestalten. D. h., er soll so etwas wie die kultische Vergegenwärtigung von Gottes Heilshandeln in Jesus Christus vollziehen. Er soll in seinem Kern, von seiner theologischen Mitte her, die Darbringung des dankbaren Gedenkens an das von Christus vollbrachte Kreuzesopfer (Anamnesis) sein und dabei die Selbstdarbringung Jesu Christi, Gott, dem Vater gegenüber immer wieder aktualisieren (Mimesis).[11]

Es verwundert deshalb auch nicht, dass Bieritz schließlich auf die Frage nach der »theologischen Mitte christlichen Gottesdienstes«[12] sich bei der katholischen Liturgiewissenschaft Rat holt und einen zentralen Begriff der Liturgiekonstitution des II. Vatikanischen Konzils auf dem Terrain des evangelischen Gottesdienstes platzieren möchte, den des Pascha-Mysterium.[13] Den Vorzug dieses sog. Pascha-Mysterium – in dem die Geschichte von Gottes Heilshandeln, vom Auszug des Volkes Israel aus Ägypten, über Christi Kreuz und Auferstehung bis hin zur Auferstehung aller Christusgläubigen von den Toten erzählt wird – meint Bieritz darin zu erkennen, dass es Gottes Heilsgeschichte auf eine Weise darstellt, die zugleich unser Eingefügtsein in diese Geschichte erkennen lässt. Er glaubt zudem, mit diesem Verweis auf das Pascha-Mysterium die Frage danach beantworten zu können, welches denn eben der Sinn und Inhalt des

11. A. a. O., 21 f.
12. A. a. O., 25.
13. A. a. O., 27 f.

christlichen Gottesdienstes sei, bzw. welches Stück denn in ihm zur Aufführung komme, wenn man sich schon der Beschreibung des Gottesdienstes als eines dramaturgischen Geschehens, das dann Praktiken der Inszenierung[14] dieses Geschehens erforderlich macht, bedienen wolle. Vorzug des Pascha-Mysteriums, so Bieritz, sei es, dass mit diesem »das geschichtliche Heilshandeln Gottes und sein Heilshandeln im Gottesdienst der Kirche miteinander verzahnt werden«[15]. Was immer man sich darunter soll vorstellen können, es unterläuft bei dieser Rede von Gottes Heilshandeln in der Geschichte und in der Kirche auf alle Fälle genau diejenige supranaturalistische Verdinglichung der göttlichen Heilswirklichkeit, die dem personalen, relationalen und aktualen Charakter evangelischen Gottesdienstes gänzlich fremd ist.

Es macht ja in der Tat die Eigentümlichkeit im Selbstverständnis des in der Eucharistiefeier zentrierten, katholischen Gottesdienstes aus, dass er die erinnernde Vergegenwärtigung und dankbare Darbringung des göttlichen Heilshandelns in Jesus Christus sein möchte. Die göttliche Heilsgeschichte wird dabei als eine solche vorgestellt, die, einer eigenen, transzendenten Wirklichkeit gleich, in die metaphysische Ordnung allen Seins eingelassen ist. Die Kirche vermittelt den Gläubigen durch den Vollzug ihrer liturgischen Praxis die Teilhabe an dieser göttlichen Heilswirklichkeit. Die liturgische Praxis ist insofern die Inszenierung der großen Erzählung von Gottes Heilshandeln in der Christusgeschichte und in der Geschichte der Kirche.

Der evangelische Gottesdienst hat jedoch die Vorstellung von der göttlichen Heilswirklichkeit, die Vergegenständlichung der Kirche als eines sakramentalen Heilsinstituts insgesamt, gerade abgebaut. Die Reformation vollzog mit ihrem Verständnis des Gottesdienstes genau diese Umstellung, weg von der Ontologisierung und Sakramentalisierung einer göttlichen Heilswirklichkeit, hin zur lebendigen Begegnung zwischen dem aktual zu verkündigenden Wort des Evangeliums und dem sich im Glauben an dieses Wort und seine sichtbaren, sinnlichen Zeichen von Christi realer Gegenwart hängenden Menschen. Der Glaube ist das Tun des Men-

14. Was mir Bieritz durchgängig zum Vorwurf macht, ohne nur mit einer Zeile zu erwähnen, dass er selbst diese Optik auch schon mit großer Vehemenz und geradezu ausufernder Bemühung um die Inszenierungssemantik einnehmen konnte: vgl. Karl-Heinrich Bieritz, Spielraum Gottesdienst. Von der »Inszenierung des Evangeliums« auf der liturgischen Bühne, in: Arno Schilson/Joachim Hake (Hg.), Drama »Gottesdienst«. Zwischen Inszenierung und Kult, Stuttgart 1998, 69-101.
15. A.a.O., 28.

schen, der dieses befreiende Angebot ergreift, ein das Evangelium ergreifender, aneignender Glaube.

Man kann die reformatorische Wende daher auch als die Umstellung von der sakramentalen Objektivierung auf die personale Subjektivierung des Glaubens interpretieren. In solcher – stärker modernisierungstheoretischen – Interpretation der reformatorischen Einsicht liegt die Chance, die liturgische Praxis gottesdienstlicher Gestaltung nach der Seite der ästhetisch-religiösen Erfahrung, die sie frei zu setzen vermag, zu befragen. Der Gottesdienst rückt als ein dramaturgisches Inszenierungsgeschehen in den Blick, freilich ohne die Vorstellung zu verlangen, dass er eine metaphysisch vorgestellte göttliche Heilsgeschichte zur Darstellung bringe. Es sollen die Gläubigen nicht in ein transzendentes, göttliches Heilsgeschehen einbezogen werden. Im evangelischen Gottesdienst ist – aus den dargelegten theologischen Gründen – die liturgische Inszenierung des Dramas der Begegnung zwischen dem Gottes des Evangeliums und dem es hörenden Menschen vielmehr immer selbst das sich aktual im Wort der Predigt und in der sakramentalen Gemeinschaft vollziehende Heilsgeschehen. Die Liturgie bringt nicht eine durch das Dogma und den Glauben der Kirche begründete göttliche Wirklichkeit zur sakramentalen Präsenz, sondern sie aktualisiert das biblische Zeugnis von Gottes Heilshandeln in Jesus Christus im Vollzuge des Zuspruchs der Sündenvergebung – mit, in und unter Wort und Sakrament. Das Evangelium ist in seiner liturgischen Praxis eine performative Sprachhandlung, tröstliche Zusage, die bewirkt, was sie zusagt. Andernfalls ist die Aufführung misslungen, was nicht heißt, dass das Gelingen des Glaubens sich auf den Wegen rechter Gottesdienstgestaltung garantieren lässt. Es gilt der Vorbehalt des ubi et quando visum est Deo (CA V).

Welches Stück denn in der gottesdienstlichen Inszenierung zur Aufführung komme, fragt Bieritz. Darauf ist zu antworten: Das Stück entsteht im Prozess seiner Aufführung. Akteure (Liturgen und Predigerinnen) und Publikum (Gemeinde) sind an dieser Aufführung bzw. an der Entstehung dessen, was einen lebendigen Gottesdienst ausmacht, gleichermaßen beteiligt. Die reale Gegenwart Christi, also Freiheit, Gnade, Trost, Segen kommen in diesem kommunikativen Geschehen von ›Wort und Antwort‹ (Luther) zu ›darstellender Mitteilung‹ und ›mitteilender Darstellung‹ (Schleiermacher). Es gibt nach evangelischem Verständnis keine Heilsgeschichte, die auf metaphysische Weise als transmundane Wirklichkeit gegeben und so, wie vorgegeben, sakramental zu vergegenwärtigen wäre. Es gibt nach evangelischem Verständnis auch keine Kirche, die den durch Christi Opfertod erworbenen, sakramentalen Gnadenschatz durch die

Zeiten trägt, um die Gläubigen in der Eucharistiefeier in dankbarem Gedenken daran teilhaben zu lassen.

Nach reformatorischem Verständnis ist das ganze Heilsgeschehen in die lebendige Dynamik und die performative Kraft des kommunikativen Handelns der christlichen Gemeinde hinein genommen. Das Heilsgeschehen ist nichts anderes als diese Inszenierung von Worten, Szenen und Gesten, in, mit und unter denen sich Christus als die gnädige, den Tod überwindende Schöpfer- und Segenskraft gegenwärtig macht. Das Heil (Glück, Segen, Rechtfertigung, Anerkennung, Vergebung) geschieht in der aktualen Begegnung zwischen Christus – in der liturgischen Inszenierung dargestellt durch das Amt, das das Evangelium predigt, – auf der einen Seite und der Gemeinde, die auf diese Zusage mit ihrem Lob und Dank in vielfältiger Weise antwortet, auf der anderen Seite.

Es ist deshalb unangemessen, wie Bieritz zu fragen: »Welches Stück wird da eigentlich gespielt?« Das Stück, das gespielt wird, ist das Stück, das gespielt wird. Komm und sieh! Dem Spiel liegen gewisse Spielregeln zugrunde, die durch das agendarische Formular festgelegt sind. Es baut sich auf Texten auf, die – auf dem Wege der liturgischen Inszenierung – in Interpretationen und szenische Aufführungen transformiert sein wollen. Was der Inhalt des Gottesdienstes ist, teilt sich durch diese Interpretationen und szenischen Aufführungen mit, denen jedenfalls, die sie mit- und nachzuvollziehen gelernt haben. Das gilt, wie für alle Rituale – die Inszenierung im Theater kann ebenso ritualtheoretisch interpretiert werden[16] – auch für den Gottesdienst. Die Teilnehmer bzw. Ritualpraktikanten müssen mit den Spielregeln vertraut sein. Sie müssen die symbolischen Verweise interpretieren können.

Gottesdienst und Theater sind in ritualtheoretischer Hinsicht vergleichbar. Die Analogien treten vor allen Dingen dann hervor, wenn man die »Ästhetik des Performativen« zur Kenntnis nimmt, die die Theaterwissenschaftlerin Erika Fischer-Lichte entwickelt hat.[17] Fischer-Lichte reflektiert auf eine ästhetische Praxis in der bildenden Kunst und im Theater, die seit den 60er Jahren des vergangenen Jahrhunderts dadurch gekennzeichnet ist, dass nicht Werke geschaffen und vorgegebene Stücke

16. Zum ritualtheoretischen Vergleich von Gottesdienst und Theater vgl. Erika Fischer-Lichte, Ästhetische Erfahrung als Schwellenerfahrung, in: Joachim Küpper/Christoph Menke, Dimensionen ästhetischer Erfahrung, Frankfurt a.M. 2003, 138-161; Marcus A. Friedrich, Liturgische Körper. Der Beitrag von Schauspieltheorien und -Techniken für die Pastoralästhetik, Stuttgart 2001.

17. Vgl. Erika Fischer-Lichte, Ästhetik des Performativen, Frankfurt a.M. 2004.

gespielt, sondern Ereignisse hervorgebracht werden. Der Begriff der Aufführung rückt in den Mittelpunkt. Das Ereignis einer Aufführung umfasst die leibliche Kopräsenz von Akteuren und Zuschauern, die performative Hervorbringung des materialen Gehalts, der zur Aufführung gebracht wird, auch die Entwicklung der Bedeutung, die dieser Inhalt für die Akteure wie für die Zuschauer gewinnt.

Versteht man den Gottesdienst in diesem Sinne als Inszenierung einer Aufführung, deren Inhalt und Bedeutung sich den Akteuren und Zuschauern im Ereignis der Aufführung gleichermaßen mitteilt, dann ist die Frage nach dem Stück, das da gespielt wird, ebenso unangemessen wie die nach der Beziehung der Liturgie zur Geschichte Gottes mit den Menschen, die dritte Frage, die Bieritz stellt.

10.7 Wie verhält sich die Liturgie zur Geschichte Gottes mit den Menschen?

Wer so fragt, rechnet mit zwei Wirklichkeiten, einer göttlichen Wirklichkeit und einer menschlichen Wirklichkeit, die sich im Falle der Liturgie wie Urbild und Abbild zueinander verhalten. Bieritz operiert mit der Vorstellung von einer göttlichen Heilsgeschichte auf der einen Seite und der liturgischen Praxis auf der anderen Seite. Die Liturgie bildet, so Bieritz' Vorstellung, die Geschichte Gottes mit den Menschen in anamnetischen und mimetischen Praktiken ab. Er tut so, als gäbe es die göttliche Heilsgeschichte als eine eigene, supranaturale Wirklichkeit, die sich in menschlichen Zeichen und Gesten erinnern und mimetisch vergegenwärtigen lasse. Das ist eine metaphysische Aufteilung der Wirklichkeit, die nicht nur mit der von Bieritz ansonsten gerne bemühten Semiotik, sondern auch mit der reformatorischen Umstellung gottesdienstlicher Praxis, von sakramental-dinglicher Heilsvermittlung auf die ans Wortgeschehen gebundene Glaubenskommunikation, unvereinbar ist. Vor allem jedoch ist die vorneuzeitliche Substanzmetaphysik, mit der Bieritz operiert, nicht an die Transformationen anschlussfähig zu machen, die die ästhetische und religiöse Kulturpraxis in der Moderne kennzeichnen. Wie zudem die Überlegungen von Fischer-Lichte zur »Ästhetik des Performativen« zeigen, hat sich gewissermaßen die reformatorische Grundeinsicht, dass der evangelische Gottesdienst als ein performativ-kommunikatives Inszenierungsgeschehen zu verstehen ist, in der allgemeinen ästhetischen Kulturpraxis weitgehend durchgesetzt. Zunehmend bringen Künstler auf der Bühne oder im modernen Museum Ereignisse hervor, die in ihrem Vollzug die alten ästhetischen Relationen von Subjekt und Objekt, von Material- und Zeichenstatus außer Kraft setzen. Ebenso liegt es heute nahe – ergibt sich aber bereits auf der Linie reformatorischer Theologie des Gottesdienstes – nicht mehr zu fragen, wie sich das gottesdienstliche Geschehen zu einer vorgängigen Gottesgeschichte verhält. Zu fragen ist vielmehr, wie es der liturgischen Aufführung im Hier und Jetzt gelingen kann, die reale Gegenwart Gottes in seinem geistlichen Wort und in den sinnlichen Zeichen seiner leibhaften Menschlichkeit in Jesus Christus zur sinnbewussten, also ästhetischen Erfahrung für Akteure und Zuschauer, d. h. für die ganze versammelte Gemeinde, werden zu lassen. Lässt sich der Gottesdienst als ein aufgrund seiner Inszenierungskompetenz bedeutungsstarker Ort ästhetisch-religiöser Erfahrung gestalten? Darin liegt heute die entscheidende liturgiewissenschaftliche Herausforderung.

Die dritte Frage, die Bieritz stellt, kann denn auch der Sache nach überhaupt nur beantwortet werden, wenn man die Liturgie – nach Maßgabe einer Ästhetik des Performativen – als eine solche Inszenierung der Geschichte Gottes, seiner Menschwerdung, auffasst, mit der die Gottesdienst feiernde Gemeinde sich in diese Bewegung der menschlichen Gegenwart Gottes einbezogen findet. Um im Erleben des Gottesdienstes die eigene Lebensgeschichte auf die Gottesgeschichte beziehen zu können, muss diese interpretiert, inszeniert, so aufgeführt werden, dass die Menschen die Gegenwart Gottes in ihrer Lebensgeschichte erkennen, verstehen, wie sie in dieser Geschichte, die da dargestellt wird, selber vorkommen.

Es verlangt somit gerade diese dritte, von Bieritz aufgeworfene Frage, einerseits den Gottesdienst als performatives Inszenierungsgeschehen zu betrachten, andererseits nach den Erfahrungen zu fragen, die die Gemeinde in der Teilhabe am gottesdienstlichen Kommunikationsgeschehen macht. Es gibt jedoch keinen Sinn, schlicht nach dem Verhältnis der Liturgie zur Geschichte Gottes mit den Menschen zu fragen, da es ja eben diese Geschichte Gottes mit den Menschen nur in Gestalt solcher Christuserzählungen gibt, wie sie die Liturgie zur Darstellung bzw. Aufführung bringt. Und je besser es der Liturgie gelingt, diese Aufführung so ausfallen zu lassen, dass die Menschen sich mit ihrer eigenen Geschichte in die Gottes- bzw. Jesusgeschichte einbezogen finden, desto eher werden diese den Gottesdienst als eine wirklich gelungene Aufführung erleben. Sie werden dann – wiederum in ästhetischen Kategorien – sagen, es sei ›ein schöner Gottesdienst‹ gewesen.

Somit führt die dritte, von Bieritz aufgeworfene Frage letztendlich auf die ästhetische Dimension der Liturgie, auf ihre Ausdrucks- und Anmutungsqualitäten zurück, auf die Frage, inwiefern es ihr gelingt, Menschen so anzusprechen, dass sie ihr eigenes Leben ins Verhältnis zu Gott gestellt finden. Es tritt hervor, dass der Versuch, den Gottesdienst als Inszenierungsgeschehen zu beschreiben, dem liturgiepraktischen Zweck dient, ihn zu einem attraktiven Ort ästhetisch-religiöser Erfahrung, gesteigerter Wahrnehmung der Möglichkeiten des Lebens werden zu lassen. Dabei steht zugleich der innere Zusammenhang von ästhetischer und religiöser Erfahrung zur Debatte. Nur im Lichte einer diese Bezüge aufnehmenden Theoriearbeit, somit einer Hermeneutik ästhetischer und religiöser Erfahrung kann jedenfalls geklärt werden, inwiefern die Liturgie des christlichen Gottesdienstes unter den Bedingungen einer hochgradig durch die Medien geprägten Gegenwartskultur für Menschen zum Ort der lebendigen Gottesbegegnung werden kann.

Gottesdienst als Inszenierungsgeschehen zu begreifen, das ist nicht nur mit den Essentials reformatorischer Theologie gut vereinbar. Es ist angesichts der kulturellen Kontextbedingungen, unter denen der Gottesdienst heute zu gestalten ist, in hohem Maße angemessen. In der modernen Kultur verlangt die Praxis des Gottesdienstes ein liturgiewissenschaftlich vertieftes Verständnis des inneren Zusammenhangs von ästhetischer und religiöser Erfahrung.

III: Von der Verkündigung zur religiösen Lebensdeutung

11. Religiöse Kommunikation in der Medienkultur: Strukturen der Öffentlichkeit

11.1 Öffentlichkeit in der Mediengesellschaft

Die Ästhetik des kirchlichen Gottesdienstes und die Schönheit seiner Liturgie sind ein starkes Potential, um die Religion in der modernen Kultur präsent zu halten. Dennoch darf dabei nicht wieder in den Hintergrund geraten, in welch hohem Maß die moderne Kultur durch die mediale Öffentlichkeit geprägt ist. Die Öffentlichkeit in der modernen Kultur ist die Öffentlichkeit der Medien. Demgegenüber ist die Öffentlichkeit der kirchlichen Gottesdienste doch sehr eingeschränkt. Die Gottesdienste in den Gemeinden sind öffentlich letztendlich nur für die, die die Gemeinden bilden. Gewiss, es kann jede und jeder hereinkommen. Aber wer sich nicht auskennt, wird sich nur schwer zurechtfinden. Der liturgische Ablauf gestaltet sich ebenso wie die Predigt in der Regel höchst voraussetzungsvoll. Es wird die Bibel aufgeschlagen und daraus vorgelesen, als sei dies ganz selbstverständlich. Die Bibel wird an die heutige Gemeinde adressiert, als sei sie schon immer gemeint gewesen. Es gilt als selbstverständlich, dass da Hörer sind, denen der christliche Glaube etwas bedeutet. Wenn wir unter der Öffentlichkeit in der modernen Kultur die allgemeine Zugänglichkeit von Information und die allgemeine Teilhabe an Kommunikation verstehen, dann ist die religiöse Kommunikation, wie sie nach Form und Inhalt im Gottesdienst geschieht, nicht eigentlich öffentlich. Öffentliche Kommunikation ist diejenige, die die Massenmedien ermöglichen. Sie ist genau deshalb öffentlich, weil sie hochgradig individualisierte Zugangsbedingungen geschaffen hat. Um an massenmedialer Kommunikation teilzuhaben, genügt es, das Buch oder die Zeitung zu lesen, das Radio oder Fernsehgerät einzuschalten bzw. ins Internet zu gehen.

Religiöse Kommunikation muss, wenn sie öffentliche Kommunikation sein will, sich auf die Bedingungen einstellen, unter die die Massenmedien die gesellschaftliche Öffentlichkeit stellen bzw. mit der sie die gesellschaftliche Öffentlichkeit in der modernen Kultur formieren. Die Massemedien stellen heute Öffentlichkeit im Sinne allgemeiner Zugänglichkeit von Information und allgemeiner Teilhabemöglichkeit an Kommunikation eben dadurch her, dass sie durch die Zwischenschaltung von Technik den Face-to-Face-Kontakt unterbrechen. Durch technische Vermittlung bauen sie, wiewohl hochgradig individualisiert, gesellschaftlich allgemein zugängliche Anschlussmöglichkeiten an ihre Informations- und Kommunikationsangebote auf.

Den Strukturen von Öffentlichkeit in der Mediengesellschaft Rechnung zu tragen, verlangt daher auch von religiöser Kommunikation in erster Linie, dass sie von den spezifischen Kommunikationsvoraussetzungen, die etwa angesichts einer sich zum Gottesdienst versammelnden Gemeinde gemacht werden können, abzusehen in der Lage ist. Konkret heißt das: Keine Vertrautheit mit der Bibel, keine Kenntnis von den Inhalten des christlichen Glaubens, nicht einmal die Bereitschaft zum Hinhören können vorausgesetzt werden. Wer sich etwa auf eine Morgenandacht im Radio vorbereitet, weiß denn auch, was es zu beachten gilt: Es muss Aufmerksamkeit erst geweckt werden. Vom christlichen Glauben soll die Rede sein, aber so, dass seine Relevanz für den Alltag unmittelbar einleuchtet. Ich darf Gott nicht hinterrücks einschmuggeln, aber auch nicht mit der Tür ins Haus fallen. Ich muss vom Alltag reden. Die Rede darf aber auch nicht banal und schon gar nicht kitschig geraten. Ich muss irgendwie übers Alltägliche auch wieder hinaus, in die theologische Deutungsperspektive – aber nicht abstrakt und bloß reflexiv, sondern selber wieder auf anschauliche, bildhafte, sinnlich begreifbare Weise. Es muss etwas religiös Erbauliches gesagt werden, aber doch so, dass es in die Banalität und Brutalität des Alltags hinein trifft: eine andere Sichtweise eröffnend, Verhältnisse klärend, Perspektiven aufzeigend, orientierend fürs Handeln in einer komplizierten Welt. Verständlich, lebensnah, situativ nachvollziehbar, konkret muss es sein und doch von außen kommen, sonst fragen die Hörer sich, was soll's, wozu brauch ich da die Kirche, wenn sie mir nicht mehr zu sagen hat, als ich mir auch schon selber sagen konnte.

Das alles gilt es in der medialen religiösen Kommunikation, etwa anlässlich einer Morgenandacht im Rundfunk, zu bedenken. Zugleich wird damit freilich deutlich, was es heißen könnte, die Öffentlichkeit religiöser Kommunikation am Ort der Gemeinde und ihrer Gottesdienste zu steigern. Natürlich gilt es im Auge zu behalten, dass der Gottesdienst, der immer auch ein Ritual darstellt, nur funktionieren kann, wenn eine gewisse Vertrautheit mit seinem Ablauf, dann auch ein bestimmtes Schon-Verständigtsein über den Sinn dieses Geschehens vorausgesetzt werden können. Dennoch wäre unter den Bedingungen der modernen Medienkultur auch im Blick auf die religiöse Kommunikation im Gottesdienst der Gemeinde sehr viel energischer als dies weithin geschieht zu bedenken, dass sie keine besonderen Voraussetzungen geltend machen sollte.

Gerade die Predigt sollte keine Konditionen stellen, die bereits erfüllt sein müssen, hinsichtlich der Christlichkeit, der Frömmigkeit, des sog. Glaubenswissens der Hörer und Hörerinnen. Ziel müsste es sein, möglichst voraussetzungslos zu reden bzw. eben keine anderen Voraussetzungen in Anspruch zu nehmen, als dass Sinnfragen angesprochen werden, die jede und jeden angehen, über die in religiöser Hinsicht nachzudenken aktuell Veranlassung besteht, die jedem, dessen Interesse geweckt ist, auch existentiell nachvollziehbar und verständlich erscheinen müssten.

Eine homiletische Leitfrage, auch im Blick auf den sonntäglichen Gottesdienst, wird dann etwa: Was könnte die Predigt über diesen biblischen Text für Hörer und Hörerinnen interessant machen, die jetzt gar nicht die Erwartung mitbringen, eine auf die Bibel gegründete Predigt zu hören, auch ansonsten keine genaueren Kenntnisse vom christlichen Glauben haben. Die moderne Medienkultur strukturiert die öffentlichen Kommunikationsbedingungen, und d. h. natürlich auch das Rezeptionsverhalten, das etwa im sonntäglichen Gottesdienst praktiziert wird. Auch die gottesdienstliche Predigt hätte somit stärker zu berücksichtigen, was bei einer Rundfunkandacht jedem, der sie zu verfassen hat, klar ist: Jeder Rundfunkprediger weiß, dass im Radio allenfalls dann auf eine gewisse Bereitschaft, hinzuhören, gerechnet werden kann, wenn eine kleine Erzählung unterhaltsam dargeboten, ein Anstoß zum Nachdenken gegeben wird, ein überraschender Perspektivwechsel im Umgang mit den Dingen des Lebens vorgenommen wird.

Wenn religiöse Kommunikation in der modernen Kultur öffentlich bleiben will, muss sie sich also nicht nur auf die Präsenz der Medien in jedem privaten Wohnraum einstellen, sondern ebenso dem durch die Medien bewirkten »Strukturwandel der Öffentlichkeit«[1] Rechnung tragen. Die Medien stellen Öffentlichkeit her und sie formieren sie, in allen Belangen, auch in denen der Religion.[2] Was die Medien nicht zum Thema machen, ist kein öffentliches Thema. Daran kann deshalb dann auch in religiöser Kommunikation kein Anschluss hergestellt werden und das kann auch in religiöser Kommunikation nicht als bekannt vorausgesetzt

1. Vgl. Jürgen Habermas, Der Strukturwandel der Öffentlichkeit. Untersuchungen zu einer Kategorie der bürgerlichen Gesellschaft, Frankfurt a. M. 1990.
2. Vgl. Reiner Preul, Kommunikation des Evangeliums unter den Bedingungen der Mediengesellschaft, in: ders./Reinhard Schmidt-Rost (Hg.), Kirche und Medien (Veröffentlichungen der Wissenschaftlichen Gesellschaft für Theologie, Bd. 16), Gütersloh 2000, 9-50; Christian Drägert/Nikolaus Schneider (Hg.), Medienethik. Freiheit und Verantwortung (Festschrift zum 65. Geburtstag von Manfred Kock), Stuttgart 2001.

werden. Die Öffentlichkeit religiöser Kommunikation verträgt sich in der durch die Medien bestimmten modernen Kultur überhaupt nicht damit, ein besonderes, gar inhaltlich qualifiziertes Einverständnis im christlichen Glauben vorauszusetzen. Entscheidend für die Öffentlichkeit religiöser Kommunikation ist ihr Anschluss an das, was die Medien zum Thema machen bzw. an das, was als religiöses Kommunikationsbedürfnis durch die moderne Kultur selbst erzeugt wird.[3]

11.2 Religionsbedarf in der Medienkultur

Die Medienkultur erzeugt selbst einen spezifischen Bedarf an Religion. Sie lenkt das religiöse Interesse der Menschen in eine bestimmte Richtung. Das muss Konsequenzen für die religiöse Kommunikation haben. Sie sollte sich auf den spezifischen Religionsbedarf in der modernen Medienkultur einstellen.[4]

Niklas Luhmann hat den gesellschaftlichen Stellenwert der Massenmedien pointiert auf den Begriff gebracht: »Was wir über unsere Gesellschaft, ja über die Welt, in der wir leben, wissen, wissen wir durch die Massenmedien.«[5] Luhmann hat ebenso die kulturellen Folgewirkungen der Massenmedien treffend beschrieben: Die Mediengesellschaft bewirkt eine ungeheure Beschleunigung, Dynamisierung und eben auch Verflachung des Lebens, Zeitschrumpfung, Raumverkürzung und Erfahrungsschwund.[6]

Das alles kann die religiöse Kommunikation kritisch aufnehmen. Sie

3. Vgl. Horst Albrecht, Die Religion der Massenmedien, Stuttgart u.a. 1993; wichtige Impulse gaben Hans-Joachim Benedict, Fernsehen als Sinnsystem?, in: Wolfram Fischer/Wolfgang Marhold (Hg.), Religionssoziologie als Wissenssoziologie, Stuttgart 1978, 117-137; Hermann Pius Siller, Bildschirmreligiosität – Thesen aus theologischer Sicht, in: Eckhard Bieger/Wolfgang Fischer/Reinhold Jakobi/Peter Kottlorz (Hg.), zeitgeistlich. Religion und Fernsehen in den neunziger Jahren, Köln 1994, 121-127; Günter Thomas, Die Wiederverzauberung der Welt? Zu den religiösen Funktionen des Fernsehens, in: Peter Bubmann/Petra Müller (Hg.), Die Zukunft des Fernsehens, Stuttgart 1996, 113-139; Günter Thomas, Medien, Ritual, Religion. Zur religiösen Funktion des Fernsehens, Frankfurt a.M. 1998; Arno Schilson, Medienreligion. Zur religiösen Signatur der Gegenwart, Tübingen/Basel 1997.
4. Vgl. Wilhelm Gräb, Sinn fürs Unendliche. Religion in der Mediengesellschaft, Gütersloh 2002
5. Niklas Luhmann, Die Realität der Massenmedien, Opladen 1996, 9. Vgl. auch den zentralen Stellenwert, den die Medien in Luhmanns letztem großen Werk haben: Ders., Die Gesellschaft der Gesellschaft, Frankfurt a. M. 1997, 190-412.
6. Luhmann, Realität, a. a. O., 47.

kann religiöse Praxis als eine solche zur Sprache bringen, die die Zeit zu dehnen vermag, indem sie innehalten lässt. Sie kann den Raum weit machen, ihm wieder Tiefe geben. Sie kann das Gefühlsbewusstsein ansprechen und damit die unmittelbare Erfahrung leibhafter Selbstpräsenz. Zur Welterklärung brauchen die Menschen die Religion nicht mehr. Auch nicht unbedingt als Institution der Sinnvermittlung und Wertorientierung, jedenfalls nicht in einem alltagsweltlich elementaren Sinn. In einer immer dynamischer sich entwickelnden Medienkultur verlangen die Menschen jedoch nach Orten und Gelegenheiten der Entschleunigung, der gedanklichen Vertiefung, des anschaulichen Verweilens, der Interaktion mit anderen in sinnlich-leibhafter Kopräsenz. Religiöse Kommunikation lässt Erfahrungsdichte gewinnen und führt zur Sinnvergewisserung im Unbedingten.

11.3 Verkündigung als religiöse Lebensdeutung

Die Massenmedien überfordern im Grunde durch ihre ständige Konfrontation mit Neuem. So lassen sie die Sehnsucht nach dem scheinbar Altbewährten, nach traditionellen Werten und gefügten Ordnungen wachsen. Um diese Zusammenhänge sollten auch die Akteure in den Vollzügen religiöser Kommunikation wissen.

Nicht selten dominiert freilich in Predigten der Ruf nach Erneuerung, dominiert die Rhetorik der Umkehr und des Immer-wieder-neu-Anfangenkönnens. Dabei bleibt unbemerkt, wie sehr die kirchliche Verkündigungssprache sich damit der von den Massenmedien erzeugten Veränderungsdynamik unreflektiert anschließt. Dann soll das Evangelium als (gute) Nachricht verbreitet werden. Dann sollen die Menschen ständig ihr Leben ändern. Dann soll die Kirche als missionarische Kirche eine unerhörte, den Menschen bislang nicht bekannte Wahrheit verkündigen.

Damit kommt die Kirche bei den Menschen freilich selten an, aus verständlichen Gründen. Die Botschaft der Kirche ist nicht neu. Sie hat als solche zunächst einmal keinen großen Informationswert. Sie ist hochgradig redundant, muss das aber auch gerade sein. Die Redundanz, die Wiederholung, die Erinnerung kann schließlich erneut zur Information werden – durch Aufmerksamkeitssteigerung für das Alte, Bekannte, in seiner Substanz gar nicht Verbesserungsfähige. Die Werbung macht das ständig vor. Sie bringt ebenfalls keine Überraschungen, verstört nicht mit Neuem, sondern macht das Alte, Bekannte, Vertraute – wofür die Marke steht – immer wieder attraktiv. Sie leistet dies durch das Spiel mit Metaphern und die Umcodierung von Symbolen. Durch die kreative Arbeit an der symbolischen Form hält die Werbung das längst Bekannte in der Erinnerung, macht sie es immer wieder interessant, bringt sie immer wieder in Kontakt mit Ur-Vertrautem.

In solchem Verfahren liegt im Grunde auch die Chance religiöser Kommunikation in der medialen Kultur. Ihre Aufgabe ist nicht die Überraschung mit Neuem, sondern die Steigerung des Ur-Vertrauens in das von alters her Bewährte. Religiöse Kommunikation muss den Blick auf das Bleibende in der Dynamik des Wandels lenken, die Gegenwärtigkeit des Unendlichen im Endlichen zur Anschauung bringen, an das Ewige mitten in der Zeit erinnern, konkret davon reden, was es heißt, in dieser Zeit im Bewusstsein von Gottes Ewigkeit zu leben.

Weil die Aufgabe religiöser Kommunikation in der modernen Kultur unterbestimmt bleibt, wenn man ihr schlicht die Ausrichtung der biblischen Botschaft bzw. des Evangeliums zuweist, ist das Konzept der Verkündigung in die Krise geraten. Nicht eine vorgegebene ›Botschaft‹ ist auszurichten, sondern die Erfahrungen des Lebens sind in die christlich-religiöse Deutung zu heben. Dazu ist das Deutungspotential der biblischen Motive, Erzählungen und Symbole zu nutzen. Sie sind so ins Gespräch zu bringen, dass gegenwärtige Hörerinnen und Hörer sich mit ihren eigenen Lebenserfahrungen angesprochen und verstanden fühlen, tiefer als es ihnen selbst möglich war. Was die Hörerinnen und Hörer mitbringen müssen, sind ihre Lebenserfahrungen, ihre Erinnerungen und Erwartungen, ihre Enttäuschungen und Erfolge. Deshalb geht es darum, in eine Verständigung über eben diese Erfahrungen, in der Auslegung biblischer Texte, die dichte Worte und lebendige Erzählungen von Gott enthalten, hineinzufinden. So lassen sich gegenwärtige Lebenserfahrungen in der Perspektive seiner bleibenden Gegenwart zur Deutung bringen.

Auf diese Weise vollzieht sich eine religiöse Kommunikation – in der Predigt oder in einer ›Verkündigungssendung‹ im Rundfunk – die in anschaulicher, lebendiger Rede zum Nachdenken über Gottes merkwürdige Gegenwart mitten im Leben einlädt, Gefühle der Geborgenheit und des Vertrauens anspricht und in die Gestimmtheit einer größeren Gelassenheit versetzt. Was die Form solcher Kommunikation anbelangt, so verlangt sie im Grunde Redundanzverstärkung, aber, wie bei der Werbung, doch so, dass ihr Unterhaltungswert zugleich gesteigert wird.

Öffentliche Verkündigung in der medialen Kultur ist im skizzierten Format als Kommunikation christlich-religiöser Lebensdeutung zu gestalten. Das Verkündigungsparadigma gilt es durch das Deutungsparadigma zu ersetzen. In der Dynamik kulturellen Wandels sind die alten, biblischen Symbole des Glaubens, Gottesbilder, Rechtfertigungsgeschichten, Geschichten von Auszug und Heimkehr, Passions- und Auferstehungsgeschichten auf anschauliche Weise, d. h. ohne dass die bildhafte Rede und die lebendigen Erzählungen verloren gehen, in ihrem existentiell-religiösen Sinngehalt zu vergegenwärtigen. Dann können die biblischen Texte zum symbolischen Material der Deutung dessen werden, was es heißt, in dieser Zeit – von Gott begleitet – zu leben.

Die Kunst religiöser Kommunikation in der medialen Kultur ist religiöse Deutekunst, verlangt die religiöse Interpretation von Lebenserfahrung, die Aufhellung der religiösen Grundierung des Alltags. Sofern die Predigt biblische Texte aufnimmt und auslegt, ist die Textauslegung in eine gegenwärtig nachvollziehbare Lebensdeutung zu überführen. Das sollte möglichst anschaulich geschehen, in bewegten Bildern, so dass den Hörerinnen und Hörern – ähnlich wie es ihnen als Zuschauern eines Films gehen kann – Rückschlüsse auf selbst Erlebtes und auf die Sinnperspektiven der eigenen Lebensführung möglich werden. Die religiöse Kommunikation darf jedenfalls die Komplexität und die Dynamik der modernen Kultur, ihre Unüberschaubarkeit und Kontingenzanfälligkeit, ihre Banalität auch, nicht ihrerseits noch steigern wollen, sondern muss sie transzendieren auf die innere Einsicht in das Einfache, Notwendige, Ewige hin.

Dabei sollte die religiöse Kommunikation allerdings an die Realität, über die die Medien informieren, anschlussfähig bleiben. Sie darf nicht der Versuchung erliegen, in Gegenwelten zu entfliehen. Indem sie im Dynamismus der modernen Kultur an das Bleibende und Ewige erinnert, tut sie dies so, dass sie damit eine religiös fundierte Lebenskunst exponiert, die zu einem lebensdienlichen Umgang mit den modernen Kulturverhältnissen befähigt. Das wiederum kann sie nur, wenn sie die moderne Medienkultur permanent beobachtet und dabei vor der Wahrnehmung nicht zurückschreckt, dass die Medien selbst immer wieder – in weithin nicht-religiöser Sprache – Religion, d. h. aufs Ganze gehende Sinnanschauung, kommunizieren. Auch das Kino erzählt Geschichten, die die Zuschauer zur religiösen Selbstauslegung eigener Lebenserfahrung anregen.[7] Auch Literatur entführt in sekundäre, vom Alltag unterschiedene Welten, die Erfahrungen der Selbsttranszendenz ermöglichen. Die Medien errichten symbolische Sinnwelten, die religiöse Implikatio-

7. Vgl. Jörg Herrmann, Sinnmaschine Kino. Sinndeutung und Religion im populären Film, Gütersloh 2001.

nen in sich haben. Sie tun dies mit allen ihren Programmen, mit ihren Nachrichten, Berichten und Kommentaren, ihren Werbesendungen und am stärksten vermutlich mit ihren unterhaltsamen Erzählungen aus dem Leben und wie mit ihm zurecht zu kommen ist, auch auf unübersichtlichem Gelände.

Dennoch hat die explizite religiöse Kommunikation in den Gottesdiensten der Gemeinde oder auch in den kirchlichen ›Verkündigungssendungen‹ des Radios oder Fernsehens in der so formierten modernen Medienkultur durchaus Chancen. Sie ergeben sich vor allem dann, wenn die religiöse Kommunikation auch als kirchlich verantwortete nach dem Deutungsparadigma verfährt. Auch in der gottesdienstlichen Predigt oder im Bibelgesprächskreis kann die religiöse Deutungsperspektive in der Interpretation des Alltags und in der Interpretation dessen, worüber die Medien informieren, explizit gemacht werden. Die kirchlichen ›Verkündigungssendungen‹ können aus dem Reichtum an starken Bildern und guten Geschichten schöpfen, die sich in den biblischen Überlieferungen finden. Es kommt nur darauf an, die biblischen Bilder und Geschichten als diejenigen Vorlagen zu nehmen, aus denen – ähnlich wie Filmemacher ein Drehbuch brauchen – allererst die Szenen zu entwickeln sind, die dann in der Predigt, dem Gesprächskreis oder der Rundfunkandacht aufgeführt werden, in einer solchen Form, dass gar keine Applikation auf die Hörerinnen und Hörer nötig ist, weil diese selber die Rückschlüsse auf eigene Erinnerungen und Erwartungen, Befürchtungen und Hoffnung, also auf Selbsterlebtes vollziehen.

Das Deutungsparadigma kann damit vor dem ohnehin zum Scheitern verurteilten Versuch bewahren, irgendwie den ›heiligen Bogen‹ zu schlagen, an die Flut der Nachrichten auch noch die ›Gute Nachricht‹ von Gott anzuhängen; in die vielen Geschichten vom Leben, die das Fernsehen erzählt, auch noch die Geschichte von Jesus einzubringen; neben die verlockenden Botschaften der Werbung auch noch die Einladung in die Kirche zu platzieren. Am Leitfaden des Deutungsparadigma kann es religiöser Kommunikation in den Medien vielmehr gelingen, die Wirklichkeit unserer alltäglichen Erfahrungen ebenso wie diejenige, über die die Medien informieren, aufzunehmen und in der religiösen Sinnperspektive zu interpretieren.

Zu entwickeln wäre jeweils der christliche Kommentar zur Zeit und den eigenen Erfahrungen in ihr, aber doch genau so, dass er sich merklich vom politischen unterscheidet – durch Profilierung der religiösen Deutung. Und die geht im wesentlichen dahin, Geschichten davon zu erzählen, wie das Leben trotz allem, was dagegen spricht, gelingen kann, es immer wieder, weil wir aus Gottes Gnade leben, so etwas wie Glück in allem Unglück gibt.

Was alles in der Welt geschieht, geht bereits aus den Nachrichten hervor. Mit ihnen arbeiten die Medien an unserem Realitätsbewusstsein. Sie erneuern permanent unser Wissen von der Wirklichkeit. Sie sind gewissermaßen die allwissende Instanz. Der Gott der Mediengesellschaft, so könnte man sogar sagen, ist der Nachrichtensprecher. Die Medien informieren über die Wirklichkeit, indem sie diese zugleich immer auch hervorbringen. Wenn Zweifel aufkommen, ob tatsächlich der Fall ist, was die Medien berichten, sieht man sich auf andere Medien verwiesen bzw. auf Informationsquellen, die nur über die Medien zugänglich sind, auch wenn sie dabei in andere gesellschaftliche Systeme ausgreifen, etwa in die Wissenschaft. Medien informieren nicht nur über die Wirklichkeit, sie vermitteln immer auch eine bestimmte Auffassung, ein Bild von ihr. Sie konstituieren Wirklichkeit und zugleich unser Wirklichkeitsverständnis. Damit sind sie selbst schon eine Form impliziter Religion. Im Kommentar, der sich an die Nachrichten anschließt, können sie auch explizite religiöse Deutungen entwickeln.

Genau deshalb aber tragen kirchliche ›Verkündigungssendungen‹, ebenso die Predigten in den kirchlichen Gottesdiensten, wenn sie nach dem Deutungsparadigma verfahren, zur Anschluss-Kommunikation an die Medienrealität bei. Sie können einen die religiöse Sinnperspektive explizierenden und vertiefenden Kommentar zu den medial vermittelten Wirklichkeitserfahrungen und damit zum Ganzen der Welt, in der wir leben, geben. Wenn der religiöse Kommentar gut gemacht ist, kann er die Welt noch einmal ›ganz anders‹ sehen lassen.

11.4 Verkündigung als religiöser Kommentar zur Wirklichkeit

Vor allem mit ihren Nachrichten und Berichten, dann aber auch mit ihren Kommentaren zum Zeitgeschehen erzeugen die Massenmedien Information. Sie konstruieren die gesellschaftliche Wirklichkeit im Aufbau des Wissens von ihr.[8]

Da es auch in den politischen Kommentaren um die die Deutung von Vorgängen in der Wirklichkeit der Medienwelt geht, haben sie die größte

8. Vgl. Peter L. Berger/Thomas Luckmann, Die gesellschaftliche Konstruktion der Wirklichkeit. Eine Theorie der Wissenssoziologie, Frankfurt a.M. 1970; John Fiske, Introduction to Communication Studies, London/New York [2]1990.

Nähe zur Religion. Ins Religiöse gehen auch die politischen Kommentare auf zumeist explizite Weise, wenn sie ansprechen (müssen), dass Dinge ins menschlich Unverfügbare, ins Ungeheure geraten sind, im Anblick von Katastrophen, Skandalen, Ausbrüchen sinnloser Gewalt und mörderischen Terrors. Dann stellen sie die Fragen nach dem Sinn so, dass sie – menschlich gesehen – ohne Antwort bleiben müssen. Dann geraten wir vor die Leere, ins Offene, stehen vor dem Unfasslichen.

Die explizit christlich-religiöse Deutung spricht von Gott, von der Unbegreiflichkeit seines Handelns, vom Dennoch des Glaubens, der das Vertrauen auf Gott auch in den (Kreuzes-) Erfahrungen seines Entzogenseins festzuhalten wagt.

11.5 Verkündigung als religiöse Unterhaltung in der Welt der Medien

Die Medien informieren uns nicht nur über die Wirklichkeit, die sie zugleich hervorbringen. Sie unterhalten uns. Sie bauen symbolische Realitätsebenen und fiktionale Welten auf, regenVorstellungen, Gedanken und Phantasien an. Insbesondere die Literatur und der Film errichten die Sphären des Spiels und der erzählten Geschichten.[9]

Gewiss produzieren die Medien Unterhaltung auch, damit wir die von Arbeit frei gewordene Zeit angenehm verbringen, möglicherweise, um sie ›totzuschlagen‹. Im Wesentlichen aber sorgen sie doch dafür, dass die Individuen, die in der modernen Kultur aus bindenden Traditionen und gefügten sozialen Ordnungen freigesetzt wurden und sich dieser ungeheuren Veränderungsdynamik ausgesetzt finden, einen neuen ›Unter-Halt‹ bekommen. Wo wir unterhalten werden, sehen wir uns gerade nicht in unseren gesellschaftlichen Rollen und Funktionen angesprochen, sondern in unserem Menschsein, von der Arbeit und vom Funktionieren-Müssen entlastet. Die unterhaltenden Medien treffen uns im Übergang zwischen unserer Sozialität und unserer Individualität. Wir schalten sie ein, um uns zu entspannen. Sie haben ihren Ort in der Freizeit, wo dann aber eben doch auch andere ›Arbeit‹ zu leisten ist, die ›Arbeit‹ an den Sozialbeziehungen, Beziehungskrisen und -konflikten. Unterhaltung wird für uns in jenen Lebensbezügen wichtig, in denen

9. Vgl. Edward Branigan, Narrative Comprehension and Film, London/New York 1992; Franz K. Stanzel, Theorie des Erzählens, Göttingen 1979; David Bordwell, Narration in the Fiction Film, London ^{2}1990.

wir den Anforderungen begegnen, die mit der Lebensbewältigung und Persönlichkeitsentwicklung verbunden sind. Da geht es um Freundschaft und Liebe, um Nähe und Distanz. Mit ihren Unterhaltungsprogrammen füllen damit die Medien genau auch den gesellschaftlichen Ort der Religion.

Die Massenmedien haben seit dem aufkommenden Zeitungswesen nicht nur über ›einkommende‹ Nachrichten informiert, sondern im Erzählen von Geschichten und mit anschaulichen Bildern immer auch Brücken in die Welten der Fiktion und der imaginativen Vorstellungen geschlagen. Damit schufen sie die kulturellen Bedingungen für die Identitätsarbeit, die personale Selbstverortung der Individuen in einer Welt, die sich nicht zuletzt wiederum durch den Einfluss der Medien bzw. die Neuentwicklung der Medientechnologien immer schneller veränderte.[10] Die alten symbolischen Ordnungen der Religion, ihre Erzählungen und ihre Bilder bekamen gewissermaßen Konkurrenz. Was die kirchliche Religion geboten hatte, das fand man in der modernen Kultur zunehmend in der Literatur, im Theater, später in den Filmen des großen Gefühlskinos, dann in den nachmittäglichen Fernsehserien, in den Talk- und Gameshows.[11] Im Fernsehen werden nun auf ebenso spannende wie unterhaltsame Weise die Lebenssinn gewährenden und ihn auf die Probe stellenden Geschichten erzählt. In den Daily Soaps findet man, was Halt gibt, soziale Zugehörigkeiten schafft, Gefühlsmuster aufprägt, Lebensentwürfe eröffnet, an Abgründe führt. Man hat Teil an Geschichten, in denen eigene Erfahrungen wieder zu erkennen sind. Man sieht sich ins Verhältnis gesetzt auch noch zu den Grenzerfahrungen des Lebens, hört die Sprache, die Unsagbares sagbar macht, vom Wunder des Anfangs erzählt, von der Liebe, vom Tod. Man steht vor Bildern, die Undarstellbares darstellbar machen – oft auf Grauen erregende Weise. Es ist das unterhaltende Programm der (zunächst vor allem literarischen, dann audio-visuellen) Massenmedien, das diese in die größten Nähen und eben auch Konkurrenzen zur traditionellen kirchlichen Religionskultur bringt.

Die Unterhaltungsprogramme der Massenmedien, die Bücher und das Kino, das Fernsehen und das Internet (mit seinen Videospielen) werden

10. Vgl. Jochen Hörisch, Der Sinn und die Sinne. Eine Geschichte der Medien, Frankfurt a. M. 2001; Rainer Winter/Roland Eckert, Mediengeschichte und kulturelle Differenzierung. Zur Entstehung und Funktion von Wahlnachbarschaften, Opladen 1990.
11. Zu den populären Fernsehsendungen vgl. Lothar Mikos, Es wird dein Leben! Familienserien im Fernsehen und im Alltag der Zuschauer, Münster 1994; Ien Ang, Das Gefühl Dallas, Bielefeld 1986.

zugleich zu Medien religiös relevanter Selbsterkundung und Selbstauslegung, weil sie auf spielerische und narrative Weise symbolische Sinnwelten aufbauen. Diese ermöglichen dem Leser, Zuhörer oder Zuschauer den Rückschluss auf Selbsterlebtes. Identifikationsangebote werden vermittelt, die immer auch die reflexive Arbeit an der eigenen, persönlichen Identität stützen. Die Nähe zur religiösen Kommunikation in der Kirche ist signifikant. Und umgekehrt wird verständlich, weshalb die religiöse Kommunikation in der Kirche die Tendenz zeigt und gewissermaßen zeigen muss, zur unterhaltsamen religiösen Rede zu werden.

Die unterhaltsame Welt der Erzählungen, der Bücher und Filme ist zwar eine fiktionale, aber keineswegs eine unwirkliche Welt. Sie ist für uns Menschen im Grunde die eigentlich wirkliche Welt, diejenige, in der wir uns selbst, d.h. uns in unseren emotiven, kognitiven und voluntativen Selbstverhältnis verwirklichen. An dieser unterhaltsamen Welt der fiktionalen Erzählungen, der Geschichten vom Leben, wie es ist und sein könnte, baut die religiöse Kommunikation in Gestalt der die biblischen Erzähltraditionen aufnehmenden und weiterführenden kirchlichen Verkündigung auf ihre Weise seit jeher mit. In der erzählten und gedeuteten Welt eines Romans, eines Films oder der biblischen Texte, können wir uns zum Anfang und Ende, also zum Ganzen unseres Daseins verhalten, was uns im wirklichen Leben nicht möglich ist. Mit fiktionalen Erzählungen verhalten wir uns auch noch zu solchen Tatbeständen, die uns selbst prinzipiell nicht zur Erfahrung werden können – weil wir uns nicht von außen beobachten können. Wir können nur so tun als ob: Das machen wir im Erzählen von Geschichten. Erzählend bewegen wir uns auch in den religiösen Sinnbezügen, errichten wir die symbolische Welt, in und aus der wir in letzten Hinsichten leben.

Der für unseren Zusammenhang entscheidende Punkt ist dabei zweifellos der, dass die Rückkoppelung der erzählten Welt an das gewöhnliche Leben auf dem Wege der die Motive der erzählten Welt aneignenden Selbstdeutung der Leser oder Zuschauer geschieht. Die fiktionale Erzählung begegnet ihnen als ein Sinn- und Deutungsangebot: Dem Hörer, Leser, Zuschauer bleibt es freigestellt, eigene Lebenserfahrungen durch ihre partielle Einspielung in die durch ihre Geschlossenheit und innere Plausibilität verständliche Erzählwelt selbst zu deuten.

Unterhaltung zielt auf Aktivierung von Selbst-Erlebtem, -Erhofftem, -Befürchtetem, -Vergessenem – wie einst die religiösen Mythen, was Luhmann zu bemerken nicht versäumt hat.[12]

12. Auf die Zusammenhänge zwischen der Welt errichtenden Funktion der My-

»Was die Romantiker vergeblich herbeisehnten, eine ›neue Mythologie‹, wird durch die Unterhaltungsformen der Massenmedien beschafft. Unterhaltung re-imprägniert das, was man ohnehin ist.«[13]

Alle Erzählformen der spannenden Unterhaltung, der große Roman und dann später der Film, rechnen mit Individuen, die ihre Identität nicht mehr aus ihrer Herkunft beziehen, sondern sie selbst gestalten müssen. Die fiktionalen Erzählungen geben Möglichkeiten der Identitätsfindung vor. Sie laden jedenfalls zur Identifikation ein. Von den Filmemachern können heute auch die Predigtmacher lernen, so dass sie in Bildern sprechen, die die Hörer ins Bild setzen über die Wirklichkeit ihres Lebens.[14]

Leider werden die Unterhaltungsformen von Literatur und Film immer noch der kirchlichen Verkündigung eher entgegengestellt denn mit ihr zusammen gesehen. Die Parallelen, die man ebenso leicht ausmachen kann und die sich seit der kulturellen Verselbständigung dieser neuen Formen medialer Unterhaltung zunehmend herausgebildet haben, werden ignoriert. Besonders hierzulande, wo man zudem noch die Unterscheidung zwischen Hochkultur und populärer Kultur meint machen zu müssen, wie dann auch etwa zwischen U- und E-Musik. Das U steht dabei selbstredend für das Leichte, eher Oberflächliche, Profane, für einen Stil jedenfalls, der religiöser Kommunikation angeblich nicht angemessen ist.

Es mag zwar durchaus richtig sein, einen religiösen Stil von einem profanen zu unterscheiden. Das soll hier nicht bestritten werden. Da in der modernen Kultur die Unterscheidung sakral/profan in einem ontologischen Sinn hinfällig geworden ist, hat bekanntlich bereits Schleiermacher die Ästhetik des liturgischen Gottesdienstes durch Ermittlung von Kriterien eines religiösen Stils zu bestimmen versucht.[15] Aber im Ausgriff auf

then in alter Zeit und der funktional äquivalenten Rolle der Massenmedien wird verschiedentlich aufmerksam gemacht, zumeist freilich ohne den Formwandel der Religion im Prozess der Moderne mit zu berücksichtigen. Vgl. Joan Kristin Bleicher, Fernsehen als Mythos. Poetik eines narrativen Erkenntnissystems, Opladen 1999; Eric W. Rothenbuhler, Ritual Communication. From Everyday Conversation to Mediated Ceremony, Thousand Oaks 1998; Hartmut Heuermann, Medienkultur und Mythen. Regressive Tendenzen im Fortschritt der Moderne, Reinbek 1994.

13. Luhmann, Realität, a. a. O., 109.
14. Gute praktische Anregungen hierzu gibt Martin Nicol, Einander ins Bild setzen. Dramaturgische Homiletik, Göttingen 2002.
15. Vgl. Friedrich D. E. Schleiermacher, Praktische Theologie. Die Praktische Theologie nach den Grundsätzen der evangelischen Kirche im Zusammenhange dargestellt. Aus Schleiermachers handschriftlichem Nachlasse und

eine Theorie des Stils religiöser Kommunikation hat er doch zugleich das Verbindende einer Ästhetik benannt, die die religiöse Rede mit anderen Formen darstellenden Handelns bzw. symbolischer Kommunikation vergleichbar hält.[16]

So ist heute unter den Bedingungen einer ausdifferenzierten Medienkultur zu fragen, ob es nicht allenfalls Differenzen des Stils sind, die etwa eine Predigt- oder Andachtsreihe von einer Fernsehserie unterscheiden. Beide Male handelt es sich um kommunikative Formen der Unterhaltung, die inhaltlich wesentlich dadurch bestimmt sind, dass sie Geschichten erzählen, mit denen zugleich auf mehr oder weniger explizite Weise Lebensdeutungen zur Mitteilung kommen. Natürlich, der Predigt liegt ein biblischer Text zugrunde. Die Predigt und ebenso die ›Verkündigungssendungen‹ in den Medien sind an die biblische Überlieferung und die Aufgabe ihrer gegenwartsbezogenen Auslegung gebunden. Auch wird die Predigt ihren religiöser Gehalt explizit genau dadurch kenntlich machen, dass sie sich artikulationsfähig auf der Grenze bewegt, von Anfang und Ende, Leben und Tod, Zufall und Notwendigkeit, Zeit und Ewigkeit, Endlichem und Unendlichem usw. Das macht ja die Predigt zur expliziten religiösen Rede. Sie thematisiert den Unbedingtheitshorizont der Sinndeutung unseres bewussten Lebens im Bezug auf Abhängigkeits-, Kontingenz- und Grenzerfahrungen. Sie bringt einen Gott zur Sprache, mit dem ein anderer Umgang mit diesen Erfahrungen möglich ist. Sie erzählt Geschichten, die diesen Gott im Anschluss an die Symboltradition des Christentums in einer inhaltlich bestimmten Weise vorstellig machen. Aber in alledem ist auch die kirchliche Verkündigung religiöse Lebensdeutung, eine unterhaltsame religiöse Rede.

Zweifellos steht sie damit in der modernen, medialen Kultur auch in starken Konkurrenzverhältnissen. Darauf machte z. B. Herbert Grieshop, Kulturreferent an der Botschaft der USA, in der langjährigen Reihe des Berliner »Tagesspiegel«, »Wo ist Gott«, aufmerksam:

»London an einem Sonntag. Mich überfällt die Sehnsucht, nach langer Zeit mal wieder eine Messe zu besuchen. Die Oxbridge-Freunde plädieren für das Brompton Oratory im feinen Kensington. Hier geht das Establishment zur Kirche, alter Adel, Tory-MPs und berühmte Schriftsteller neben katholischem

nachgeschriebenen Vorlesungen, hg. v. Jacob Frerichs, in: SW I, 13, Berlin 1850, Nachdruck Berlin/New York 1983; dazu Inken Mädler, Kirche und bildende Kunst der Moderne. Ein an F. D. E. Schleiermacher orientierter Beitrag zur theologischen Urteilsbildung, Tübingen 1997.

16. Vgl. Dietrich Korsch, Religion mit Stil. Protestantismus in der Kulturwende, Tübingen 1997.

Fußvolk. Aber der Besuch wird zur Enttäuschung. Der massive neobarocke Kirchenbau ist von innen noch kälter und abweisender als von außen. Mit hohem zeremoniellen Aufwand – Priestern und Messdienern, Vorsängern und großem Chor – gelingt es innerhalb kürzester Zeit, die Gemeinde zum Schweigen zu bringen. Ästhetisch gesehen eine perfekte Inszenierung, aber ein Ritual, das so sehr das Leben draußen ausschließt, muß eine ernüchternde Erfahrung bleiben.

Abends im Kino. »Das Fest« ist angekündigt. Die Geschichte von der Familienfeier, auf der ein Sohn aufdeckt, dass sein Vater mit dem Wissen der Mutter jahrelang die Kinder sexuell missbraucht hat, ist einer der beeindruckenden Filme der letzten Jahre. Mit dem Mut der Verzweiflung gelingt es dem Sohn in immer neuen Anläufen, die glatte Familienfassade abzuhauen und den darunter liegenden Schwamm freizulegen. Der Zuschauer fährt auf einer Achterbahn großer Gefühle – Scham, Mitleid, Bewunderung, Abscheu, Zuneigung. Nach einer turbulenten Nacht hat sich eine neue Familienordnung gebildet, der Vater wird beim Frühstück seines Platzes verwiesen. Offenes Endes, das Leben geht weiter, spätere Versöhnung nicht ausgeschlossen. Die Zuschauer so erschöpft wie die Protagonisten. Von einem unerwarteten Glücksgefühl überwältigt verlasse ich das Kino und laufe desorientiert und zugleich wie befreit durch das nächtliche Soho. Das also meinen die Griechen, wenn sie von Katharsis sprechen. Die Wirklichkeit sieht plötzlich anders aus, klarer, vielschichtiger, lebendiger.

Und wo ist Gott? Oft gerade da, wo man ihn nicht sucht. Manchmal sogar im Kino. Dann wenn es einem Film gelingt, uns zu entlassen mit einer neuen Begeisterung für die Welt. Wenn man aus der Dunkelheit ins Freie tritt mit dem Gefühl, sich wieder in das Leben mit all seinen Konflikten und Spannungen verliebt zu haben. Diese spirituelle Aufgabe hat der Philosoph und Kinogänger Siegfried Kracauer auf die schöne Formel gebracht, beim Film gehe es um die »Erlösung der materiellen Wirklichkeit.« Man kommt mit geschärften Sinnen aus dem Kinosaal. Epiphanien gibt es allerdings auch im Kino nicht auf Bestellung. Vielmehr sind die Voraussetzungen dafür ähnlich wie in der Kirche: Konzentration der Wahrnehmung, Einfühlung und – Hingabe.«[17]

17. Vgl. Sonntagsausgabe des »Tagesspiegel« vom 19.1.03.

12. Kirchliche Bildungsarbeit: Religiöse Bildung als individuelle Selbstbildung

12.1 Kirchliches Mitgliedschaftsverhalten

Die vierte EKD-Mitgliedschaftsuntersuchung, die im wesentlichen in 2002 durchgeführt wurde,[1] hat es – wie schon der vorläufigen Auswertung der Befragung zu entnehmen war – wieder belegt: Die Verbundenheit mit der Evangelischen Kirche beschränkt sich für die meisten Kirchenmitglieder auf die durch Taufe und Konfirmation konstituierte formelle Zugehörigkeit zur Institution. Weitere Bindungsverpflichtungen folgen aus der Sicht der evangelischen Kirchenmitglieder nicht direkt aus ihrer institutionell geregelten und vorwiegend im Zusammenhang der Kasualien praktizierten Kirchenzugehörigkeit. Im Gegenteil, was die Fragen des religiösen Glaubens und der christlichen Lebensführung anbelangt, ist ein starkes Autonomiebewusstsein festzustellen. Die überwiegende Mehrheit der Kirchenmitglieder will in Fragen des Glaubens und Lebens von Seiten der Kirche nicht belehrt werden, sondern legt Wert darauf, sich diesbezüglich ein eigenes Urteil und einen eigenen Standpunkt bilden zu dürfen.

Kennzeichnendes Merkmal des protestantischen Bewusstseins ist die Distanz gegenüber den Zumutungen der Institution, dann jedenfalls, sofern sie beansprucht, in dasjenige, was die Menschen religiös glauben und wie sie leben wollen, regulierend eingreifen zu können. So sehr man im Grundsätzlichen mit den Sinngrundierungen und Werthorizonten, für die die Kirche steht, sich in Übereinstimmung wissen möchte, so sehr will man als evangelischer Christ sein Leben aus eigener Einsicht führen und sich in den Fragen des Glaubens bzw. der religiös-weltanschaulichen Orientierung eine eigene Auffassung und ein eigenes Urteil bilden. Das Kirchenmitgliedschaftsverhalten scheint jedenfalls konturenscharf durch einen ethisch-religiösen Individualismus gekennzeichnet.[2]

Eine für das kirchliche Handeln im allgemeinen, für die kirchliche Bildungsarbeit im besonderen enorm wichtige Frage ist daher, wie auf diesen ethisch-religiösen Individualismus angemessen zu reagieren ist. Sie

1. Kirchenamt der EKD (Hg.), Weltsichten, Kirchenbindung, Lebensstile. Vierte EKD-Erhebung über Kirchenmitgliedschaft, Hannover 2003.
2. A. a. O., 19.

soll im Folgenden dahingehend beantwortet werden, dass der ethisch-religiöse Individualismus in der Evangelischen Kirche nicht negativ qualifiziert werden darf. Er ist vielmehr anzuerkennen und in der kirchlichen Bildungsarbeit auf kompetente Weise zu fördern.

Wie mit einem Blick auf die jüngste EKD-Mitgliedschaftsstudie ebenfalls deutlich werden kann, zeigen die Mitglieder der Evangelischen Kirche heute jedenfalls keineswegs besonders starke Fundamentalismusneigungen. Sie sind viel eher expressive religiöse Individualisten. Der religiöse Individualismus scheint denn auch hochgradig vereinbar sowohl mit der volkskirchlichen Passagenreligiosität und Kasualfrömmigkeit, als auch mit dem modernen Synkretismus und der sich aus verschiedenen religiösen Traditionen und Symbolbeständen versorgenden Patchwork-Religiosität.[3]

12.2 Individuenreligion und kirchliche Bildungsarbeit

Die in der modernen Kultur dominierende Individuenreligion ist in der Lage, sich unter religiösen Marktbedingungen zu entfalten. Sie kommt gut mit der funktionalen Differenzierung der modernen Gesellschaft zurecht und findet Anschluss an neu sich bildende religiöse Assoziationen. Sie stellt freilich die traditionelle, unter Umständen immer noch an starken Institutionen und religiösen Monopolverhältnissen orientierte kirchliche Praxis im Allgemeinen und die kirchliche Bildungsarbeit im Besonderen unter harte Herausforderungen. Der religiöse Individualismus will die Wahl haben, auch wenn es um Bildungsangebote und Gemeinschaftszugehörigkeiten geht. Für die kirchliche Bildungsarbeit käme es deshalb darauf an, dass sie sich selbst zum attraktiven Ort für die individuelle religiöse Selbstbildung entwickelt. Gemeinden können die Gelegenheit zum kommunikativen Austausch von Sinneinstellungen und Überzeugungsgewissheiten eröffnen. Auch der religiöse Individualismus sucht ja die Gemeinschaft, wenn auch eine solche mit schwachen Bindungsverpflichtungen. Nur im Dialog mit andern können Individuen ihre Selbst- und Weltauffassungen verstehen lernen und die normativen Selbstverpflichtungen klären, die sich aus den je eigenen Sinneinstellungen und Wertorientierungen ergeben.

3. Vgl. Volker Drehsen/Wilhelm Gräb/Dietrich Korsch (Hg.), Protestantismus und Ästhetik. Religionskulturelle Transformationen am Beginn des 20. Jahrhunderts, Gütersloh 2001.

So ist es im Grunde die große Chance kirchlicher Bildungsarbeit in der modernen Kultur, dass sie die von jedem Einzelnen selbst zu leistende Sinnbildung kommunikativ vernetzten kann. Es ist dem Bekenntnis der modernen Individuenreligion, wonach das Leben nur dann einen Sinn hat, wenn man ihm selber einen Sinn gibt, nicht schlicht zu widersprechen. Diesem Bekenntnis zum Selbstaufbau des Lebenssinns ist zunächst einmal statt zu geben, damit in religiöser Kommunikation die Einsicht entstehen kann, dass die konstruktive Arbeit am Lebenssinn eine transzendente Sinnganzheit immer schon in Anspruch nimmt, für die ›Gott‹ der angemessene Name ist. Dann lässt sich auch der religiöse Individualismus auf Kirche und Gemeinde ein, wenn man sich dort nicht bevormundet und auf Bindungsverpflichtungen verwiesen sieht, sondern in seinen Fragen, seiner Suche, in seiner Sinnfindung Ernst genommen und verstanden fühlt. Das eben belegt auch die Attraktivität der kirchlichen Kasualpraxis. Dort findet man sich sinndeutend auf elementare Lebenserfahrungen und -fragen angesprochen.

Wer an der Zugehörigkeit zur Kirche bewusst festhält, weiß, dass er den Rat anderer manchmal gut gebrauchen kann, aber nicht im Stile normativer Vorhaltungen, sondern als Reflexion individuellen Sinnaufbaus und individueller Selbstverantwortung. Demnach hat sich kirchliche Bildungsarbeit weder begründend noch normierend auf die Religion und Moral der Individuen zu beziehen. Sie lässt sie vielmehr deren eigene Angelegenheit sein und versucht, die Fähigkeit der Individuen zur Kommunikation ihrer eigenen religiösen Überzeugungen und moralischen Einstellungen zu steigern. Kirchliche Bildungsarbeit kann die Individuen in ihrer Selbstbesinnung stärken, zur Selbstbestimmung befähigen, will aber nicht von der eigenen Einsicht in die Gründe, Normen und Zwecke des Handelns entlasten.

12.3 Möglichkeitsräume religiöser Selbstbildung

Kirchliche Bildungsarbeit in Gemeinden ebenso wie in Schulen und Akademien, die sich auf die zeitgenössische Individuenreligion konstruktiv einlässt, denkt also vom ethisch-religiösen Bewusstsein der Individuen her. Sie sieht ihre Aufgabe darin, möglichst attraktive Angebote zu entwickeln, die die Individuen zum Zweck ihrer ethisch-religiösen Selbstbildung nutzen können. Deshalb verfährt sie nicht normativ, stellt sie keinen Bildungskanon auf, definiert sie keine Bildungsstandards, legt sie nicht einmal Kompetenzen, Fähigkeiten und Fertigkeiten fest. Sie stellt sich vielmehr als ein kultureller Ort dar, an dem die Individuen, als die Subjekte ihrer Lebensgeschichte und ihrer Lebensentwürfe, selbst das Thema sind. Mit den Individuen stehen ja die institutionellen, kulturellen, politischen, religiösen und kirchlichen Kontexte zugleich immer auch im Raum. Die Individuen bringen zwangsläufig zugleich diejenigen Fragen mit, die es in religiöser, ethischer, politischer, ästhetischer usw. Hinsicht zu klären gilt. Die thematischen Vorgaben, die kirchliche Bildungsarbeit in Gemeinden, Schulen und Akademien macht, können daher alle gegenwartsrelevanten religiösen, ethischen, politischen, ästhetischen usw. Themen einbeziehen. Sie sollten darauf zielen, Bibel und Literatur, Kunst und Kino, die aktuellen Fragen aus Wissenschaft und Politik zu kommunikativen Gehalten für die ethisch-religiöse Selbstbildung der Individuen werden zu lassen.

Bildung, so hat jüngst der Bonner Erziehungswissenschaftler Volker Ladenthin vorgeschlagen, stellt einen »Integrationsbegriff für pädagogisches Handeln«[4] dar. Der Bildungsbegriff greift auf eine Lebenstotalität aus, die so in der modernen Kultur gar nicht gegeben sein kann. Bildung korrespondiert darin der Religion, dass sie ein an die individuelle Subjektivität gebundenes Sich-Verhalten zur transempirischen Ganzheit des Lebens intendiert. Bildung ist die Weise, mit der Individuen sich selbst den Sinn des Ganzen erschließen, der in der Religion geglaubt wird. Dennoch stehen Religion und Bildung ganz und gar nicht in einem Spannungsverhältnis. Durch Bildung kommt es vielmehr recht eigentlich erst zur Realisierung des religiösen Verhältnisses am Ort der Individuen – zum ›Wissen‹ des Glaubens um seinen Inhalt – und damit auch zur bewussten Aneignung des absoluten Sinns, den das Leben im religiösen Glauben gewinnen kann. Wie bei der Religion geht es jedenfalls auch bei der Bildung um das Individuum in der Sinnganzheit seines Lebens. Nur Individuen können an Gott als den Sinn des Ganzen glauben und nur Individuen können sich in ein bewusstes Selbstverhältnis zum Sinn des Ganzen

4. Vgl. Volker Ladenthin, Was ist ›Bildung‹? Systematische Überlegungen zu einem aktuellen Begriff, in: Evangelische Theologie 63/2003, 237-260, 241; vgl. auch ders., Ethik und Bildung in der modernen Gesellschaft, Würzburg 2002. Ausgearbeitet ist der Begriff der Bildung als fundamentale Kategorie der Pädagogik zur Beschreibung dessen, was Menschen unter den Bedingungen der Moderne auf selbstbestimmte Weise zur Erschließung von Welt und damit zum zielbestimmten Handeln in ihr fähig macht, auch und gerade in der Unterscheidung vom Begriff der Erziehung, ebenso in dem Standardwerk von Dieter Benner, Allgemeine Pädagogik. Eine systematisch-problemgeschichtliche Einführung in die Grundstruktur pädagogischen Denkens und Handelns, Weinheim/München 2001 (4., völlig neu bearbeitete Auflage), 129 ff.

bringen und d.h. sich bilden. Sofern diese Bildung keine Halbbildung bleibt, sondern zu einer bewussten Auffassung vom Ganzen der Wirklichkeit sowie der eigenen Stellung und Bestimmung in ihr führt, umgreift sie konstitutiv die religiöse Dimension menschlichen Lebens.

So gefährlich der Religion die Vergegenständlichung ihrer Glaubensinhalte werden kann, weil sie deren rein geistige Wirklichkeit verdunkelt, so riskant ist für die Bildung die Verwechslung mit dem Wissen und Können von möglichst Vielem oder gar von allem. Bildung ist die Fähigkeit, sich zur Ganzheit der Wirklichkeit, die keine empirische Gegebenheit ist, sehr wohl aber existentielle Bedeutung hat, verhalten zu können, somit eine Weltauffassung, eine konsistente Lebensansicht und Lebensposition zu gewinnen. Da solche Bildung dann aber im Grunde nichts anderes ist als das existentiell relevante Selbstverhältnis von Individuen zum Ganzen einer Welt, in der sie sich sinnorientiert bewegen, ist solche Bildung geradezu gleichbedeutend mit religiöser Selbstbildung. Religiöse Selbstbildung wird konkret wiederum als Persönlichkeitsbildung. Sie hat mit Ausbildung im Sinne von Qualifikation und Kompetenzerwerb nur wenig zu tun. Gerade in der hochgradig funktionalisierten, bereichsspezifische Kompetenzen fordernden modernen Kultur ist für die Individuen zwar auch eine gute Ausbildung wichtig. Angesichts schnell wechselnder, sich dynamisch wandelnder Berufsanforderungen braucht es jedoch noch sehr viel dringender die Bildung der Individuen in Gestalt der Selbstbildung, der Persönlichkeitsbildung und damit eben auch einer ganzheitlichen, ethisch-religiösen Selbstbildung. Da ethisch-religiöse Selbstbildung eine sich zum Ganzen verhaltende Sinneinstellung ermöglicht, liegt in ihr die Dynamik einer sich dem Ganzen der Wirklichkeit auf verantwortliche Weise stellenden, weltanschaulich orientierten Handlungsfähigkeit.

Religiöse Bildungsprozesse in Gemeinen, Schulen und Akademien, in der Arbeit mit Kindern, Schülern und Erwachsenen stehen insofern unter hohen Anforderungen. Es gilt die traditionellen Inhalte christlicher Lehre, wie sie mit Bibel und Bekenntnis gegeben sind, zu tradieren. Zugleich sind diese aber so mit den ethisch-religiösen Lebensfragen der Gegenwart zu vermitteln, dass sie zu attraktiven Medien in der ethisch-religiösen Selbstbildung der Individuen werden können. Dann trägt kirchliche Bildungsarbeit entscheidend zur Personwerdung der Person, zur »Menschwerdung des Menschen«[5] bei.

5. So auch Volker Ladenthin, a.a.O.

12.4 Religiöse Bildung und kirchliche Bindung

Kirchliche Bildungsarbeit kann, obwohl sie radikal von der Selbstbildung der Individuen her sich aufbaut, durchaus auch den Anschluss an die symbolischen Überlieferungen, die Vorstellungs- und Erzählwelten der traditionellen Religionskultur und damit nicht zuletzt an die Kirche als Insitution und als Gemeinde herbeiführen. Es bleibt zwar dabei, dass religiöse Bildung die Perspektive der Individuen einnehmen sollte, also nicht nach Maßgabe normativer institutioneller Ansprüche verfahren darf. Gerade eine auf religiöse Autonomie zielende religiöse Bildung kann die Individuen unter den Bedingungen der modernen Kultur jedoch auch in eine stärkere Bindung an die Kirche führen. Sie intensiviert diese Bindung an die Kirche dadurch, dass sie in der Auseinandersetzung mit den überlieferten Texten, Bildern und Ritualen deutlich werden lässt, wie offen die Kirche für eine freie, kritische, selektive Aneignung ihrer tradierten Symbole ist.

Was die Kirche zu bieten hat, darf von den Individuen in das breite Spektrum von religiösen bzw. ethisch-religiös relevanten Bildungs*angeboten* eingeordnet werden. Daneben erscheinen auch Elemente andere Religionen attraktiv. Ebenso kommt das weite Spektrum der ästhetischen Gegenwartskultur in den Blick. Es ist klar, dass auch im Theater und im Kino, im Museum und im Musical die Religions- und Glaubensthemen, die existentiellen Grundfragen menschlichen Lebens erörtert werden.[6] An allen diesen Kulturorten kann und darf es deshalb auch zu religiösen Bildungserfahrungen kommen. Aber die Kirche kann mit ihren großartigen Räumen, ihren schönen Gottesdiensten und gedanklich anregenden Predigten ebenso als attraktiver Ort religiöser Deutungskultur erfahren werden. Wenn es in Gemeinden, Schulen und Akademien zu religiöser Bildungserfahrung kommt, binden sich sogar die Patchwork-Religiösen auch wieder stärker an die Kirche. Es stört dann auch nicht mehr, kann vielmehr erneut interessant erscheinen, dass die Inhalte, die in der Kirche angesprochen werden, in die Symboltraditionen des Christentums und vor allem die Geistgemeinschaft, die sie ermöglichen, hineinführen.

Wenn Individuen erfahren, dass sie in der Kirche mit ihren religiösen Fragen und ihrem Suchen Ernst genommen und verstanden werden, wenn sie merken, dass sie nichts glauben müssen und keine Vorschriften

6. Vgl. z.B. den Artikel im Feuilleton der »Süddeutschen Zeitung« vom 14.10.2004: »Vater unser. Glaubens- und Religionsthemen erobern die deutschen Bühnen«.

bekommen, sondern zur freien Einsicht in die lebensdienlichen Sinngehalte des Christentums finden können, entwickelt sich auch wieder eine stärkere Bindung an die Kirche. Es kommt zu einer kirchlichen Bindung, die aus der Erfahrung erwächst, dass die Kirche auf der Basis ihrer gehaltvollen Deutungstraditionen zugleich ein Ort freier, religiöser Selbstbildung und somit eine Gemeinschaft freier Geister ist.

13. Kirchliche Kasualpraxis: Lebensdeutung in Sinnfragen

13.1 Religion als Lebensdeutung

Es ist eben überhaupt nicht so, dass die Individuen in der modernen Kultur nicht mehr nach dem Sinn des Ganzen fragen und keine gemeinschaftlichen Symbole und Rituale zu dessen kommunikativer Vergegenwärtigung mehr bräuchten. Sie suchen nach dem allem und damit auch nach gemeinschaftlicher Religion. Entscheidend geändert hat sich in der modernen Kultur lediglich die Form, in der die Individuen sich einbezogen finden und einbeziehen lassen in die Symbole und Rituale der traditionellen Religionskultur. Der Sinn, der sich erschließt, verlangt heute die individuelle Mitbeteiligung an seinem Zustandekommen, die individuelle Sinnbildung, die individuelle Aneignung des traditionell Vorgegebenen.

Der christliche Glaube lebt dennoch auch weiterhin von seinen symbolischen Überlieferungen und rituellen Inszenierungen. Er ist aber gleichermaßen offen für die konstruktive Mitarbeit an der sich gegenwärtig in ihrer Tragfähigkeit erweisenden christlich-religiösen Sinnwelt. Der persönliche Glaube will als der Transformator in den Blick kommen, der immer schon das universal Gültige ins individuelle Lebensgeschick und die Deutung der eigenen Lebensgeschichte transformiert. Dann findet der Einzelne sich als das Subjekt der Aneignung und persönlichen Anverwandlung der objektiven Glaubensinhalte akzeptiert. Nur in der individuellen Anverwandlung des Überlieferten und Vorgegebenen, somit der tradierten symbolischen Formen, gewinnen ganzheitliche, letzte Orientierung ermöglichende Lebenssinndeutungen heute noch Evidenz. Der Glaube bildet sich gewissermaßen aus einem konstruktiven Leisten des religiösen Bewusstseins heraus. Er stellt eine auf Gott als das Sinnganze ausgreifende Lebensdeutung dar.[1] Er vollzieht die Unterscheidung von Endlichem und Unendlichem, Immanenz und Transzendenz, Partikularem und Ganzem, Zufälligem und Notwendigem. So deutet er das Ganze der Wirklichkeit in der Gegenwart Gottes, deutet auch die Konfrontation mit Endlichkeits- und Kontingenzerfahrungen im Gedanken,

1. Vgl. Jörg Lauster, Religion als Lebensdeutung. Theologische Hermeneutik heute, Darmstadt 2005.

von Gott begleitet zu sein. Gerade angesichts des Negativen, Ungeheuren, Absurden, Unfasslichen geht dem glaubenden Menschen die Wirklichkeit nicht im Vorhandenen auf. Es gibt für ihn immer noch einmal ein Darüber hinaus. Er lebt im Bewusstsein, dass alle Wirklichkeit auf Gott hin durchsichtig werden kann.

In der modernen Kultur, unter dem Einfluss auch der genetischen Religionskritik, hat der religiöse Glaube sich zunehmend in seinen konstruktiven Leistungen selbst entdeckt. Das bedroht ihn aber nicht in seiner Wahrheit, trägt vielmehr dazu bei, dass er am Ort dessen, der da glaubt, mit seinen Gehalten auch wirklich überzeugt und sich zu tragfähigen Lebenseinstellungen und Weltauffassungen ausarbeitet. So kann dann deutlich werden, dass die symbolischen Überlieferungen des Christentums mit der Unterscheidung von Schöpfer und Geschöpf, Zeit und Ewigkeit, Sünde und Gnade eine Welt von Vorstellungen eröffnen, in deren Perspektive uns eine freiere, offenere, eine ebenso sinngewisse wie humane, das menschliche Maß wahrende, in Dankbarkeit und Demut gelebte Lebensdeutung möglich wird.

Der Zweck religiöser Kommunikation in der Kirche, die sich in der Interpretation ihrer symbolischen Zeichen und der Begehung ihrer rituellen Formen vollzieht, ist es dann, dass es zu solch subjektiv evidenter religiöser Sinnbildung kommt. Die Kirche ist aber nicht dazu da, sich an die Stelle der Individuen, zu deren individueller Angelegenheit der religiöse Glaube seit der Reformation und ganz allgemein in der modernen Kultur geworden ist, zu setzen. Das Evidentwerden der Wahrheit des Evangeliums geschieht im Innenverhältnis des bewussten Lebens, und es geschieht in der Form seiner individuellen religiösen Selbstbildung.

Das Evangelium ist eben keine Sache, sondern der Zugang zu dem in Christus gründenden, freiheitsbewussten Existenzwissen, die Eröffnung einer im Gottesverhältnis fundierten Daseinsgewissheit. Deshalb kommt es entscheidend auf die hermeneutisch-theologische und kommunikativ-seelsorgerliche Praxis der Kirche an. Das Evangelium muss in die Lebensdeutung überführt werden, für die es steht und die es aus sich entlässt. Es ist daher insbesondere von den Pfarrerinnen und Pfarrern die Fähigkeit einer solchen Kommunikation des Evangeliums verlangt, die es in Lebensgeschichten hineinspricht, genauer, es als eine bestimmte Weise lebensgeschichtlicher Sinndeutung zuspricht. Allerdings, vielfältige Lebensdeutungen sind immer schon in die gesellschaftliche Kommunikation eingelassen. Sie werden kulturell vermittelt, durch die Medien, in den Familien, Schulen und Gemeinden. Wichtig ist, dass in der Kirche die gesellschaftlich umlaufenden Lebensdeutungen tiefer interpretiert und mit der christlich profilierten Sinnperspektive, dem Evangelium, konfrontiert bzw. vermittelt werden. Es geht in der Kirche um eine religiöse Kommunikation, die dem Zuhören entspringt und eine Dolmetschung der überlieferten Sprache des Christentums erbringt, so dass es gelingt, die befreiende Lebensdeutung des christlichen Glaubens unter den kulturellen Bedingungen einer Vielfalt differenter Sinnwelten, die sich oft in keinem Bezug zu Religion und Christentum wissen, verständlich zu machen.

13.2 Religiöse Lebensdeutung in existentiellen Grunderfahrungen

Wenn an den Übergängen im Lebenslauf ein kirchlicher Gottesdienst gefeiert wird, dann steht dahinter in erster Linie der Wunsch, die existentiellen Grunderfahrungen des Lebens in die Sinndeutung des christlichen Glaubens einbezogen zu finden. Wo dies erkannt ist, geraten dann allerdings auch recht gravierende Umformungen in der Auslegung des christlichen Glaubens in den Blick. Die biblische und dogmatische Überlieferung, an der sich die kirchliche Praxis in der Auslegung des christlichen Glaubens zu orientieren hat, ist nun eben darauf hin zu befragen, welche Deutungsgehalte sie zur Verarbeitung der existentiellen Grunderfahrungen menschlichen Lebens bereit stellt. Insbesondere die kirchliche Kasualpraxis hat sich auf diese Umformung des christlichen Glaubens energisch eingelassen. In ihr wird schon längst so verfahren, dass sie die biblisch-dogmatischen Sätze über Gott, sein schöpferisches, rechtfertigendes und erlösendes Handeln in Jesus Christus als Artikulationen der Selbstdeutung christlichen Lebens auffasst – in der Kasualpredigt oder im Seelsorgegespräch dann auch entsprechend mit ihnen umgeht.

Um es am Beispiel der Taufe zu verdeutlichen: Die Taufpredigt wird heute – jedenfalls sofern es sich um eine Kindertaufe handelt – vor allem die Freude und den Dank für das göttliche Geschenk des Lebens zum Ausdruck bringen. Das Grundgefühl der Dankbarkeit, das gespürt wird, will artikuliert sein, aber auch die Ängste vor der Ungewissheit der Zukunft, in die das Kind hineinwächst, die Grenzen, die der elterlichen Fürsorge, dem Planen und Verfügen gesetzt sind. Nicht von der Erbsünde ist zu reden und dass das Taufwasser sie abwäscht. Nicht vom Mitsterben mit Christus und dem Mit-ihm-Auferstehen zu neuem Leben, auch nicht unbedingt von der Kirche als dem Leib Christi, in den das Kind nun mit der Taufe eingegliedert wird, obwohl auf das Bewusstsein der Zugehörigkeit zu Kirche und Christentum bei der Taufe durchaus zu setzen ist.

Anders ist zu reden, human plausibler. Der Dank an Gott ist auszusprechen, den Schöpfer des Lebens. Dass Gott uns Menschen geschaffen hat, zu seinem Bild, wir ihm also gleich sind, jeder Mensch, so nun auch dieses Kind, Gottes Kind, mit Christus an Kindes Statt angenommen ist, unendlich geliebt, von unendlichem Wert und unverletzlicher Würde, unbedingt zu achten und zu lieben, über alle seine biologischen Eigenschaften und sozialen Zugehörigkeiten hinaus: Das ist die christlich-religiöse Deutung vom Geschenk des Lebens, die die Taufansprache als Dank an Gott zur Sprache bringt und mit der sie der Freude der Eltern, dem Grundgefühl ihrer Dankbarkeit, Worte gibt. Zugleich sind da Ängste angesichts der ungewissen Zukunft, ein Bewusstsein um die Grenzen menschlicher Möglichkeiten. Wir haben nicht alles in der Hand, auch nicht, dass das Leben unseres Kindes gelingen wird. Deshalb spricht die Taufpredigt von Gottes Begleitung, seiner schützenden und segnenden Hand, geht der Dank über in die Bitte um Gottes Segen.[2]

Ähnlich verhält es sich bei allen anderen Kasualgottesdiensten.[3] Nicht die biblische oder kirchliche Dogmatik ist zu predigen, sondern in Aufnahme des biblisch-dogmatischen Deutungspotentials sind die lebensgeschichtlichen Erfahrungen, dann die Gestimmtheiten der Freude, der Dankbarkeit, der Sorge, der Angst, der Verzweiflung und der Klage aufzunehmen und in die christlich-religiöse Sinnperspektive eines Lebens mit Gott hineinzustellen. Entscheidend ist, dass die Rede von Gott, seinem schöpferischen, rechtfertigenden und erlösenden Handeln, sich überführen lässt in die Deutung der Erfahrungen und Erwartungen, die uns in unserem Leben bestimmen. Es sind die Erfahrungen des Gelingens, ebenso des Scheiterns, die Momente des Unverfügbaren, im Medium der biblisch-dogmatischen Deutungsgehalte zu interpretieren. Denn religiöse Deutung ermöglicht es, dass wir uns zu den Kontingenzen des Lebens, ja, seinem Uns Gegebensein insgesamt, verhalten können. Sie

2. Vgl. zu diesem Wandel in Taufverständnis und Taufpraxis, wie er in der modernen Kultur sich durchgesetzt hat und vom liberalen Kulturprotestantismus mit der Eingliederung der Taufe in die kirchliche Kasualpraxis sowie mit ihrer Beschreibung als Lebensanfangssakrament auch auf den Begriff gebracht worden ist: Peter Cornehl, Art.: Taufe VIII. praktisch-theologisch, in: TRE 31, Berlin/New York 2001, 734-741; ders. »Mit allen Wassern gewaschen«? – Mit zu vielen Klischees getauft! Integrative Taufpraxis, alte und neue Tauflieder, in: Arbeitstelle Gottesdienst 19, 2005, 4-21.
3. Vgl. Kristian Fechtner, Kirche von Fall zu Fall. Kasualpraxis in der Gegenwart – eine Orientierung, Gütersloh 2003; Wilhelm Gräb, Religion als Deutung des Lebens. Perspektiven einer Praktischen Theologie gelebter Religion, Gütersloh 2006.

lässt uns diese Kontingenzen in ein umfassendes Sinnganzes einbezogen und im Glauben, der vertrauensvollen Beziehung zu Gott, aufgehoben finden. Deutlich werden kann dann, dass wir diesen das Ganze der Wirklichkeit umfassenden Sinnzusammenhang meinen, wenn wir Gott sagen: An ihn können wir den Dank richten für das Gegebenseins des Lebens, an ihm kann sich das Vertrauen auf Bewahrung in der Gefahr festmachen, ihm können die Klage und die Verzweiflungsschreie gelten in den Erfahrungen des Ungeheuren und Absurden.

14. Kirchliche Leitung: Religion kompetent kommunizieren

14.1 Individualismus und Kirche

Der Protestantismus hat sich immer wieder in ein konstruktives Verhältnis zu den Individualisierungs- und Pluralisierungseffekten der modernen Kultur versetzt. Es waren insbesondere die liberalen Kulturprotestanten um 1900, die dem Protestantismus dazu verholfen haben, dass er das Christentum mit der modernen Individualitätskultur nicht nur verträglich gemacht hat, sondern sogar zu einer ihrer treibenden Kräfte geworden ist.[1] Die liberalen Kulturprotestanten mussten sich freilich bereits mit dem Vorwurf auseinandersetzen, dass der von ihnen favorisierte religiöse Individualismus zugleich zum Totengräber der Kirche werden könnte. Er zerstört, so wurde behauptet, die kirchliche Gemeinschaft, den Zusammenhalt in der Gesellschaft überhaupt. Die liberalen Kulturprotestanten haben sich immer wieder viel Mühe gegeben, diesen Vorwurf zu entkräften. Sie konnten sich dabei auf das reformatorische Verständnis von der Kirche berufen, für das die Unterscheidung von sichtbarer und unsichtbarer Kirche ebenso kennzeichnend ist wie die Lehre vom Priestertum aller Gläubigen und dem kirchlichen Amt, dem im Gegenüber zur Gemeinde nicht die Vergemeinschaftung der Gläubigen, sondern die Weckung und Stärkung des Glaubens durch die Verkündigung des Evangeliums und die Darreichung der Sakramente obliegt.[2] Sichtbar ist die Kirche nach reformatorischem Verständnis in der und als die Gemeinschaft der Heiligen bzw. Gläubigen (Congregatio sanctorum), in der das Evangelium recht gepredigt und die Sakramente ordnungsgemäß dargereicht werden (CA VII).[3] Unsichtbar ist die Kirche,

1. So besonders energisch Ernst Troeltsch, z.B. in einem Vortrag vor dem Badischen Wissenschaftlichen Predigerverein 1910: Religiöser Individualismus und Kirche, in: ders., Gesammelte Schriften II, Zur religiösen Lage, Religionsphilosophie und Ethik, Tübingen ²1981 = Aalen 1981, 109-133.
2. Zur »Kirche nach den Bekenntnisschriften« und zur »ekklesiologischen Grundformel der Confessio Augustana« in CA VII vgl. die präzise Darstellung durch Reiner Preul, Kirchentheorie. Wesen, Gestalt und Funktionen der Evangelischen Kirche, Berlin/New York 1997, 72-96.
3. Vgl. Die Bekenntnisschriften der evangelisch-lutherischen Kirche, hg. im Gedenkjahr der Augsburgischen Konfession 1930, 9. Aufl. Göttingen 1982.

weil von der Gemeinschaft der Heiligen bzw. Gläubigen, die zur Predigt und zum Sakramentsempfang, d.h. zur gottesdienstlichen Versammlung zusammenkommt, nicht auf den Glauben der Individuen, der ein innerliches Beteiligtsein an der Kommunikation des Evangeliums und ein Vertrauensverhältnis zu Gott ist, zurück geschlossen werden kann. Niemand kann dem anderen ins Herz sehen. Niemand soll deshalb auch den Glauben kontrollieren und auf einen allen gemeinsamen Glaubensausdruck festlegen wollen. Dann nur macht sich die evangelische Freiheit auch in der Kirche bemerkbar.

Wort und Sakrament sind – so kann man dann auch sagen – die objektiven Faktoren der sichtbaren, historischen, verfassten Kirche, die subjektiv als die unsichtbare Gemeinschaft der Glaubenden – somit auch vereinbar mit einer Vielfalt objektiv sichtbarer Gemeinschaftskreise – existiert. Die Einheit der Christen muss sich am Leitfaden der Unterscheidung von sichtbarer Kircheninstitution und unsichtbarer Geistgemeinschaft gerade nicht in einer bestimmten Organisationsform, also als sichtbare Gemeinschaft der einen Kirche realisieren. Die unsichtbare Gemeinschaft der Glaubenden kann auf die sichtbare, historische Organisationsform der Kircheninstitution zwar auch nicht verzichten und eine reine Geistgemeinschaft sein wollen, aber konstitutiv für die (vielfältige) Gemeinschaft der Glaubenden, dafür, dass diese entstehen kann und erhalten bleibt, ist allein die sichtbare Erfüllung der Grundfunktionen von Wort und Sakrament. Der Zweck der sichtbar institutionalisierten Kirchenorganisation, so könnte man auch sagen, ist kein Selbstzweck. Es braucht die Kirche lediglich als historisch konkrete, institutionalisierte Instanz der Vermittlung desjenigen am Ort der Individuen wirklichen Glaubens, den diese dann in der Vielfalt ihrer Lebensbezüge und damit auch in der Pluralität unterschiedlicher religiöser Assoziationen und Gemeinschaften leben.

Das schließt eben keineswegs aus, was zu betonen den liberalen Kulturprotestanten immer wichtig war, dass es auch in der evangelischen Kirche das Amt braucht, Leitungsstrukturen, sodann die Organisation einer sichtbaren Kircheninstitution. Nach reformatorischem Verständnis hat der Glaube gewissermaßen eine äußere und eine innere, bzw. eine objektive und eine subjektive Seite. Nach seiner inneren, subjektiven Seite wird er unvertretbar am Ort des individuellen Subjekts als Vertrauensverhältnis zu Gott vollzogen, kann er dann auch frei fließende Assoziationen und Gemeinschaftsverhältnisse eingehen. Nach seiner äußeren, objektiven Seite bleibt er auf die Tradierungsinstitution der Kirche, die öffentliche und ordnungsgemäße Weitergabe des Evangeliums bzw. der

Inhalte des Glaubens durch das Predigtamt angewiesen. Wie CA V festhält, ist das Predigtamt aufgrund dieser instrumentellen Funktion für die sichtbare Kircheninstitution unverzichtbar. Das Predigtamt hat die Vermittlung des Glaubens nach seiner äußeren, objektiven Seite zu leisten. Es muss die biblische Überlieferung so in ihrem Gegenwartsbezug auslegen, dass die einzelnen Menschen den Glauben, die vertrauensvolle Gottesbeziehung – so Gott will – erlangen. Dass sie den Glauben wirklich, innerlich, als Vertrauensverhältnis zu Gott vollziehen, bleibt dennoch das Werk des Hl. Geistes, bzw. ist unvertretbar an den innerlichen Vollzug des Glaubens gebunden wie dann eben auch an die Erfahrung der geistigen Verbundenheit von Christen untereinander, in der Pluralität ihrer empirischen Lebensbezüge. Lediglich als die äußere Voraussetzung dafür, dass der innere Vollzug des Glaubens ans Evangelium und seine Kommunikation im vielfältigen Priestertum aller Gläubigen realisiert wird, kommt dessen sachgerechte Auslegung in der Predigt und dessen ordentliche Zueignung im Vollzug der Sakramente zu stehen. Dafür, dass diese Voraussetzungen erfüllt werden, hat die sichtbare Kircheninstitution in erster Linie zu sorgen.

Zweifellos hat die Reformation damit ein funktionales Verständnis der kirchlichen Institutionen und des kirchlichen Amtes zur Durchsetzung gebracht. Das kirchliche Amt ist nun in keiner Weise mehr – wie es in der römischen Kirche der Fall war und ist – durch sakramentale Weihevollmacht qualifiziert, sehr wohl aber durch theologische Kompetenz. Die ordinierten Amtsträger und Amtsträgerinnen haben die sakramentale Würde eingebüßt, aber keineswegs ihre maßgebliche Bedeutung für die Organisation der äußeren Kircheninstitution und die kommunikative Praxis der Glaubensvermittlung verloren. Auch die evangelische Kirche braucht das leitende Amt und damit die, der kirchlichen Ordnung gemäß, in ihre Ämter Ordinierten. Leitung soll auch in der evangelischen Kirche sein, damit das Evangelium öffentlich gepredigt und die Sakramente mit Vollmacht ausgeteilt werden. Amtsautorität soll sein, eben die, die mit dem ordinierten Amt, in das man nur aufgrund der erworbenen theologischen Kompetenz gelangt, verbunden ist. Nur was in Ausübung des ordinierten Amtes gesagt und getan wird, hat Anspruch auf öffentliche Geltung. Das geht, wie schon erwähnt, aus CA V und VII, sowie dann noch aus CA XIV und XXVIII hervor. Art. XIV legt fest, dass es der ordnungsgemäßen Berufung in das kirchliche Amt bedarf. Art. XXVIII stellt heraus, wodurch sich das kirchliche Amt von weltlichen Regierweisen unterscheidet. Es ist geistlicher Natur, wirkt durch das Wort, also die freie Überzeugung und Einsicht, kennt keine äußere Gewalt und keine höhere Autorität als die des Evangeliums. Vom Evangelium und dem Auftrag Jesu, seine Botschaft weiterzusagen, empfängt das kirchliche Amt seine Autorität. An der rechten Lehre des Evangeliums hat das Amt auch seine Begrenzung. In der Bindung an die Hl. Schrift liegen die Kriterien seiner Wahrnehmung. An der Hl. Schrift muss es sich messen lassen. Damit ist deutlich unterstrichen, dass das ordinierte Amt dem Kriterium seiner rechten Wahrnehmung nur entsprechen kann, wenn es über die Kompetenz der rechten Auslegung der Hl. Schrift verfügt und die entsprechende Befähigung auch zur homiletischen und liturgischen Präsenz entwickelt.

Die Kompetenzen, die zur ebenso textgemäßen wie gegenwartssensiblen Auslegung der biblischen Überlieferungen sowie zur Realisierung der performativen Kraft liturgischer Inszenierung erforderlich sind, stellen nach Maßgabe der Confessio Augustana die Zugangsvoraussetzungen für die Verleihung der Ordinationsrechte und damit für die Übernahme eines kirchlichen Amtes dar. Diese Kompetenzen sollen gewährleisten, dass das Amt die äußeren Voraussetzungen für die Weitergabe der christlichen Glaubensgehalte zu erfüllen in der Lage ist. Das Amt hat jedoch nicht dafür zu sorgen, dass der Glaube, also das Vertrauen auf Gott, im Herzen der Einzelnen wirklich entsteht und auch nicht, dass und wie dieser Glaube die Gemeinschaft der Gläubigen organisiert. Es bleibt Gottes Werk, in der Kraft des Hl. Geistes diese subjektive Evidenz der Wahrheit des ausgelegten und zugeteilten Evangeliums zu schaffen und damit das Sich-Verlassen des inneren Menschen auf das zugesagte Wort der Gnade zu bewirken. Die Zuständigkeit des Amtes liegt nicht in der Glaubens- bzw. Heilsvermittlung, sondern in der Vermittlung des Evangeliums bzw. der rechten Kenntnis der Inhalte christlichen Glaubens. Deren persönliche Aneignung in der Praxis des Lebens ist unvertretbar vom Einzelnen – in der Kraft des Heiligen Geistes – zu vollziehen.

Deshalb kennt die evangelische Kirche keinen besonderen, durch Weihevollmachten ausgestatteten priesterlichen Stand. Im priesterlichen Stand, der kein Amt ist, sondern in die jeder Christ aufgrund der durch die Taufe bewirkten Teilhabe an der durch Christi Kreuzestod gewonnenen, unbedingten Verbundenheit mit Gott erhoben ist, stehen alle, die auf den dreieinigen Gott getauft sind. Sie alle sind es auch, die in apostolischer Sukzession leben. Das sind die, die in der weltweiten, sich höchst unterschiedlich kirchlich assoziierenden Gemeinschaft der Getauften Jesus Christus nachfolgen. Der priesterliche Stand kommt nach evangelischem Verständnis allen getauften Christenmenschen zu, nicht aber das Amt der Predigt und Sakramentsdarreichung, somit nicht die Zuständigkeit für die geordnete, am rechten Verständnis des Evangeliums orientierte und dieses rechte Verständnis vermittelnde Leitung der Kirche und ihrer Gemeinden.

Die sichtbare Kirche ist ja zugleich auch eine Organisation in der Gesellschaft. Als solche hat sie Mitglieder und Funktionsträger. Den Funktionsträgern obliegt die Leitung und Steuerung der Organisation. Sie müssen das auf professionelle Weise tun können. Die Umstellung von sakramentaler Weihe auf theologische Kompetenz, die die Reformation im Amtsverständnis vollzogen hat, lässt sich deshalb auch so lesen, dass sie die kompetente Vermittlung der Glaubensinhalte zum Beruf des kirchlichen Amtes und damit theologische Bildung zur Bedingungen seiner Übernahme und Ausführung gemacht hat.[4] Das ordinierte Amt als eine Profession[5], die durchaus anderen Professionen in der Gesellschaft vergleichbar ist, verlangt theologische Kompetenz, Fähigkeit zum Umgang mit all den Dingen, die einer ebenso schrift- wie zeitgemäßen Verkündigung des Evangeliums abzuverlangen sind. Kirchliche Leitung soll sich von leitenden Machtbefugnissen in weltlichen Dingen zugleich dadurch unterscheiden, dass sie allein auf geistige und geistliche Überzeugungskraft setzt – wodurch zweifellos die Kompetenzanforderungen noch ungleich gesteigert sind.

Nach CA XIV obliegt das Leitungsamt in der Kirche denjenigen, die »öffentlich lehren oder predigen oder die Sakramente reichen«. Sie sind in ihr Amt nach der Ordnung der Kirche zu berufen. Wesentlich ist dem ordinierten Amt sein öffentlicher Charakter, damit die Zuständigkeit für das Auftreten der Kirche in der Gesellschaft. Es sind in CA XIV auch diejenigen genannt, die »öffentlich lehren«, nicht allein diejenigen, die predigen und die Sakramente darreichen. Über die Wahrnehmung der Grundvollzüge des kirchlichen Gottesdienstes hinaus geht es also um die öffentliche Glaubenslehre. Darin zeigt sich noch einmal diese wesentliche Neuerung, die die Reformation in die Auffassung vom kirchlichen Amt eingezeichnet hat. Es ist überhaupt nicht mehr an einen geistlichen Stand gedacht, das Amt nicht mehr sakramental und hierarchisch begründet. Das Amt ist ausschließlich von den Funktionen her zu verstehen, die die Kirche als religiöse Institution in der Gesellschaft erfüllen muss. Sie bestehen darin, über die Inhalte christlichen Glaubens öffentlich, d. h. auf eine in der Gesellschaft verständliche Weise, Auskunft geben

4. Vgl. Birgit Weyel, Praktische Bildung zum Pfarrberuf. Das Predigerseminar Wittenberg und die Entstehung einer zweiten Ausbildungsphase evangelischer Pfarrer in Preußen, Tübingen 2006.
5. Vgl. Isolde Karle, Der Pfarrberuf als Profession. Eine Berufstheorie im Kontext der modernen Gesellschaft, Gütersloh 2001.

zu können, somit den Lebenssinn zu deuten, der in der christlichen Botschaft für die je eigene Zeit gefunden werden kann.

Die evangelische Kirche ist als die Geistgemeinschaft der Glaubenden zugleich eine religiöse Organisation in der Gesellschaft. Als solche muss sie klare Leitungsstrukturen und ein Amtsverständnis ausbilden, das durch professionelle theologische Kompetenzen definiert ist. Das Amt soll geistliche Orientierung geben und auf geistlicher Vollmacht beruhen. Man hat sich in den protestantischen Kirchen dann ja auch zu Recht sehr bald darauf verständigt, dass die ordnungsgemäße Berufung ins Amt, also die Zulassung zur Ordination, durch den Nachweis von Fähigkeiten und Kompetenzen geregelt sein sollte, die das theologische Studium vermittelt. Wer das Amt innehat in der Kirche, das Amt zu lehren, zu predigen, die Sakramente darzureichen, sollte die Fähigkeit zur Ausübung dieser Grundfunktionen geistlicher Kommunikation mitbringen und weiterentwickeln. Das ist heute so noch richtig und wird in der evangelischen Kirche so praktiziert – auch wenn leider gegenwärtig einige Unklarheiten im protestantischen Amtsverständnis wie auch bezüglich des Status der Ordination nicht zu verkennen sind. Wir wissen jedoch, welch hohe Anforderungen in der modernen Kultur an die geistliche Kommunikation gestellt sind. Es ist heute enorm viel verlangt von all denen, deren Beruf es ist, den christlichen Glauben zu vermitteln, in den Schulen, in den Kirchen, in den Medien, in der heutigen gesellschaftlichen Öffentlichkeit.

Das Amt in der evangelischen Kirche begründet keinen besonderen Stand, wie es das Priestertum aller Gläubigen tut, in das alle Christen durch die Taufe versetzt sind. Das Priestertum ist der Stand eines durch die Taufe in die Gotteskindschaft aus reiner Gnade erhobenen, in die Freiheit entlassenen Christenmenschen. In dieser christlichen Freiheit ist dann auch eine Vielfalt menschlicher Gemeinschaftskreise möglich, in denen der Glaube in der Komplexität der modernen Kulturverhältnisse gelebt werden kann. Dem ordinierten Amt kommt die Verantwortung für die rechte, am Evangelium orientierte Mitteilung des Glaubens zu. Dass in der Sache klar und persönlich überzeugend geredet wird, ist allerdings auch das, was die Menschen heute von der Kirche erwarten. Sie wollen, dass diejenigen, die für die Kirche sprechen, dies in Kenntnis der Lehre tun, für die die Kirche steht, und dass sie es mit Überzeugungskraft, persönlich wahrhaftig, aber eben nicht subjektiv beliebig, sondern in der Bindung an die »allgemeine christliche Kirche« tun. Die Menschen, gerade auch die, die den engeren, kirchlichen Kreisen ferner stehen, suchen nach geistlicher Orientierung, bestehen aber ebenso darauf, dass sie aus freier, eigener Überzeugung ablehnen oder zustimmen können, dass sie vor allem die Gemeinschaftskreise und sozialen Bezüge selbst wählen dürfen, in denen sie ihren Glauben leben. Sie wollen klare Aussagen, die das Gewissen schärfen, aber nicht bevormundet und nicht in oft allzu engen gemeindlichen Milieus ›vergemeinschaftet‹ werden.

14.2 Professionelle Kompetenz in Lebenssinnfragen

Ordinierte Pfarrerinnen und Pfarrer, alle, die aufgrund ihrer theologischen Ausbildung in der Kirche das leitende Amt haben, müssen viele organisatorische Aufgaben erledigen, Planung, Koordination, Management. Entscheidend wird von ihnen jedoch die Fähigkeit zur geistlichen Kommunikation erwartet. Schon beim Gespräch über den Gartenzaun, im Supermarkt oder auf dem Weg ins Klassenzimmer richtet sich die Erwartung darauf, dass sie aufmerksam zuhören, sich für die persönlichen Lebensverhältnisse interessieren und um verständnisvollen Rat mühen. Gesteigert begegnet ihnen die Erwartung nach einer am Evangelium orientierten religiösen Deutungskompetenz bei Kasual- und Seelsorgegesprächen, bei all den Predigten und Reden, die Woche für Woche, Sonntag für Sonntag zu halten sind, im Religionsunterricht mit Kindern und Jugendlichen, in Gesprächskreisen mit Jungen und Alten. Immer wenn Pfarrerinnen und Pfarrer, Religionslehrer und Religionslehrerinnen zum Schreiben, Reden und Diskutieren veranlasst sind, wird erkennbar, dass die Fähigkeit gefordert ist, erfahrene Wirklichkeit vom Glauben her zu deuten. Die Symbolsprache der Bibel ist immer wieder neu in ihrem Sinnpotential aufzuschließen. Ebenso ist Auskunft darüber zu geben, wofür die Kirche in den strittigen Fragen des Glaubens heute steht, welche Orientierung fürs Leben der christliche Glaube gibt. Aber immer wollen diese Auskünfte zugleich in der Weise gegeben sein, dass sie in freier Einsicht angeeignet werden können, ohne Zwang, ohne Bevormundung, ohne sichtbare soziale Bindungsverpflichtungen.

Es braucht Leitung in der evangelischen Kirche nicht aus Gründen der Hierarchie, nicht um den Einzelnen die Selbstverantwortung für die Lebensführung abzunehmen, nicht um Macht zu gewinnen über andere Menschen, nicht um ›Gemeinde zu bauen‹. Es braucht Leitung, damit die kontinuierliche, verlässliche, kompetente Darstellung und Vermittlung der existentiellen Fragen des Glaubens im christlichen Geist gewährleistet ist. Die religiöse Kommunikation ist in der modernen Kultur gesteigert auf die permanente Umformungsarbeit an den tradierten symbolischen Formen des Glaubens angewiesen. Im Kontakt mit der differenzierten Gegenwartskultur gilt es die Sprache zu finden, die auf der Basis von Schrift und Bekenntnis elementare, nachvollziehbare Antworten möglich macht, Antworten auch, die den verschiedensten kritischen Einwänden standzuhalten vermögen.

Ohne die eigene persönliche Überzeugung geht es ebenfalls nicht. Von denen, die die Religion zum Beruf haben, wird erwartet, dass sie ihre eigene christliche Überzeugung auf verständliche, überzeugende, in einer für andere hilfreichen Weise darstellen können. Geistliche Kommunikation lässt Gläubigen und Zweiflern den Glauben verständlicher werden. Sie kann plausibel machen, dass unser Leben durch den Glauben eine sonst nicht zu gewinnende Sinnerfüllung erfährt.

Das geistliche Amt genießt denn auch in unserer Gesellschaft immer noch einen großen Vertrauensvorschuss. Längst wären sehr viel mehr Menschen aus der Kirche ausgetreten, wenn die hintergründige Sinnerfüllung, für die die Kirche steht und die vom Amt repräsentiert wird, nicht geschätzt würde. In den Krisen und Wechselfällen des Lebens ist die Kirche ein Ort der Zuflucht, an den man zurückkommen kann, um neue Daseinsgewissheit zu finden.

Die fortgesetzte Aufgabe im kirchlichen Amt ist es daher, vom Glauben in der Sache klar und zugleich mit persönlicher Überzeugungskraft zu reden, dass deutlich wird: Es geht nicht darum, etwas glauben oder akzeptieren zu müssen, was nicht einleuchtet und dem ich mit meiner Lebensführung nicht folgen kann. Es geht auch nicht darum, seinen Glauben in der Zugehörigkeit zu einem bestimmten gemeindlichen Milieu zu leben. Nein, im Glauben geht es darum, dass ich mich selbst in christlicher Freiheit zu allen Dingen des Lebens, den Erfahrungen des Glücks und der Not, in Deutungen verhalten kann, die auf Gott, den Sinn des Ganzen, ausgreifen. Glauben heißt diese Gewissheit zu gewinnen, dass es im Gott des Evangeliums einen guten Sinn des Ganzen gibt. In den Erfahrungen unbedingten Vertrauen-Könnens und Gehalten-Seins ist solcher Glaube emotional erlebbar. Er lässt sich nicht demonstrieren. Aber gerade die Bild-Sprache der Bibel kann ihn evozieren. Dann spricht das ›Wort Gottes‹ unmittelbar zu bedrängten Seelen.

Die in der Kirche das Amt innehaben, verhalten sich auf professionelle Weise kompetent und zugleich persönlich glaubwürdig, wenn sie so sprechen, dass dieser Glaube immer wieder geweckt und gestärkt wird – die Konsequenzen im Leben aber, die Gemeinschaft auch, die gesucht wird, den Individuen selbst überlassen.

IV. Anhang

1. Literatur

Albrecht, Horst, Die Religion der Massenmedien, Stuttgart u.a. 1993
Ang, Ien, Das Gefühl Dallas, Bielefeld 1986
Atherton, John R., Public Theology for Changing Times, London 2000
Barth, Ulrich, Art.: Säkularisierung, in: TRE 29, Berlin/New York 1998, 603-634
Barth, Ulrich, Religion und ästhetische Erfahrung, in: Klaus-M. Kodalle/Anne M. Steinmeier (Hg.), Subjektiver Geist. Reflexion und Erfahrung im Glauben, Würzburg 2002, 103-126
Barth, Ulrich, Religion in der Moderne, Tübingen 2003
Barth, Ulrich, Was ist Religion? Sinndeutung zwischen Erfahrung und Letztbegründung, in: ders., Religion in der Moderne, Tübingen 2003, 3-27
Barth, Ulrich, Theoriedimensionen des Religionsbegriffs. Die Binnenrelevanz der sogenannten Außenperspektiven, in: ders., Religion in der Moderne, Tübingen 2003, 29-87
Barthelmes, Jürgen/Ekkehard Sander, Familie und Medien. Forschungsergebnisse und kommentierte Auswahlbibliographie, München 1990
Barthelmes, Jürgen/Ekkehard Sander, Medien in Familie und Peergroup. Vom Nutzen der Medien für 13- und 14jährige. Medienerfahrungen von Jugendlichen, Bd. 1, München 1997
Barthelmes, Jürgen/Ekkehard Sander, Erst die Freunde, dann die Medien. Medien als Begleiter in Pubertät und Adoleszenz. Medienerfahrungen von Jugendlichen, Bd. 2, Opladen/München 2001
Beck, Ulrich, Eigenes Leben. Skizzen zu einer biographischen Gesellschaftsanalyse, in: Ulrich Beck/Wilhelm Vossenkuhl/Ulf E. Ziegler (Hg.), Eigenes Leben. Ausflüge in die unbekannte Gesellschaft, in der wir leben, München 1995, 9-15
Bellah, Robert N., Zivilreligion in Amerika, in: Heinz Kegler/Alois Müller, Religion des Bürgers. Zivilreligion in Amerika und Europa, München 1986, 19-41
Belting, Hans, Bild und Kult. Eine Geschichte des Bildes vor dem Zeitalter der Kunst, München 1990
Belting, Hans, Das unsichtbare Meisterwerk. Die modernen Mythen der Kunst, München 1998
Belting, Hans, Bild-Anthropologie. Entwürfe für eine Bildwissenschaft, München 2001
Benedict, Hans-Joachim, Fernsehen als Sinnsystem?, in: Wolfram Fischer/Wolfgang Marhold (Hg.), Religionssoziologie als Wissenssoziologie, Stuttgart 1978, 117-137
Benner, Dieter, Allgemeine Pädagogik. Eine systematisch-problemgeschichtliche Einführung in die Grundstruktur pädagogischen Denkens und Handelns, Weinheim/München 2001 (4., völlig neu bearbeitete Auflage)
Berger, Peter L., Der Zwang zur Häresie. Religion in der pluralistischen Gesellschaft, Frankfurt a.M. 1980

Berger, Peter L./Thomas Luckmann, Die gesellschaftliche Konstruktion der Wirklichkeit. Eine Theorie der Wissenssoziologie, Frankfurt a. M. 1970

Beutel, Eckart, Fontane und die Religion. Neuzeitliches Christentum im Beziehungsfeld von Tradition und Individuation, Gütersloh 2003

Bieritz, Karl-Heinrich/Hans-Christoph Schmidt-Lauber, Handbuch der Liturgik, Göttingen ²1995

Bieritz, Karl-Heinrich, Spielraum Gottesdienst. Von der »Inszenierung des Evangeliums« auf der liturgischen Bühne, in: Arno Schilson/Joachim Hake (Hg.), Drama »Gottesdienst«. Zwischen Inszenierung und Kult, Stuttgart 1998, 69-101

Bieritz, Karl-Heinrich, Perspektiven der Liturgiewissenschaft, in: Irene Mildenberger/Wolfgang Ratzmann (Hg.), Liturgie mit offenen Türen. Gottesdienst auf der Schwelle zwischen Kirche und Gesellschaft, Leipzig 2005, 9-30

Bleicher, Joan Kristin, Fernsehen als Mythos. Poetik eines narrativen Erkenntnissystems, Opladen 1999

Böhme, Hartmut, Religion und Moderne, in: Wilhelm Gräb/Birgit Weyel (Hg.), Praktische Theologie und protestantische Kultur, Gütersloh 2002, 17-34

Bordwell, David, Narration in the Fiction Film, London ²1990

Bourdieu, Pierre, Die feinen Unterschiede. Kritik der gesellschaftlichen Urteilskraft, Frankfurt a. M. 1982

Bourdieu, Pierre, Die Auflösung des Religiösen, in: ders., Rede und Antwort, (Aus dem Französischen von Bernd Schwibs), Frankfurt a. M. 1987, 231-237

Bourdieu, Pierre, Das religiöse Feld. Texte zur Ökonomie des Heilsgeschehens, hg. v. Stefan Egger, Andreas Pfeuffer und Franz Schultheis, Konstanz 2000

Branigan, Edward, Narrative Comprehension and Film, London/New York 1992

Bubner, Rüdiger, Über einige Bedingungen gegenwärtiger Ästhetik, in: Neue Hefte für Philosophie 5, 1973, 38-73

Casanova, José, Public Religions in the Modern World, Chicago/London 1994

Cornehl, Peter, Art.: Taufe VIII. praktisch-theologisch, in: TRE 31, Berlin/New York 2001, 734-741

Cornehl, Peter, »Mit allen Wassern gewaschen«? – Mit zu vielen Klischees getauft! Integrative Taufpraxis, alte und neue Tauflieder, in: Arbeitstelle Gottesdienst, 19, 2005, 4-21

Daiber, Karl-Fritz, Religion unter den Bedingungen der Moderne. Die Situation in der Bundesrepublik Deutschland, Marburg 1995

Der freie Blick. Künstlerische Interventionen in den religiösen Raum. Thom Barth, Björn Melhus, Nicola Stäglich. Martinskirche Kassel, 9. Juni – 15. September 2002 (Katalog zur documenta 11)

Dierken, Jörg, Selbstbewußtsein individueller Freiheit. Religionstheoretische Erkundungen in protestantischer Perspektive, Tübingen 2005

Drägert, Christian/Nikolaus Schneider (Hg.), Medienethik. Freiheit und Verantwortung (Festschrift zum 65. Geburtstag von Manfred Kock), Stuttgart 2001

Drehsen, Volker, Pfarrersfiguren als Gesinnungsfigurationen. Zur Bedeutung des Pfarrers in Theodor Fontanes Romanen, in: ders./Dieter Henke/Reinhard Schmidt-Rost/Wolfgang Steck (Hg.), Der ›ganze Mensch‹. Perspektiven lebens-

geschichtlicher Individualität, (Festschrift für Dietrich Rössler zum siebzigsten Geburtstag) Berlin/New York 1997, 37-56
Drehsen, Volker/Wilhelm Gräb/Dietrich Korsch (Hg.), Protestantismus und Ästhetik. Religionskulturelle Transformationen am Beginn des 20. Jahrhunderts, Gütersloh 2001
EKD/VEF (Hg.), Räume der Begegnung. Religion und Kultur in evangelischer Perspektive, Gütersloh 2002
Faulstich, Werner (Hg.), Grundwissen Medien, (UTB 8169), München u.a. [4]2000
Fauth, Dieter, Religion als Bildungsgut – Sichtweisen in Staat und evangelischer Kirche. Religionspädagogik im bildungspolitischen Diskurs um das Schulfach LER und den Religionsunterricht im Bundesland Brandenburg, Würzburg 2000
Fechtner, Kristian, Kirche von Fall zu Fall. Kasualpraxis in der Gegenwart – eine Orientierung, Gütersloh 2003
Fechtner, Kristian/Gotthard Fermor/Uta Pohl-Patalong/Harald Schroeter-Wittke, Handbuch Religion und Populäre Kultur, Stuttgart 2005
Fermor, Gotthard, Ekstasis. Das religiöse Erbe in der Popmusik als Herausforderung an die Kirche, Stuttgart 1999
Fischer-Lichte, Erika, Ästhetische Erfahrung als Schwellenerfahrung, in: Joachim Küpper/Christoph Menke (Hg.), Dimensionen ästhetischer Erfahrung, Frankfurt a.M. 2003, 138-161
Fischer-Lichte, Erika, Ästhetik des Performativen, Frankfurt a.M. 2004
Fiske, John, Introduction to Communication Studies, (Routledge) London/New York [2]1990
Fontane, Theodor, Briefe, Hanser Ausgabe Bd. IV, 4, München 1976
Fontane, Theodor, Der Stechlin, Berlin 1993
Fontane, Theodor, Frau Jenny Treibel, München 1997
Friedrich, Marcus A., Liturgische Körper. Der Beitrag von Schauspieltheorien und -Techniken für die Pastoralästhetik, Stuttgart 2001
Graf, Friedrich Wilhelm, Die Wiederkehr der Götter. Religion in der modernen Kultur, München 2004
Gräb, Wilhelm, Liberale Theologie als Theorie volkskirchlichen Handelns, in: Friedrich Wilhelm Graf (Hg.), Liberale Theologie. Eine Ortbestimmung (Troeltsch-Studien Bd. 7), Gütersloh 1993, 127-148
Gräb, Wilhelm/Richard R. Osmer, Editorial, International Journal of Practical Theology, Volume 1, 1997, 6-10
Gräb, Wilhelm, Kunst und Religion in der Moderne. Thesen zum Verhältnis von ästhetischer und religiöser Erfahrung, in: Jörg Herrmann/Andreas Mertin/Evelin Valtink (Hg.), Die Gegenwart der Kunst. Ästhetische und religiöse Erfahrung heute, München 1998, 57-72
Gräb, Wilhelm, Praktische Theologie als Theorie der Kirchenleitung: Friedrich Schleiermacher, in: Christian Grethlein/Michael Meyer-Blanck (Hg.), Geschichte der Praktischen Theologie. Dargestellt anhand ihrer Klassiker, Leipzig 1999, 67-110
Gräb, Wilhelm, Sinn fürs Unendliche. Religion in der Mediengesellschaft, Gütersloh 2002

Gräb, Wilhelm, Der Gottesdienst in der Kultur der Gegenwart, in: Arbeitsstelle Gottesdienst 17, 2003, H. 1, 5-16

Gräb, Wilhelm/Jörg Herrmann/Kristin Merle/Jörg Metelmann/Christian Nottmeier, »Irgendwie fühl ich mich wie Frodo!« Eine empirische Studie zum Phänomen der Medienreligion, Frankfurt a. M. u. a. 2006

Gräb, Wilhelm, Religion als Deutung des Lebens. Perspektiven einer Praktischen Theologie gelebter Religion, Gütersloh 2006

Gutmann, Hans-Martin, Der Herr der Heerscharen, die Prinzessin der Herzen und der König der Löwen. Religion lehren zwischen Kirche, Schule und populärer Kultur, Gütersloh 1998

Habermas, Jürgen, Der Strukturwandel der Öffentlichkeit. Untersuchungen zu einer Kategorie der bürgerlichen Gesellschaft, Frankfurt a. M. 1990

Habermas, Jürgen, Glauben und Wissen. Friedenspreis des Deutschen Buchhandels, Laudatio: Jan Philipp Reemtsma, Frankfurt a. M. 2001

Hahn, Alois, Religion, Säkularisierung und Kultur, in: Hartmut Lehmann (Hg.), Säkularisierung, Dechristianisierung, Rechristianisierung im neuzeitlichen Europa. Bilanz und Perspektiven der Forschung, Göttingen 1997, 17-31

Harnack, Adolf von, Das Wesen des Christentums, hg. u. kommentiert von Trutz Rendtorff, Gütersloh 1999

Henrich, Dieter, Fluchtlinien. Philosophische Essays, Frankfurt a. M. 1982

Henrich, Dieter, Bewusstes Leben. Untersuchungen zum Verhältnis von Subjektivität und Metaphysik, Stuttgart 1999

Henrich, Dieter, Versuch über Kunst und Leben. Subjektivität – Weltverstehen – Kunst, München/Wien 2001

Herrmann, Jörg, Sinnmaschine Kino. Sinndeutung und Religion im populären Film, Gütersloh 2001

Heuermann, Hartmut, Medienkultur und Mythen. Regressive Tendenzen im Fortschritt der Moderne, Reinbek 1994

Hickethier, Knut, Einführung in die Medienwissenschaft, Stuttgart/Weimar 2003

Hofmann, Werner, »Abtötung des Fleisches«. Arnulf Rainers produktive Destruktion, in: Jörg Herrmann/Andreas Mertin/Evelin Valtink (Hg.), a. a. O., 271-228

Höhn, Hans-Joachim, Zerstreuungen. Religion zwischen Sinnsuche und Erlebnismarkt, Düsseldorf 1998

Hörisch, Jochen, Der Sinn und die Sinne. Eine Geschichte der Medien, Frankfurt a. M. 2001

Huber, Wolfgang/Johannes Friedrich/Peter Steinacker (Hg.), Kirche in der Vielfalt der Lebensbezüge. Die vierte EKD-Erhebung über Kirchenmitgliedschaft, Gütersloh 2006

Hüffmeier, Wilhem, »Alles ist Gnade«. Beobachtungen zu Kirche und Theologie bei Fontane, in: ZThK, 95, 1998, 250-276

Joas, Hans, Braucht der Mensch Religion? Über Erfahrungen der Selbsttranszendenz, Freiburg 2004

Karle, Isolde, Der Pfarrberuf als Profession. Eine Berufstheorie im Kontext der modernen Gesellschaft, Gütersloh 2001

Karlstadt, Andreas, Von Abtuhung der Bylder und das keyn Bedtler unther den Christen seyn sollen, (Wittenberg 1522), hg. v. Hans Lietzmann, Bonn 1911

Kegler, Heinz/Alois Müller (Hg.), Religion des Bürgers, München 1986
Kirchenamt der EKD (Hg.), Weltsichten, Kirchenbindung, Lebensstile. Vierte EKD-Erhebung über Kirchenmitgliedschaft, Hannover 2003
Klie, Thomas (Hg.), Spiegelflächen. Phänomenologie – Religionspädagogik – Werbung, Münster u. a. 1999
Korsch, Dietrich, Religion mit Stil. Protestantismus in der Kulturwende, Tübingen 1997
Korsch, Dietrich, Religionsbegriff und Gottesglaube. Dialektische Theologie als Hermeneutik der Religion, Tübingen 2005
Küpper, Joachim/Christoph Menke (Hg.), Dimensionen ästhetischer Erfahrung, Frankfurt a. M. 2003
Kumlehn, Martina, Symbolisierendes Handeln. Schleiermachers Theorie religiöser Kommunikation und ihre Bedeutung für die gegenwärtige Religionspädagogik, Gütersloh 1999
Ladenthin, Volker, Ethik und Bildung in der modernen Gesellschaft, Würzburg 2002
Ladenthin, Volker, Was ist ›Bildung‹? Systematische Überlegungen zu einem aktuellen Begriff, in: Evangelische Theologie 63/2003, 237-260
Lauster, Jörg, Religion als Lebensdeutung. Theologische Hermeneutik heute, Darmstadt 2005
Lübbe, Hermann, Säkularisierung. Geschichte eines ideenpolitischen Begriffs, Freiburg/München 1965
Lübbe, Hermann, Religion nach der Aufklärung, Graz/Wien/Köln 1986
Luhmann, Niklas, Funktion der Religion, Frankfurt a. M. 1977
Luhmann, Niklas, »Grundwerte als Zivilreligion«, in: Heinz Kegler/Alois Müller (Hg.), a. a. O., 175-194
Luhmann, Niklas, Die Realität der Massenmedien, Opladen 1996
Luhmann, Niklas, Die Gesellschaft der Gesellschaft, Frankfurt a. M. 1997
Luhmann, Niklas, Die Religion der Gesellschaft, hg. v. André Kieserling (stw 1581), Frankfurt a. M. 2002
Luther, Henning, Identität und Fragment. Praktisch-theologische Überlegungen zur Unabschließbarkeit von Bildungsprozessen, in: ders., Religion und Alltag. Bausteine zu einer Praktischen Theologie des Subjekts, Stuttgart 1992, 160-182
Luther, Martin, Kleiner Katechismus, in: Die Bekenntnisschriften der evangelisch-lutherischen Kirche, hg. im Gedenkjahr der Augsburgischen Konfession 1930, 6. Aufl. Göttingen 1967, 501-544
Luther, Martin, »Formula Missae et Communionis« von 1523, WA 12, 205-220
Luther, Martin, »Von ordenung gottis diensts ynn der gemeine« von 1523, WA 12, 35-37
Luther, Martin, Auslegung der zehn Gebote (1525), WA 16, 422-528
Luther, Martin, »Deutsche Messe« von 1526, WA 19, 72-113
Luther, Martin, Torgauer Predigt 1544, WA 49, 588
Mädler, Inken, Kirche und bildende Kunst der Moderne. Ein an F. D. E. Schleiermacher orientierter Beitrag zur theologischen Urteilsbildung, Tübingen 1997
Mikos, Lothar, Es wird dein Leben! Familienserien im Fernsehen und im Alltag der Zuschauer, Münster 1994

Nicol, Martin, Einander ins Bild setzen. Dramaturgische Homiletik, Göttingen 2002
Nottmeier, Christian, Adolf von Harnack und die deutsche Politik 1890-1930. Eine biographische Studie zum Verhältnis von Protestantismus, Wissenschaft und Politik, Tübingen 2004
Pollack, Detlef/Gert Pickel, Religiöser und kirchlicher Wandel in Ostdeutschland 1898-1999, Würzburg 2000
Post, Paul, Rituell-Liturgische Bewegungen. Erkundungen von Trends und Perspektiven, in: Albert Gerhards/Benedikt Kranemann, Christliche Begräbnisliturgie und säkulare Gesellschaft, Leipzig 2003, 25-60
Preul, Reiner, Kirchentheorie. Wesen, Gestalt und Funktion der Evangelischen Kirche, Berlin/New York 1997
Preul, Reiner, Kommunikation des Evangeliums unter den Bedingungen der Mediengesellschaft, in: ders./Reinhard Schmidt-Rost (Hg.), Kirche und Medien (Veröffentlichungen der Wissenschaftlichen Gesellschaft für Theologie, Bd. 16), Gütersloh 2000, 9-50
Prommer, Elisabeth, Kinobesuch im Lebenslauf. Eine historische und medienbiographische Studie, Konstanz 1999
Rothenbuhler, Eric W., Ritual Communication. From everyday Conversation to Mediated Ceremony, (Sage) Thousand Oaks 1998
Schilson, Arno, Medienreligion. Zur religiösen Signatur der Gegenwart, Tübingen/Basel 1997
Schleiermacher, Friedrich D. E., Predigten, Erster Band. Neue Ausgabe, Berlin 1843
Schleiermacher, Friedrich D. E., Gelegentliche Gedanken über Universitäten im deutschen Sinn, in: Die Idee der deutschen Universität. Die fünf Grundschriften aus der Zeit ihrer Neubegründung durch klassischen Idealismus und romantischen Realismus, Darmstadt 1956
Schleiermacher, Friedrich D. E., Der christliche Glaube. Nach den Grundsätzen der Evangelischen Kirche im Zusammenhange dargestellt, 2. Aufl. (hg. v. Martin Redeker), Berlin 1960
Schleiermacher, Friedrich D. E., Kurze Darstellung des theologischen Studiums zum Behuf einleitender Vorlesungen, Kritische Ausgabe (hg. v. Heinrich Scholz), 4. Aufl. Hildesheim 1961
Schleiermacher, Friedrich D. E., Ethik 1812/13, in: ders., Werke. – Auswahl in vier Bänden, hg. v. Otto Braun u. Johannes Bauer, Neudruck der 2. Aufl. 1927, Aalen 1967, Bd. 2
Schleiermacher, Friedrich D. E., Vorschlag zu einer neuen Verfassung der protestantischen Kirche im preußischen Staate (1808), in: Schriften zur Kirchen- und Bekenntnisfrage, bearbeitet v. Hayo Gerdes, Berlin 1969, 118-136
Schleiermacher, Friedrich D. E., Praktische Theologie. Die Praktische Theologie nach den Grundsätzen der evangelischen Kirche im Zusammenhange dargestellt. Aus Schleiermachers handschriftlichem Nachlasse und nachgeschriebenen Vorlesungen, hg. v. Jacob Frerichs, in: SW I, 13, Berlin 1850, Nachdruck Berlin/New York 1983

Schleiermacher, Friedrich D. E., Über die Religion. Reden an die Gebildeten unter ihren Verächtern, in: KGA, I., 2, Berlin/New York, 1984
Schmidt-Lux, Thomas/Peter L. Berger, Religion als heiliger Kosmos, in: Volker Drehsen/Wilhelm Gräb/Birgit Weyel (Hg.), Kompendium Religionstheorie, Göttingen 2005, 260-271
Schulze, Gerhard, Die Erlebnisgesellschaft. Kultursoziologie der Gegenwart, Frankfurt a. M./New York [2]1992
Schwarze, Bernd, Die Religion der Rock- und Popmusik. Analysen und Interpretationen, Stuttgart u. a. 1997
Schwebel, Horst, 40 Jahre Kunst und Kirche – eine Bilanz. Gegenwartskunst zwischen ästhetischer und religiöser Kommunikation. Reflexionen angesichts des Modells »Öflingen«, in: Reinhard Valenta/Barbara Bauer/Johannes Stockmeier, Dialoge, Kronach 2003, 20-35
Siller, Hermann Pius, Bildschirmreligiosität – Thesen aus theologischer Sicht, in: Eckhard Bieger/Wolfgang Fischer/Reinhold Jakobi/Peter Kottlorz (Hg.), zeitgeistlich. Religion und Fernsehen in den neunziger Jahren, Köln 1994, 121-127
Simmel, Georg, Die Großstädte und das Geistesleben, in: ders., Aufsätze und Abhandlungen 1901-1908, GA 7, Frankfurt a. M. 1995, 116-131
Stanzel, Franz K., Theorie des Erzählens, Göttingen 1979
Taylor, Charles, Die Formen des Religiösen in der Gegenwart, Frankfurt a. M. 2002
Thomas, Günter, Die Wiederverzauberung der Welt? Zu den religiösen Funktionen des Fernsehens, in: Peter Bubmann/Petra Müller (Hg.), Die Zukunft des Fernsehens, Stuttgart 1996, 113-139
Thomas, Günter, Medien, Ritual, Religion. Zur religiösen Funktion des Fernsehens, Frankfurt a. M. 1998
Thomas, Günter, Medienreligion. Religionssoziologische Perspektiven und theologische Deutungen, in: Anna-Katharina Szagun, (Hg.), Jugendkultur – Medienkultur, (Rostocker Theologische Studien 8), Münster 2002, 83-114
Troeltsch, Ernst, Die Kirche im Leben der Gegenwart, in: ders., Gesammelte Schriften II, Zur religiösen Lage, Religionsphilosophie und Ethik (Neudruck der 2. Aufl. 1922), Aalen 1962, 91-108
Troeltsch, Ernst, Religiöser Individualismus und Kirche, in: ders., Gesammelte Schriften II, Zur religiösen Lage, Religionsphilosophie und Ethik, Tübingen [2]1981 = Aalen 1981, 109-133
Turner, Victor, Vom Ritual zum Theater. Der Ernst des menschlichen Spiels, Frankfurt a. M./New York 1989
Updike, John, »Amerika hat sein Versprechen gehalten.« Star-Autor John Updike über Kirche, Kino und das Land der unbegrenzten Möglichkeiten, in: Focus 31/1998, 96-98
Voigt, Friedemann, Ernst Troeltsch: Die Bedeutung der Religion für die Kultur, in: Volker Drehsen/Wilhelm Gräb/Birgit Weyel (Hg.) Kompendium Religionstheorie, Göttingen 2005, 74-83
Wendebourg, Dorothea, Den falschen Weg Roms zu Ende gegangen? Zur gegenwärtigen Diskussion über Martin Luthers Gottesdienstreform und ihr Verhältnis zu den Traditionen der Alten Kirche, in: ZThK 94, 1997, 437-467

Wendebourg, Dorothea, Noch einmal »Den falschen Weg Roms zu Ende gegangen?« Auseinandersetzung mit meinen Kritikern, in: ZThK 99, 2002, 400-440
Weyel, Birgit, Praktische Bildung zum Pfarrberuf. Das Predigerseminar Wittenberg und die Entstehung einer zweiten Ausbildungsphase evangelischer Pfarrer in Preußen, Tübingen 2006
Winter, Rainer/Roland Eckert, Mediengeschichte und kulturelle Differenzierung. Zur Entstehung und Funktion von Wahlnachbarschaften, Opladen 1990

2. Namenregister

3. Nachweise

Einige Abschnitte dieses Buches gehen auf Aufsätze zurück, die in den vergangenen vier Jahren bereits veröffentlich worden sind. Sie sind jedoch stark überarbeitet und auf den hier durchgängig verfolgten Gedankengang ausgerichtet worden.

Zu Kapitel 1 vgl. Religion und die Bildung ihrer Theorie: Reflexionsperspektiven, in: Wilhelm Gräb/Birgit Weyel (Hg.), Religion in der modernen Lebenswelt. Erscheinungsformen und Reflexionsperspektiven, Göttingen 2006, 191-208, sowie Gelebte Religion als Thema der Praktischen Theologie, in: Christian Danz/Jörg Dierken/Michael Murrmann-Kahl (Hg.) Religion zwischen Rechtfertigung und Kritik, Frankfurt a. M. u. a., 2005, 153-172.

Zu Kapitel 2 vgl. Praktische Theologie als Praxistheorie protestantischer Kultur, in: Wilhelm Gräb/Birgit Weyel (Hg.), Praktische Theologie und protestantische Kultur, Gütersloh 2002, 35-52.

Zu Kapitel 3 vgl. Kirche für die Religion der Menschen – Chancen der Kirchen im wiedervereinigten Deutschland, in: Ines-Jacqueline Werkner/Nina Leonhard (Hg.), Aufschwung oder Niedergang? Religion und Glauben in Militär und Gesellschaft zu Beginn des 21. Jahrhunderts, (Sozialwissenschaftliches Institut der Bundeswehr), Strausberg 2003, 113-138.

Zu Kapitel 4 vgl. Vernünftig – Zeitgemäß – Existenziell, in: Wolfgang Huber (Hg.), Was ist gute Theologie?, Stuttgart 2004, 11-26.

Zu Kapitel 5 vgl. Lebenskulturen von Selbstdeutungen. Religion und Kunst, in: Dietrich Korsch/Jörg Dierken (Hg.), Subjektivität im Kontext. Erkundungen im Gespräch mit Dieter Henrich, Tübingen 2004, 127-142.

Zu Kapitel 6 vgl. Religion und Ästhetik, in: Zeitzeichen 9, 2005, 22-25.

Zu Kapitel 9 vgl. (zusammen mit J. Herrmann u. C. Nottmeier) Film als Medium religiöser Bildung, in: Zeitschrift für Erziehungswissenschaft (ZfE), Wiesbaden 3-04, 326-343.

Zu Kapitel 10 vgl. Religion in der Moderne und die Perspektiven der Liturgiewissenschaft, in: I. Mildenberger/W. Ratzmann (Hg.), Liturgie mit offenen Türen. Gottesdienst auf der Schwelle zwischen Kirche und Gesellschaft Leipzig 2005, 31-50.

Zu Kapitel 11 vgl. Falltüren, Hochseilakte und Punktlandungen. Öffentliche Verkündigung in postmodernen Zeiten, in: Pastoraltheologie 92, 2003, 420-436

Zu Kapitel 12 vgl. Chancen kirchlicher Bildungsarbeit. Religiöse Bildung unter den Bedingungen religiöser Individualisierung, in: W. Härle/B.-M. Haese/K. Hansen/E. Herms (Hg.), Systematisch Praktisch, Marburg 2005, 293-304.